주님,
나를 변화시켜 주세요

세계복음화문제연구소
(The World Evangelization Research Center)는
한국 교회가 세계 복음화를 위하여
한 모퉁이를 담당해야 된다는 사명으로 사역하고 있습니다.

이 도서에 실린 모든 내용은
세계복음화문제연구소의
도서출판 세 복이 그 출판권 자이므로,
학문적 논문의 인용을 제외하고는
본 **연구소**의 동의 없이 복제할 수 없습니다.

주님, 나를 변화시켜 주세요

지 은 이   에벌린 크리스튼슨
옮 긴 이   이혜숙
발 행 인   홍성철
초판 1쇄   2005년 4월 30일
발 행 처   도서출판 세 복
주   소   서울특별시 중랑구 면목5동 149-6 한밀빌딩 301호
          Tel. (02) 448-5562
          홈페이지: http://www.saebok.net
          E-Mail: werchelper@hanmail.net
등록번호   제1-1800호 (1994년 10월 29일)
총 판 처   예영커뮤니케이션
          Tel (02) 766-7912, Fax (02) 766-8934
I S B N   89-86424-80-0   03230
값 9,500원

주님,
나를 변화시켜 주세요

에벌린 크리스튼슨 지음 • 이혜숙 옮김

도서출판 세 복

LORD,

CHANGE ME

Evelyn Christenson

assisted editorially by Viola Blake

© 2002, 1993, 1977 by SP Publications, Inc.
Cook Communications Ministries
4050 Lee Vance View
Colorado Springs, Colorado 80918
U. S. A.

목차

자신을 위한 하나님의 뜻보다도
오히려 나를 위한 하나님의 뜻을 원하며,
이 책이 나오기까지 기나긴 시간 동안
인내와 사랑을 아끼지 아니한
사랑하는 나의 남편 크리스(Chris)에게
이 책을 바칩니다.

그리고

엄마가 된 특권을 내게 부여해 주었고,
이 책에 있는 교훈 중 많은 부분을
그들을 통해서 배울 수 있게 한
나의 사랑하는 세 자녀,
잰(Jan), 낸시(Nancy) 그리고 커트(Kurt)에게
이 책을 바칩니다.

서문

예수님을 나의 구세주와 주님으로 영접한 기도 외에 지금까지 나의 삶을 계속해서 가장 변화시킨 기도는 "주님, 나를 변화시켜 주세요"이다. 그리고 1968년에 책으로 처음 출판된 이래, 사람들은 여전히 나에게, "『주님, 나를 변화시켜 주세요』가 지금까지 내가 읽은 책 중 가장 중요한 책이에요. 이 책이 나의 삶을 완전히 변화시켰어요"라고 말한다. 바로 어제 두 아이가 있는 어느 미혼모는 그 책에서 받은 메시지가 너무나 간절한 것이었기 때문에 그 책의 매 페이지의 내용에 몰입해 들어갔다고 말했다.

지나간 이십여 년 동안 계속된 이 책의 성공과 영향은 나를 깜짝 놀라게 만들었다! 이 책의 제목은 아주 위협적일 수도 있다─"고맙지만, 내가 그것을 할 수 있어요"라는 우리의 '나주의'(meism) 문화를 향한 공개적인 도전이기도 하다. 초기에 한 때는 독자들이 "나는 변화될 필요가 있는 것을 알지만, 누군가가 나에게 변화되라고 말해 주는 것은 원하지 않아요!"라는 태도로 이 책을 거절하기도 했다. 우리 모두는 우리 자신의 모든 문제를 해결하기 위해서는 다른 사람이 변화되기를 원하는 것 같다.

처음에 독자들은 먼저 그들이 변화되도록 주님께 내맡기는 것이 그들이 변화되기를 바라던 사람들을 실제로 변화시킨다는 나의 제안에 아마도 호기심을 갖거나, 놀라거나, 당황하거나, 방어적이거나 또는 간혹 분개했을지도 모른다. 그러나 이제까지 25년 동안, 독자들은 그들 자신의 놀라운 변화에 얼마나 감격해 했는지, 그리고 즉각적이든 점차적이든, 그들이 변화시키려고 헛되이 노력했던 사람들에게서 볼 수 있게 된 바람직한 변화에 그들이 얼마나 감격해 했는지를 나에게 말하곤 했다. 그들은 또한, '주님, 나를 변화시켜 주세요'라는 변화된 관계를 갖는 비결을 발견해 왔다. 현재 『주님, 나를 변화시켜 주세요』가 백만 부 이상 출판된 가운데, 하나님이 본서를 읽는 독자들에게도 그분의 이러한 비결을 가르쳐 주기를 원하신다고 나는 어느 때보다 더욱 확신한다.

그것은 단순한 기도이다―"주님…나를…변화시켜 주세요." 각 단어는 본서를 세 부분으로 나누어 놓은 각 부(部)에서 다루는 단어이다. 그런데 이 기도가 성공한 비결 중의 하나는 이 세 단어를 다루고 있는 순서 때문이다. 나는 본서의 내용을 전 세계에서 가르쳐 왔는데, 항상 나는 "왜 나인가? 왜 내 남편이 아니고, 왜 내 자녀가 아니고, 왜 내 상관이나 친구나 당신이 아니고, 왜 나인가?"라는 말로 시작하면서 이 세 단어들을 깊이 다루었다.

나는 하나님께 나—다른 어느 누구도 아닌—를 변화시켜 달라고 간구하면서 14개월 동안 오로지 하나님과만 씨름했다. 그런데 갑자기 그리고 자연스럽게, 그것은 단지 나만 위한 것이 아니었다. 바로 그런 나의 사적인 갈등의 여정(旅程)은 내가 목사 사모로서 인도하고 있던 여자들을 위한 여정이기도 하였다. 그러자 그렇게 되는 계기가 생겼다. 다른 사람들이 이 삶을 변화시키는 기도에 대해서 묻기 시작하여, 나는 미국과 캐나다에 있는 수련회, 수양회, 성경 공부반, 교사 훈련반, 교회 기도 주간 및 주일학교에서 그것을 나누기 시작했다. 그리하여 『주님, 나를 변화시켜 주세요』가 탄생되었으며, 하나님은 오늘날도 전 세계에서 여러 방법으로 이 책을 계속해서 사용하고 계신다.

1968년에 처음 이 기도를 시작한 이래 나는 적어도 매일 한 번씩 어떤 형태로든 "주님, 나를 변화시켜 주세요"라고 계속 기도해 왔다. 하나님이 그 기도를 내가 할 수 있게 해 주신 것처럼 그 과정에는 시간적인 제한이 없다. 단지 새로운 것을 시도하기 위해서만 하는 변화를 위한 변화는 유익할 수도 있지만 또한 비참한 결과를 가져올 수도 있다. 그러나 변화의 목적이 하나님의 사랑하시는 아들 예수님의 형상을 닮아가기 위한 것이라면 그런 착상은 하나님으로부터 온 것이 아주 확실하다. 그분이 나에게 보여 주신 필요한 변화들은 나를 회개하게 하고, 겸손하게 하고, 순종하게 만든다. 이 모든 것은 나의 뜻을 버리고 완전하고 거룩하신 그분의 뜻을 받아들이는 것이다.

이 책의 제1부는 "나"라는 해결의 실마리가 되는 단어로 시작된다; 그리고 하나님이 이루어 주시는 변화들은 하나님과 굉장히 깊고 친밀하게 동행할 수 있게 해 주며, 믿을 수 없을 만큼 전 세계적으로 문을 열어 주며, 심지어는 내가 나 자신에게만 집중하고 있는 동안에도 다른 사람들 안에 놀라운 변화들을 이루어 주신다.

그 기도를 시작한 후에, 나는 하나님이 *어떻게* 나를 변화시키기를 원하셨는지 그분에게 여쭈어야만 한다는 것을 알았다. 제2부는 하나님이 사용하신 일곱 가지 방법을 다룬다. 처음 네 가지 방법은 하나님의 말씀인 성경으로부터 온 방법이다. 우리가 성경을 읽을 때 하나님은 늘 우리와 함께 하시는 유일한 저자이시므로, 나는 성경을 읽을 때 마치 엠마오 도상의 두 제자들처럼 내 속에서 마음이 뜨거워지는 것을 계속적으로 경험한다. 부활하신 구세주가 그들에게 가까이 이르러, 그들과 동행하시며, 그들에게 성경을 풀어 주실 때 그들이 경험한 것과 같이, 하나님은 그의 자녀들이 변화된 생활 양식을 위해 꼭 필요한 모든 지혜를 주실 것을 약속하셨다. 나는 언제나 하나님과 개인적으로 교제하는 시간을 가질 때 이 방법을 사용해 왔으며, 또한 수련회와 심지어는 아주 큰 수양회에서도 하나님은 말씀해 주지 않으신 적이 결코 없으셨다.

우리는 또한 우리가 유일하고 절대적으로 믿을 수 있는 진리의 근원이신 하나님의 말씀을 공부할 때 변화된다. 게다가 놀랍게도, 우리 주위에 성경이 없을 때, 성령님은 우리 마음 안에 감추어 놓은 성경 말씀을 기억나게 해 주기도 하신다─우리가 보다 좋은 방향으로 우리를 변화시킬 필요가 있을 바로 그 때에.

주님께서 나를 변화시키시기 위해서 사용하신 다른 세 가지 방법은 기도를 통해서이다. 첫 번째는 "내가 그분에게 간구할 때" 나는 변화될 필요를 스스로 인정하는 것이며, 하나님은 내가 결코 기대하지도 않은 방법—또는 필요한 것인지 내가 전혀 알지도 못하는 방법—으로 항상 내 기도를 들으시고 응답하신다.

"내가 다른 사람들을 위해 기도할 때"가 두 번째 기도 방법이다. 놀라운 것은 내가 누구를 위해서 기도하면서 동시에 그 사람에 대해서 험담하거나 미워할 수 없다는 사실이다. 그리고 내가 누군가 다른 사람을 위해서 기도하면서 하나님의 임재 가운데 있을 때 주님에 의해 서서히—때로는 과감히—변화되는 사람은 바로 나이다.

나는 "다른 사람들이 나를 위해 기도할 때"라는 마지막 방법이 작용하는 것을 입증해 왔는데, 이것은 과거 30년 동안 내가 주도해온 연쇄 전화 모임, 전국 24시간 기도 시계, 기도 일정들과 편지들, 친구들 및 기도 위원회가 지원해 온 방법이다. 내 주위에 있는 사람들은 나의 벅찬 스케줄과 신체적인 제한에도 불구하고 하나님이 계속 내게 주신 힘을 보면서 깜짝 놀라고 있다. 그러나 이러한 모든 힘, 지혜, 그리고 인도하심을 허락해 주시는 분은 하나님이심을 나는 진정으로 믿는다—하나님이 나를 변화시켜 주실 필요가 있음을 내가 그들에게 인정할 때 그들의 충성스런 기도 때문에. 그리고 언제나 나에게 더 좋은 결과를 안겨 준다.

그러나 하나님은 이러한 과정에서 위험한 요소가 있음을 나에게 보여 주셨다. 변화를 이루시는 분은 항상 "주님" 자신이 아니셨다.

야고보서 3장 15절에 의하면, 나의 사고와 행동에 영향을 주는 다른 세 가지 근원이 있다. 이 책의 제3부는 하나님에 의해서가 아닌, 즉 다른 사람들에 의해서, 우리의 감각적인 자아에 의해서, 그리고 귀신들에 의해서 우리가 변화되는 교활하거나 계획적인 방법들을 다룬다. 어떤 지혜의 근원인가를 살펴서 우리가 조심해야 할 판단 기준은 우리 안에 어떤 결과가 있게 되느냐에 달려 있다—우리가 예수님의 형상을 닮아가려는 우리의 목표를 향해 더욱 더 변화되든지 또는 변화되지 않든지 간에.

내가 언급하지 않아도 알겠지만, 나는 일생 동안 주님께서 나를 변화시켜 달라고 기도해 왔다. 나의 죄를 용서해 달라면서 예수님을 나의 구세주로 영접하는 기도를 한 이후, 나는 주님께서 나를 변화시켜 주시기를 여러 가지 많은 방법으로 기도해 왔다. 그러나 1968년에 하나님은 나에게 "주님, 나를 변화시켜 주세요" 라는 기도를 보여 주셨다. 이 기도는 다른 사람들과 올바른 관계를 맺는 데 비결이 되는 기도로, 하나님은 이 기도를 통해서 나에게 다른 사람들과의 관계에서 내가 먼저 변화되는 경험을 하게 하셨다. 그리고 다른 사람들이 변화되기를 원하시는 일에 하나님이 영향을 주시기 위해서 그가 어떻게 나를 사용하시리라는 것을 보여 주셨다.

이 책은 사랑하는 독자인 당신을 위해 저술된 것이다. 그러므로 당신도 그 비결을 배울 수 있다. 당신은 이러한 단순한 일곱 가지 성경적인 원리들을 통해서 하나님과 더 깊이 동행할 수 있는 굉장한 잠재력을 발견할 수 있다—그리고 다른 사람들과의 변화된 관계의 기쁨도 발견할 수 있다.

하나님으로부터 온 이 과정은 오랜 시간이 흐르면서 입증된 것이므로, 나는 이것이 효과적으로 작용하는 것을 당신에게 확실히 말할 수 있다!

에벌린 크리스튼슨
2002년 1월

제 I 부

나

1

왜 나인가?

주님, 저는 다시는 말씀을 전하지 않겠나이다—결단코—만일 내가 강의하러 가는 것 때문에 이것이 내 남편이 치러야 하는 대가(代價)라면요." 그리고 나는 울면서 기도했다, "주님, *주님*께서 원하시는 아내로 나를 변화시켜 주시기를 원합니다."

나는 나의 "기도실"의 낡은 초록 의자 옆에서 주님을 만나기 위해 새벽 5시 반에 침실에서 살금살금 빠져 나와야만 했었다. 그리고 나는 몇 시간이 지나도록 갈등하며 무릎을 꿇고 기도하였다.

왜 나는 하나님께 다시는 말씀을 전하지 않으리라고 말하고 있었는가? 실망해서인가, 환멸을 느껴서인가, 지쳐서인가? 오, 아니다—그 반대이다. 내가 하나님 앞에서 괴로워할 때 나를 엄습해 온 것은 내가 약속한 것에 대한 큰 죄였다. 나는 하나님이 나를 부르셨다고 확신했던 생활양식을 기꺼이 포기하고 있었다: 주중에 하는 이웃 부인 성경 공부, 나의 삶에 있는 가장 큰 기쁨 중 하나이며 근 12년 동안 가르쳐왔던 성인 주일학교반, 그리고 연회에서 있는 분주한 강의 스케줄. 그러자 나는 조용하면서도 능력 있는 방법으로 하나님이 역사하시는 것을 경험한 미국과 캐나다에서의 모든 수련회를 회상하였다. 나는 여름 성경학교, 교사 훈련반, 수련회, 대집회 등을 생각했다. 이와 같이 내 마음을 스치고 지나가는 목록은 끝이 없어 보였다. 그러나 나는 기도했다, "네, 주님, *그 모든 것 다입니다!*"

나의 남편 크리스는 나를 보고 싶어 했다. 나는 갑자기 층계에서 그의 발자국 소리가 나는 것을 알아 차렸다. 그는 반쯤 내려오다 멈추면서 물었다, "내가 당신과 같이 있어도 되겠어요?" 나는 그를 쳐다보면서 흐느꼈다, "크리스, 나는 *당신*을 위해서 기도하고 있는 것이 아니에요. 난 *나*를 위해서 기도하고 있어요! 나는 주님께서 *나*를 변화시켜 주시기를 기도하고 있어요." (주님은 아마도 크리스의 삶에서도 변화되어야 할 부분이 있다고 하실지 모르나, 그것은 그 날 아침 *나의* 관심사가 아니었다. 그것은 주님과 크리스와의 사이의 일이었다.)

주님, 왜 나인가요?

그런데 왜 내가 변화될 필요가 있단 말인가? 내가 아홉 살 밖에 되지 않았던 어느 주일 오후에 나는 나의 모든 죄를 애통해 하지 않았던가? 나는 전도자 해리 맥코믹 린츠(Harry McCormick Lintz)가 그 날 아침에 미시간의 머스케곤(Muskegon)에 있는 교회에서 설교하는 것을 들었을 때 예수님을 아주 간절히 나의 마음에 모셔 들였다. 내가 강단 쪽으로 거의 뛰어 가서 무릎을 꿇자, 주일학교 교장 선생님이 내 곁에 무릎을 꿇은 채 내가 어떻게 그리스도인이 될 수 있는지를 성경 말씀을 통해서 알아듣기 쉽게 설명하였을 때 나는 내 마음을 예수님께 완전히 열었다.

그리고 그 날 나는 예수님을 나의 구세주로 뿐만 아니라 *주님*으로 도 마음속에 진정 모셔 들이지 않았는가? 그렇다, 나는 그렇게 했다. 그 날 이후로 나는 착실하게 성장해 왔다―어떤 때는 어린 아기 같은 어설픈 걸음걸이로, 또 어떤 때는 믿음의 거장 같은 당당한 걸음으로 ―그러나 나는 항상 하나님의 뜻을 원했고 추구했었다. 나는 나의 첫 번째이자 유일한 남자 친구가 하나님이 원하시는 나의 결혼 상대자 인지를 확신할 때까지 몇 달 동안 기도하지 않았던가? 그리고 약혼자 크리스와 내가 무디성서학원(Moody Bible Institute)에 다닐 때 그 리스도 중심의 결혼을 원하는 신랑 신부들을 위한 그 당시 인기 있 는 기독교 고전인 월터 마이어(Walter A. Maier)의 『평생 변함없 이』(For Better Not for Worse)란 책을 함께 숙고하면서 유익한 시간을 보내지 않았던가? 그리고 나는 하나님의 뜻만을 추구하기 로 나의 남편과 합의하면서 하나님이 원하시는 우리의 전임 사역 지를 위해 하나님의 뜻을 찾으며 갈등했고, 그 후 우리가 16년 동 안 목사 부부로서 하나님을 섬겼을 때도 오직 하나님의 뜻만을 추 구하지 않았던가? 그렇다, 나는 그렇게 했다.

그리고 나는 마지막 목회지에서 나의 두 기도 후원자와 함께 우 리 교회를 위한 기도 제목을 가지고 진지하게 하나님의 뜻을 구하게 되기까지 하나님께 죄를 자백하는 6주 동안의 쓰라린 기간을 보내지 않았던가? 하나님은 우리로 하여금 3년 동안 중보기도를 깊이 하도록 하지 않으셨던가? 그리고 하나님은 우리 교회 여전도회 회원들이 "여자가 기도할 때 무슨 일이 일어나는가"라는 프로젝트를 시도했을 때 우리 *안*에서, 우리 *위*에서 그리고 우리를 *통해서* 대단한 일을 행하지 않으셨던가?

그래, 그런데 왜 나인가?

그 날 새벽에 초록 의자 옆에서의 나의 개인적인 고뇌는 그 전주에 데이븐포트(Davenport)에서 있었던 우리 교단 년차 총회에서 일어났던 일 때문에 야기되었다. 그것은 1968년 6월의 일이었으며, 그 때 나는 비행 중이었다. 그 전 가을에 우리 교단의 전국위원회에서 나에게 대집회를 위한 프로젝트를 맡아 달라고 요청했었다: "당신의 교회에서 여자들과 사역하면서, 당신은 여섯 달 동안의 기간에 *여자가 기도할 때 무슨 일이 일어나는가*를 발견하고 싶습니까?"* 나는 그 요청을 의욕을 가지고 수락했다. 이제 나는 우리 총회의 개회 연회에 참석하는 600명의 여자들에게 보고할 굉장한 내용을 가지고 있었다. 외국의 선교사들은 물론 미국과 캐나다 전역에서 오는 여자들이 여섯 달 동안 우리가 시도했던 그 결과를 듣게 될 것이다. 연회가 시작되기 바로 직전에 촬영 카메라 같은

---

* 이 프로젝트의 전체 내용을 보려면 저자의 책 *What Happens When Women Pray*(여자가 기도할 때 무슨 일이 일어나는가)를 보라.

것을 든 한 남자가 도착하더니 나에게 말했다, "당신이 강사라는 표시로 손을 흔드세요." 내가 그의 요구에 응하자, 내 우편에 앉아 있던 전국 회장이 웃으면서 속삭였다, "잠깐, 저건 텔레비전 카메라 같아요!" 그리고 나는 그녀가 맞았음을 알고는 아연 실색을 하였다!

그 다음 날 이른 아침에 나를 자극하는 일들이 동료 목사들과 친구들로부터 시작되었다—나로부터가 아니고 나의 남편으로부터. "어이, 텔레비전에서 자네 부인을 보았어. 야아, 대단해!" 전율을 느낄 만한 일은 지역 텔레비전 방송국의 뉴스 방송 시간에 우리의 전국 총회 전체를 알리기 위해 내가 메시지를 전하는 장면을 선정한 것이다. 그 주 내내 크리스는 이런 짓궂은 놀림에 정면으로 맞서야만 했다. 우리가 총회를 떠났을 때 아마 당신이 상상할 수 있을 만큼 나는 처참하게 짓밟힌 아내가 된 것이 너무나 당혹스러워졌다. 나는 상심하고 난감한 상태에서 록포드(Rockford)의 집으로 돌아왔다. 그것이 바로 내가 나의 낡은 초록 의자 옆에서 무릎을 꿇고 기도하게 되었던 연유이다.

왜 승리의 날이 아닌가?

7월 첫 화요일, 아침 식사를 하는 동안 내내, 그리고 알파인공원(Alpine Park)에서 우리가 갖는 주간 여자 기도회에 가기 위해 옷을 입는 동안 나는 억제할 수 없이 흘러내리는 눈물을 계속 닦아야 했다. 심지어는 그 공원으로 운전해 가면서도 나는 계속해서 혼잣 말을 했다, "오늘은 승리의 날이야, 우린 승리의 축제를 갖게 될 거야." 그러나 눈물은 계속 흘러내렸다—기쁨의 눈물이 아니라, 속상해 하는 눈물이 말이다.

데이븐포트에서 어떤 일이 일어났었는지를 듣기 위해 궁금해 하며 간절히 기다리는 기도하는 사람들이 모였다. 이들이 바로 앞서 여섯 달 동안 기도 프로젝트에 동참했던 여자들이다. 이제 회원수가 증가된 이들은 내가 데이븐포트에 있었던 그 주 내내 나를 위해 중보기도로 후원하면서 그들이 경험한 것이 다른 여자들에게도 전해지도록 매일 하나님께 간청했던 여자들이다.

나는 알파인공원에서 기다리고 있는 이 여자들은 그들이 기도한 그 여섯 달 동안에 무슨 일이 일어났는지를 당연히 들어야 한다는 강한 느낌을 가졌다—다시 말하면, 내가 메시지를 전한 다음에 그 연회에 참석한 600명의 여자들 모두가 연회가 끝나고 집으로 돌아가면, "여자가 기도할 때" 하나님이 응답하신다는 것을 확신하면서 실천하겠다고 하나님께 약속한 사실을 마땅히 들어야 한다는 말이다. 총회에서 기도를 집중적으로 다룰 강사가 여러 후보들 중에서 임의로 정해졌을 때 그들은 그들이 기도한 결과가 무엇인지를 마땅히 알아야 할 자격이 있었다. 그 강사가 말씀을 전한 후에 나는 플랫폼의 옆으로 그를 따라 가서 물었다, "한스태드(Hanstad) 목사님, 오늘 그 곳에서 설교하신 것은 어떠했는지 제게 말씀해 주시겠어요? 록포드에 있는 우리 여자들은 기도에 관한 특별한 주제로 며칠 동안 총회에서 말씀을 전해 주실 강사를 찾고 있던 중에 여러 강사들 중에서 목사님을 선정했어요. 목사님, 무슨 특별히 다른 일이 있었나요?" 그는 한숨을 돌린 후 말했다, "오, 나는 그런 *자유함*을 결코 경험해 본 적이 없었습니다. 나는 그 모든 동료들과 행정가들 앞에서 말씀을 전할 때 보통 너무 초조해 하고 예민해지곤 했는데, 오늘은 전혀 그렇지가 않았습니다. 나는 너무나 자유로움을 느꼈습니다; 긴장이라고는 전혀 찾아 볼 수가 없었습니다."

내가 연회가 있었던 날 아침에 목이 심히 아프고, 두근거리고, 두통이 있는 상태에서 일어났던 사실을 내가 데이븐포트에 있는 동안 나를 위해서 그렇게 신실하게 기도했던 이 여자들도 또한 당연히 알아야 했다. 나는 스스로 기도할 수 없을 정도로 심히 아팠었다. 내가 할 수 있는 것이라고는 단지 침대에서 중얼거리는 기도를 할 뿐이었다. "오, 하나님, 나를 위해 기도하게 누군가에게 말씀해 주세요; 나를 위해 기도하게 누군가에게 말씀해 주세요." 나의 이런 상태를 모른 채, 공원에서 기다리고 있었던 이 여자들은 모두 그 날 나를 위해서 기도했다. 그들은 하나님이 그들의 기도를 들으시고 응답하신 사실을 당연히 알아야 했다. 왜냐하면 내가 그 날 저녁 연회에 가기 위해 준비하려고 침대에서 기어 나왔을 때만 해도 나는 여전히 크게 말하거나 마음껏 호흡할 수 없었는데, 기적이 일어난 것이다. 내가 이를 닦으려고 구부렸다가 머리를 들었을 때는 말끔히 나은 것이다. 내 목소리는 정상으로 돌아왔고, 목이 아픈 것과 심한 두통도 완전히 사라진 것이다.

나는 그들에게 승리한 이야기를 하려고 했었다. 여섯 달 동안 그들이 한 일은 끝났다. 그러나 하나님은 다른 계획이 더 있으셨다. 그는 우리를 영적인 사다리의 그 다음 단계로 이끌고 계셨다. 그는 내가 절망의 깊은 골짜기에서 좀더 높은 곳으로 올라갈 수 있게 하시면서 이미 내 안에서 그 과정을 시작하셨다. 그는 내 안에 더 변화되어야 할 부분이 있음을 아셨다. 그래서 나는 그들에게 승리한 메시지를 전하는 대신에 그 날 새벽 낡은 초록 의자 옆에서 무슨 일이 있었는지에 대한 이야기를 전부 다 하였다.

억제할 수 없는 눈물을 감추려고 애쓰면서, 나는 그 여자들에게 나의 쓰라린 경험을 나누었다. 그들 모두도 나와 함께 울었다. 우리는 기대하지 않았던 승리를 느끼고 있었다. 나는 그 날 아침에 캐티(Katy)가 기도한 것을 기억한다, "주님, 저는 그게 무엇이든 상관하지 않습니다. 다만 당신을 효과적으로 섬길 수 있도록 그것을 내게서 제거해 주세요." 캐티는 예민한 여자이다. 그녀의 남편은 테니스 챔피언이고, 그들에게는 아름다운 두 자녀가 있다. 그녀는 다음 해에 어떤 스타일이 유행하게 되는지에 지대한 관심을 갖고 있는 여자들 중 하나이다. 그런데 그 날 아침에 캐티가 "주님, 나를 변화시켜 주세요"라고 기도하면서 울었을 때, 우리 모두도 그녀와 함께 울었다. 우리는 모두 그녀가 한 기도, "오 하나님, 어떤 것이든 제거해 주세요—그리하여 당신이 나를 진정으로 사용하시도록"이라고 한 기도에 동참하였다. 캐티는 그녀의 삶에서 하나님이 첫째가 되시기를 간절히 원했다.

그런데 이상한 일이 일어났다. 우리는 그 모임 이후 1년 여 동안 "주님, 나를 변화시켜 주세요"란 표현을 전혀 사용하지 않은 것이다. 그런 표현은 숨겨져 있었고, 14개월 후에야 다시 나타났다.

새 과정

하나님은 나의 강연과 강의를 포기하려고 생각한 나의 제안을 막지 않으셨지만, 그 날 "주님, 나를 변화시켜 주세요"란 나의 기도에 응답하기 시작하셨다. 그는 이미 나를 위해 준비되고 계획된 나의 영적 성장의 그 다음 단계를 알고 계셨다. 그는 그 날 아침 나에게 위대한 원리를 가르치기 시작하셨고, 나의 삶에서 아직도 작용하고 있는 한 과정을 시작하셨다. 내가 "주님, *나*를 변화시켜 주세요―내 남편을 변화시키지 마시고, 나의 자녀를 변화시키지 마시고, 나의 목사님을 변화시키지 마시고, *나*를 변화시켜 주세요!"라고 기도할 때 놀라운 일들이 일어난 것을 나는 여러 해 동안 발견해 왔다. 이것은 물론 그들이 하는 모든 것을 인정하거나 또는 심지어 너그럽게 봐 주는 것을 의미하지 않고, 오히려 나의 행위와 반응들을 내가 어떻게 다루느냐에 전력을 기울이는 것을 의미한다. 그들의 행동에 대해서 하나님 앞에 책임을 지는 사람은 내가 아니고 바로 그들이라는 사실이 더욱 더 분명해진다. 그러나 *내* 안에서 이루어져야 할 필요가 있는 변화들에 대해서는 내가 책임을 지는 것이다.

이 개념은 로마서 8장 29절 말씀, "하나님이 미리 아신 자들로 또한 *그 아들의 형상을 본받게 하기 위하여* 미리 정하셨으니"에 설명해 놓은 것과 같이, 에벌린이 더욱 그리스도와 같이 되고, *그의* 형상을 본받는 자가 되기 위한 과정에 들어간다는 개념이다. 그리고 그리스도의 형상을 본받는 것이 나의 목표이므로 나는 이 과정이 나의 일생 동안 지속되어야 한다는 것을 기대하며 살아야 한다. 또한 "그가 나타내심이 되면" 내가 그와 같게 (요일 3:2) 되어야만 이 과정이 끝난다는 것을 기대하며 살아야 한다.

비록 "주님, 나를—변화시켜—주세요"란 개념을 나누게 되기까지 14개월이 걸렸지만, 그 과정은 이미 시작되었다. 하나님은 14개월의 창안(創案) 기간 동안에 나에게 개인적으로 그 일을 착수하셨다. 그 후 1년여가 지날 때까지 그 일은 "탄생"되지 않았다. 이것은 몇 번이고 *내*가 변화되어야 할 필요가 있는 현실에 직면한 과정이었다.

나의 갈등은 마치 내 안에서 달아오르는 뜨거운 다리미와 같았다. 그것만이 내가 묘사할 수 있는 유일한 방법이다. 그리고 어느 누구의 삶을 변화시키는 것이 아니라 바로 나의 삶을 변화시키도록 맡기면서, 변화시켜 주시고 말씀 추구의 유일한 근원이 되시는 하나님께 돌아가는 데 꼬박 14개월이 걸렸다.

"오, 하나님," 나는 계속 기도했다, "내 남편도 아니고, 내 자녀도 아니고, 어떤 다른 사람을 변화시키는 것이 아니라 단지 **나**를 변화시켜 주세요!"

다시 내가?

그 해 6월, 나는 더 변화되어야 할 것이 있었다. (얼마나 끔찍한 달이었는지!) 나는 나의 딸이 말해 주었기 때문에 나 자신에 대해서 새로운 사실을 발견했던 것이다!

어느 날 저녁 식사 식탁에서 막 열여덟 살 된 나의 큰 딸 잰이 퉁명스럽게 말했다, "엄마, 난 엄마의 철학을 다신 듣고 싶지 않아요. 엄마가 엄마의 철학을 말하려고 할 때면 엄마의 어조(語調)가 실제로 바뀌는 걸 아세요? 난 엄마가 그럴 때마다 그 다음에 무슨 말이 나올지 이미 알아요."

"다시 *내*가?" 나는 의자를 식탁으로 밀어 놓고는 내 침실로 급히 달려가서는 흐느끼며 침대에 벌렁 누웠다.

*이번*에는 하나님이 무엇을 가르치시려는가? 잰은 언제나 자기의 일은 스스로 결단하여 하는 독립적인 첫째 딸이었다―초등학교 2학년밖에 안 되었을 때는 백과사전에 있는 대로 정식으로 식탁 배열을 할 줄 알았고, 초등학교 6학년 때에는 우리 교단의 전국 독서 대회에서 우승하여 독서 분야의 정상에 도달하기도 하였다. 그녀가 가진 "모든 것을 스스로 할 수 있는 어머니"(I-can-do-it-myself-Mother) 기질은 태어날 때부터 있었지만, 언제나 엄마의 지도에 따랐다. 그런데 이제 그녀에게 무슨 일이 일어나고 있는가? 열여덟 살 되는 생일에 법적인 성인이 되면서 그녀에게 무슨 일이 생긴 것인가?

그러자 영혼의 고뇌 가운데서 나는 기도했다, "주님, 잰을 변화시키지 말아 주세요. 그 애는 세상에서 자기의 길을 발견해야 하는 십대 아이입니다. 단지 나를 변화시켜 주세요! 주님, 나를 당신께서 원하시는 그런 엄마가 되게 해 주세요. 오, 하나님, 나는 그 애가 성장한 것을 압니다. 제발, 당신께서 *내*가 어떻게 변화되기를 원하시는지 나에게 보여 주세요!"

그 이후 14개월 동안에 나의 영혼의 본격적인 추구가 시작되었다.

말로 말미암지 않고

내가 인도함을 받으려고 성경을 들여다보았을 때, 하나님은 나의 "변화"를 위해 길잡이 역할을 해 주시면서 그 어려운 14개월을 지탱하게 해 준 베드로전서 3장 1-2절의 말씀에서 한 가지 *원칙*을 주셨다. 그 당시 하나님이 나에게 강조하신 것은 다른 사람들이 *나의* 두려워하며 정결한 행위를 *본다*는 것이었다. "이와 같이... *말로 말미암지 않고*...구원을 얻게 하려 함이니."

비록 이 구절이 특별히 남편-아내의 관계를 말하고 있지만, 나는 "말로 말미암지 않고"의 원칙은 모녀 관계에서도 역시 적용된다는 사실을 발견하였다. 나는 나의 철학을 잰에게 다시는 강요하지 않겠다고 결심하였다. 더 이상 "설교하는" 엄마가 되지 않으리!

내가 나 자신에게 한 충고를 지키는 것은, 특별히 나 같은 성격으로는, 쉬운 일이 아니었다. 그리고 잰은 그 해 가을에 나의 모교에 신입생으로 입학도 하였다! 오, 내가 딸에게 단지 모든 것을 어떻게 하라고 말만 하면서 어떻게 그 애를 도와 줄 수 있었겠는가. 어쨌든, 나는 오래 전에 그 대학 교정에서 그 애 아빠와 (그리고 어린 아기였던 그 아이와 함께) 7년을 보내지 않았는가? 그리고 나는 총장 비서로서 학부모들에게 징계 서신을 보내기 위해 타자를 쳤고, 장학금과 대학 행정에 관한 세부 사항들을 처리하지 않았던가? 그런데 이제 나는 내가 남을 도와 주는 일을 억제해야만 했다. 딸은 도움을 원하지 않았다. 그녀의 독자적인 태도가 이긴 것이다. 그녀는 *자신*이 누구인지를 발견해야만 했다—그것도 스스로.

　나는 잰에게도 역시 그 때가 쉬운 기간이 아니었음을 그 이후에 알게 되었다. 잰은 나에게 솔직하게 털어놓았다. 잰은 처음 몇 주 동안에는 기숙사에서 입술을 깨물며, 눈물을 감추려고 눈을 심하게 깜박거리며 앉아 있곤 하였다—외로움을 느낄 때마다 집에 전화하지 않겠다고 결심했고—독립적이 되어야겠다고 결심했고—대학에서 해야 할 모든 결정을 자기 스스로 결정하겠다고 결심했다. 그와 동시에 나 자신도 나오는 눈물을 감추려고 눈을 깜박거리면서, 다만 잰이 자신의 인생 철학을 스스로 발견하게 하고, 세상 가운데서 가야할 길을 스스로 발견하게 하겠노라고 결심하며 앉아 있곤 하였다.

　첫 아이가 열여덟 살이 되고 자기 마음대로 하려고 고집할 때, 부모들(특히 어머니들)은 출혈(出血)로 거의 죽을 지경이 된다. 그들의 상처는 자녀들의 상처보다 훨씬 더 깊어 보이고, 훨씬 더 서서히 낫게 된다. 잰을 자유롭게 놓아 주는 것은 나에게 일찍이 있었던 일 중에서 가장 통렬한 일이었다. 우리 둘째 아이가 그 나이가 되기까지 5년 동안의 준비 기간이 있다는 것을 나는 얼마나 하나님께 감사했는지 모른다. 나는 그리 많이 출혈하지는 않았다. 왜냐하면 나에게는 "질식시키는 어머니"(smotherhood)에서 "진정한 어머니"(motherhood)로 변화될 수 있는 5년의 기간이 남아 있었기 때문이다. 그리고 미리 잰이 몇 년 동안 미개간지를 경작해 놓았기 때문에 낸시(Nancy)는 그 분야에서 훨씬 더 확실하게 처신할 수 있을 것이다.

그것은 효과가 있다

그 끔찍한 6월이 지난 그 다음 해 2월 쯤, 내 철학에 대한 그 당시까지 침묵의 8개월 동안은, 솔직히 말하면 비록 기대하지는 않았지만, 그 결과가 조금씩 나타나기 시작하였다. 나는 주님께서 나를 변화시켜 주시는 일에만 오직 전력을 기울였다. 주님께서 나의 딸 또한 변화시켜 주실지도 모른다는 일은 결국 일어나지 않았다. 우리가 딸을 대학으로 방문한 것은 개교 기념 행사 때였다. 우리가 잰과 그 당시 잰이 데이트하고 있던 남자 친구와 함께 저녁 식사를 하며 담소할 때, 나는 침묵하며 어리벙벙하게 앉아 있었고, 잰은 일부러 조심스럽게 남자 친구에게 계속해서 말했다, "엄마는 그것에 대해서 그렇게 생각하셔. 그리고 저것에 대해서는 저렇게 생각하셔." 베드로전서 3장의 나머지 부분도 사실이라는 것이 입증되었다, "...*구원을 얻게 하려* 함이니, 너희의 두려워하며 정결한 행위를 [봄이라]" (1-2절). 그러나 그 때는 아무 말도 할 때가 아니었다.

나는 딸을 위해 계속적으로 기도하면서, 잰을 하나님께 맡겼는데, 그 14개월 동안 나는 "불간섭" 정책을 계속 실천하려고 무던히도 애썼다. 내가 하고 있는 것을 아무에게도 언급하지 않고, 나는 조용히 하나님의 말씀 가운데 거하면서, 울며 기도했다, "주님, 크리스를 변화시켜 주지 마시고, 잰을 변화시켜 주지 마시고, 나의 다른 자녀들을 변화시켜 주시 마시고, 우리 교회의 교인들을 변화시켜 주지 마시고, 다른 어느 누구도 변화시켜 주시 마세요—그런데 주님, 나 에벌린을 변화시켜 주세요."

이제 8년 후, 나는 정말 충격적인 말을 들었다. 어느 주일 아침에 우리 교회의 교인인 의사 부인이 나에게 인사하며 말했다, "내가 기독교의학협회 수련회에서 잰을 만나서 이야기를 했는데, 잰이 나에게 말하기를 자기의 인생 철학은 자기 엄마한테서 배웠다고 하더군요." 그리고 그 말을 듣기 며칠 전에 잰이 나에게 말했다, "엄마, 엄마가 다음에 쓰실 책은 『주님, 나를 변화시켜 주세요』임에 틀림없겠죠."

그런데 침묵 가운데서 하나님이 나를 변화시키도록 내어 맡기면서 괴로워했던 그 14개월의 경험에서 생긴 가장 놀랍고 짜릿했던 일은 그 다음 해에 잰으로부터 받은 생일 카드였다. 카드에는 이렇게 써 있었다: "침묵 가운데 너무도 많은 것을 말씀해 주신 나의 엄마에게."

더욱 그리스도와 같이 되기 위한 첫 단계는 다른 사람 앞에서 침묵하는 삶을 *살면서* 변화될 필요가 있는 사람은 바로 나라는 것을 *받아들이는 것*임을 나는 배웠다.

나의 갈등은 여러 면에서 성과가 있었다. 그러나 가장 기쁜 것 중 하나는 4년 후에 우리 둘째 아이 낸시가 시간제 일을 마치고 집에 돌아왔을 때 거실로 뛰어들더니 다음과 같이 말한 것이다, "엄마, 난 성경에서 엄마를 발견했어요! 내가 조금 전에 성경을 읽으면서 디도서 2장 7-8절에서 엄마를 발견했어요." 낸시가 내게 그 성경 말씀을 읽어 주었을 때 내 눈에서는 눈물이 글썽거렸다. "범사에 네 자신으로 선한 일의 본을 보여 교훈의 부패치 아니함과 경건함과 책망할 것이 없는 바른 말을 하게 하라."

나는 마음속으로 외쳤다, "오, 하나님, 내가 진정으로 낸시 앞에서 '선한 일의 본을 보이며' *살았나이까?* 진정 나의 말로 말미암지 않고 나의 행위를 보고 주께로 온 자들이 있나이까?"

제 Ⅱ 부

어떻게 내가 변화되는가?

2

변화되다-
하나님의 말씀을 통하여
주님에 의해서

주님, 나는 변화되기를 원합니다. 그러나 어떻게 해야 베드로전서 3장 1-2절에 있는 *당신의* '두려워하며 정결한' 행위를 발견합니까? 특히 나는 너무나 오랫동안 아주 열심히 노력도 해 보았습니다. 주님, 무엇이 더 있습니까? 이제 당신은 내가 어떻게 되기를 원하십니까? 내가 그렇게 되려면 어떻게 해야 합니까?"

하나님께 구하라

내가 이러한 질문들을 하나님께 했을 때, 하나님은 응답해 주신다는 것을 나에게 보여 주셨다. 내가 해야 할 필요가 있는 것은 오직 구하는 것이었다. 그는 약속하셨다, "너희 중에 누구든지 지혜가 부족하거든 모든 사람에게 후히 주시고 꾸짖지 아니하시는 하나님께 구하라. 그리하면 주시리라" (약 1:5). 지혜에 대한 한 가지 정의는 "올바른 *삶의 행실*을 위해 필요한 마음과 정신의 재산"이다. 지혜는 단지 철학적인 사색이나 지적인 지식이 아니라, 실제적이고 응용된 생활양식이다. 지혜는 단지 머리로만 어떤 것을 아는 것이 아니라 그것이 당신의 일부가 되도록 그것을 삶에 적용하는 것이다.

누구든지 지혜가 부족하거든

몇 년 전에 하나님은 나에게 하나님의 말씀에서 나오는 지혜를 추구하는 *과정*을 가르쳐 주셨다. 나는 교단으로부터 "새 시대를 위한 하나님의 말씀"이란 주제로 미국과 캐나다에 있는 18개 지구(地區)에서 온 여자들과 소녀들을 위한 사역자들에게 메시지를 네 번 전해 달라는 부탁을 받았다. 나는 성경이 이 새 시대, 즉 기술과 관련된 장서(藏書)들이 6개월마다 쓸모없게 되고, 우주 밖의 새로운 세계가 정복되는 등 지식을 뒤엎는 이 시대를 위한 적합한 길잡이라는 것을 증명해야만 했다.

나는 메시지의 내용을 구상하려고 애써보았지만 몇 달이 지나도록 생각이 떠오르지 않았다. 마침내 나는 믿어지지 않는 이 도전에 응해야 할 기간이 단지 두 달 밖에 남지 않았음을 인식하고는 좀 당황하였다. 그래서 나는 어느 날 새벽 5시 반에 초록 의자가 있는 "기도실"로 가서 무릎을 꿇고 하나님께 응답해 달라고 간청하였다.

나는 한 시간 이상 기도하며 간청하였다—그러나 아무런 응답이 없었다. 나는 자포자기한 상태에서 손을 뻗쳐서 성경을 잡고는 경건의 시간에 읽고 있는 시편 25편을 펴서 읽기 시작하였다.

갑자기 5절의 한 단어가 툭 튀어나오는 것 같이 보여서 그 단어에 내 시선이 멈추었다. 그 단어는 마치 아주 진한 글자체로 표시해 놓은 것 같았다. 바-라-나-이-다. "주의 진리로 나를 지도하시고 교훈하소서; 주는 내 구원의 하나님이시니, 내가 종일 주를 *바라나이다*."

"오 주님," 나는 울부짖었다, "나는 당신의 말씀대로 당신을 받아들이겠습니다. 나는 당신만을 의지하겠습니다. 나는 그 주제에 관한 어떤 책도 참조하지 않겠습니다. 다만 *당신의* 말씀 안에 거하면서 내가 참석자들에게 가르쳐야 할 내용을 당신이 친히 내게 말씀해 주시도록 맡기겠습니다."

그리고는 나는 그 다음 6주 동안 집중해서 성경을 읽었다. 나는 성경의 어느 한 책을 선택해서 연속적으로 읽지 않고 되는 대로 읽었다. *바라나이다*라는 단어를 하나님이 깨닫게 해 주실 때마다 나는 멈추어서 그 주신 특별한 생각을 별도의 종이에 적곤 하였다. 내가 미시간호(Lake Michigan)에 있는 별장에서 가진 여름 휴가 기간 동안에 이 과정을 끝마쳤을 때 하나님은 나를 놀라게 하셨다. 나는 별 가망 없이 마구 적어 놓은 메모 더미를 보고는 그것들을 비슷한 것끼리 분류해 놓기 위해서 가족들에게 내가 얼마 동안 식탁을 사용해야겠다고 알렸다.

내가 성경을 읽으면서 모아 놓았지만, 서로 연관이 없고 흩어져 있는 이러한 생각들을 정리해 보니, 나는 그것들이 네 가지 특별한 주제로 논리 정연하게 분류되는 것을 알게 되었다. 그래서 나는 더 이상 큰 메모 더미 하나가 아닌 작은 더미 넷을 갖게 되었다. 나는 점점 더 열정과 호기심을 가지고 분류된 각 그룹을 다시 읽어 보니, 이렇게 임의로 수집해 놓은 메모 내용이 자연스러운 개요의 형태가 되는 것을 발견하였다. (그것들은 내가 대학 1학년 때에 우리가 연구한 것을 색인 카드에 기입하는 법을 배운 영어 학습 시간을 나에게 상기시켜 주었다.) 스스로 "주석 책과 같은 아이"라고 항상 생각해온 나는, 충격을 받은 상태에서, 하나님의 말씀은 우리의 순진하지 않고 교만한 마음을 위한 적절한 안내자임을 증명해 주는 네 개의 메시지를 위한 개요 형태의 메모 더미 네 개를 놀래서 들여다보았다. 야아! 성경은 살아 있었다―우리가 살고 있는 새 시대에 족한 것이었다!

하나님으로부터 지혜를 얻는 과정은 내 마음속에 지울 수 없는 감명을 주었다. 하나님은 6주 동안 내가 수집해 놓은 흩어져 있는 성경 말씀을 통해서 그 주제에 관해 특별하게 말씀하시면서 내가 "마구" 읽었던 내용들을 세미하게 인도하셨고 지시하셨다.

"모든" 사람에게 후히 주시는 분

하나님은 그의 말씀으로부터 지혜를 추구하는 이러한 과정에서 나에게 또 다른 놀라움을 주셨다. 시카고 지역 지부장 수련회를 위해서 네 개의 메시지를 받고 나서 워싱턴의 레이니어산(Mount Rainier) 기슭에서 있었던 수련회에서 그 메시지를 나눈 후에, 나는 우리 교회의 추계(秋季) "섬기기 위한 배움" 연례 세미나에서 그 것을 가르쳤다. 그 후에 곧 우리 교회를 방문하게 될 어느 대학 총장이 주일 오전 예배에서 말씀을 전했다.

예배 후에 내 전화벨이 울리기 시작했다. "에벌린, 오늘 아침 당 신의 강의 개요가 어떠했는지 아십니까?"

"그건 *나의* 개요가 아니었어요," 나는 전화 건 사람을 납득시켰 다. "나는 내가 이제까지 가르쳤던 말을 들은 사람이 결코 없다는 걸 알아요. 그건 내 것이 아니고, *그분의* 개요이지요."

하나님은 우리 둘에게 하나님의 말씀으로부터 똑같은 진리를 가 르쳐 주셨던 것이다! 나는 하나님이 그 강사에게 어떻게 역사하셔 서 그에게 전할 메시지를 주셨는지 그 방법은 모르지만, 나는 우리 두 사람에게 똑같은 가르침을 주셨다는 사실에 압도되었다.

그 다음 해 1월에 나는 집안일을 하는 동안 라디오에서 나오는 무디성서학원의 연례 설립자 주간의 메시지를 계속해서 고정시켜 놓고 듣고 있었다. 나는 전국적으로 알려진 두 강사들이 바로 내가 "새 시대를 위한 하나님의 말씀" 프로젝트를 위해서 그 전 해 여름 에 되는 대로 읽으며 수집했을 때 하나님이 나에게 주신 것과 똑같 은 요점과 예화를 사용하는 것을 매일 매일 쥐죽은 듯 조용히 경청 하였다. 마침내 나는 세탁기와 건조기의 버튼을 "정지" 상태로 누르 고는 식당으로 달려가서 식탁 위에 팔베개를 하고 엎드렸다. "오, 하나님," 나는 흐느꼈다, "당신은 철학박사 학위를 가진 저 두 위대 한 하나님의 종에게 당신의 말씀 가운데서 주신 메시지의 내용과 똑같은 내용을 *나에게도* 주셨습니다! 아무 것도 아닌 *저에게도!*"

~할 때까지 읽으라

나의 큰딸의 비난 때문에 생긴 "주님, 나를 변화시켜 주세요"의 새로운 프로젝트를 하나님이 나에게 허락해 주신 것은 그로부터 2년 후였다. 이번에 나는 나의 철학을 간직하고 있는 동안 하나님이 그의 말씀을 통해서 나를 변화시켜 주시도록 맡기기로 하였다. 대부분의 어머니들이 그들의 자녀들이 둥지를 떠날 때 깊은 자기 반성의 시간을 거치게 된다. 이제 나도 그들과 같은 경험을 한 것이다. 나도 또한 어머니로서의 경험을 하고 있으면서 곧 실직하게 될 나 자신을 재평가하였다.

나는 내가 *어떻게* 변화되기를 하나님이 원하시는지 말씀해 달라면서 하나님이 나에게 가르쳐 주신 과정대로 본격적으로 그 일에 착수하였다. 나는 성경 말씀을 읽을 때 오직 하나님이 말씀하실 *때까지* 읽으려고 했다. 그런 다음에 나는 하나님이 말씀해 주신 것에 대해서 기도하고, 그 특정한 부분에서 하나님이 나를 중단하게 하신 이유를 분석하고, 하나님이 아시는 나의 필요를 발견하고, 또한 내가 변화되기 위해서 할 수 있었던 것들을 결정하려고 잠시 멈추곤 하였다. 나는 그 14개월 동안에 수백 개의 성경 구절에 밑줄을 쳤지만, 여기에서 나에게 가장 의미 있었던 몇 가지만 나누려고 한다.

내가 날마다 시편을 읽었을 때, 하나님은 나에게 삶에 변화를 초래한 지혜의 *원천*을 주셨다. 첫째, 하나님은 나에게 시편 1편 2절을 주셨다: "오직 여호와의 율법을 즐거워하여; 그 율법을 주야로 묵상하는 자로다." 나는 그 구절 옆 여백에, "24시간 동안"과 "모두가 대학 학부 재학생, 동창생은 없다"라고 써 놓았다. 나는 하나님의 말씀을 밤낮으로 묵상해야 했으며, 나 자신을 배우고 변화되는 하나님의 학교를 졸업한 자로 여기지 않았다. 나에게는 더 배울 것이 여전히 있었다.

*내가 이 과정을 어떻게 접근하였는가*는 시편 25편에서 나에게 보여 주었다: "온유한 자를 공의로 지도하심이여, 온유한 자에게 그 도를 가르치시리로다" (9절), 그리고 "여호와를 경외하는 자 누구뇨? 그 택할 길을 저에게 가르치시리로다" (12절). 다른 사람이 아닌 바로 *내*가 변화되어야 할 필요가 있다고 인정하면서 하나님께 겸손하고 온유하게 나아가는 것은 그 당시에 나에게는 새로운 생각이었다.

또한 내 성경에 밑줄을 진하게 쳐 놓은 부분은 시편 32편 8절에 있는 *하나님으로부터의 권위 있는* 약속이었다: "내가 너의 갈 길을 가르쳐 보이고, 너를 주목하여 훈계하리로다." 이 말씀에 대해서는 의심의 여지가 없었다. 하나님은 나를 가르쳐 보이셨고, 그는 내가 *어떻게* 변해야 되는지를 가르쳐 달라는 나의 간구에 응답하시며 나를 인도하고 계셨다.

하나님이 시편 139편을 통해서 나에게 설득력 있게 말씀하셨을 때, 성경이 책망하기에 유익하다(딤후 3:16)는 개념이 분명해졌다. "하나님이여, 나를 살피사 내 마음을 아시며, 나를 시험하사 내 뜻을 아옵소서. 내게 무슨 악한 행위가 있나 보시고, 나를 영원한 길로 인도하소서" (시 139:23-24). 하나님은 그의 말씀을 통해서 나에게 무엇이 하나님을 노하시게 하며, 내 안에 변화될 필요가 있는 것이 무엇인지를 보여 주셨다. 나는 성경 여백에 연필로 써 놓았다, "기도: '주님, 나를 변화시켜 주세요.'"

그리고는 하나님이 잠언에서 나에게 말씀해 주실 때까지 읽었다. 그 14개월 동안 하나님은 나에게 지혜를 얻는 것에 대한 많은 가르침을 주셨다: "지식을 *불러 구하며*, 명철을 얻으려고 소리를 높이며, 은을 구하는 것 같이 그것을 *구하며*, 감추인 보배를 찾는 것 같이 그것을 *찾으면* 여호와 경외하기를 깨달으며, 하나님을 알게 되리니, 대저 여호와는 지혜를 주시며, 지식과 명철을 그 입에서 내심이며" (잠 2:3-6, 이탤릭체, 저자 강조). 다시 한 번 하나님은 나에게 "여호와를 경외하는 것이 지혜의 근본이요"(9:10)라는 진리를 부각시켜 주셨다. 그리고 그 지혜는 하나님의 말씀 안에서 발견할 수 있었다.

변화를 받다—마음을 새롭게 함으로

내가 어떻게 변화될 수 있었는가에 대한 몇 가지 특별한 점은 내가 성경을 추구한 그 14개월 동안에 나타나기 시작했다. 나는 포트 로더데일(Fort Lauderdale)의 콘도에서 있던 어느 날 아침에 그 전 달에 하나님께서 로마서 12장 2절을 나에게 주셨을 때 하나님이 무엇을 의미하셨는지를 갈등하면서 일찍 일어났던 것을 기억한다: "너희는 이 세대를 본받지 말고, 오직 마음을 새롭게 함으로 변화를 받아, 하나님의 선하시고, 기뻐하시고, 온전하신 뜻이 무엇인지 분별하도록 하라."

그 다음 해 12월에 나는 내 성경의 여백에 "변화를 받다—그리스도의 변형에서 쓰인 것과 같은 단어"라고 써 놓았다. 하나님은 변화산에서 그 얼굴이 해 같이 빛나며 옷이 빛과 같이 희어졌던 그리스도처럼 내가 극적으로 변화되기를 원하셨는가? 그런 다음에 나는 "변화되다—벌레에서 나비로"라고 적었다. 나는 어느 전단지에서 보았던 놀란 벌레 같이 느껴졌다. 머리 위로 날아다니는 나비를 바라보면서, 그 벌레는 말하고 있다, "누굴, *나*를 변화시키라고?" 그러자 나는 로마서 12장 2절 옆의 여백에, "대명사들—하나님이 *나*를 원하시는가?"라고 썼다. 대명사들은 매우 개인적인 것이었다. 나는 그것들에 동그라미를 쳤다. 거기에는 실수가 없다. 하나님은 나의 남편이나 나의 자녀들에게 말씀하시고 계신 것이 아니라, 나에게 말씀하시고 계신 것이다. 그런 다음에 내 성경에는 의외로, "영적 성숙—마침표"라고 써 있었다. 그렇다, 그것이 변화에 관한 모든 것이다—하나님 안에서 그분처럼 성숙되는 것. 나를 위한 하나님의 선하시고, 기뻐하시고, 온전하신 뜻이 무엇인지를 입증하면서.

하나님은 또한 나 자신이 변화될 필요가 *없다*는 태도를 얼마나 가지고 있었는지를 나에게 보여 주셨다. 비록 내가 그 전 6월에 그렇게 하리라고 하나님께 말씀드린 후에 나의 강의와 말씀을 전하는 사역을 포기하려는 내적인 충동을 느끼기는 했지만, 하나님으로부터 직접 이러한 확증을 받는 것은 굉장한 전율이 느껴지는 일이었다. 나는 에베소서 6장을 읽으며 놀라서 눈을 깜빡였다. 그러자 하나님이 19절과 20절에서 나를 중단하게 하시자, 내 눈에서는 안도의 눈물이 솟구쳐 나왔다: "또 나를 위하여 구할 것은 '내게 말씀을 주사 나로 입을 벌려 복음의 비밀을 담대히 알리게 하옵소서' 할 것이니, 이 일을 위하여 내가 쇠사슬에 매인 사신이 된 것은 나로 이 일에 당연히 할 말을 담대히 하게 하려 하심이니라." 이것은 그 14개월 동안 하나님이 나에게 가르쳐 주신 가장 위대한 교훈 중 하나였다. 만일 나의 남편에게 조금이라도 상처를 줄 수 있는 일이라면 내가 강의와 말씀을 전하는 사역을 모두 기꺼이 포기하려고 한다 할지라도 하나님은 나에게 그것을 계속하라고 말씀하셨다. 이것에 관한 최종 확정은 그 다음 가을에 나의 남편으로부터 왔는데, 그 때 그는 나에게 이렇게 말했다, "여보, 나는 당신의 극성스러운 팬이라오."

하나님은 어떻게 변화되어야 하는지를 나에게 계속 보여 주셨다. 2월에 나는 갈라디아서 2장 20절을 읽었다: "내가 그리스도와 함께 십자가에 못 박혔나니, 그런즉 이제는 내가 산 것이 아니요, 오직 내 안에 그리스도께서 사신 것이라. 이제 내가 육체 가운데 사는 것은 나를 사랑하사 나를 위하여 자기 몸을 버리신 하나님의 아들을 믿는 믿음 안에서 사는 것이라." 그 때 나는 내 성경에, "나 자신은 가장자리로 제쳐 놓고—그리스도가 내 중심에"라고 썼다. 그러면 *어떻게* 변화되는가는 분명하다. 내가 그리스도를 닮아가도록 변화되면서 그리스도가 내 안에 사시도록 해야 하는 것이다.

특별한 가르침이 많지만, 빌립보서 2장 3절에, "겸손—4월"이라고 표시해 놓은 것은 그 당시 나에게 아주 의미가 있었다: "아무

일에든지 다툼이나 허영으로 하지 말고, 오직 겸손한 마음으로 각각 자기보다 남을 낫게 여기고."

그 해 1월에 내가 열한 살짜리 나의 아들 커트와 함께 성경을 읽고 있었을 때 하나님은 심지어 그 애를 통해서도 내가 조용히 배울 수 있는 몇 가지를 확인하게 해 주셨다. "논쟁하지 않고도 얼마나 많이 배울 수 있는지 놀랍지 않으세요?"라며 그는 빌립보서 2장 14절을 설명하였다: "모든 일을 원망과 시비가 없이 하라." 그것은 나의 마음을 새롭게 해 주었다!

하나님은 내가 변화되려고 그리고 그리스도를 더 닮아가려고 애쓰고 있을 때 성경 한 구절을 통해서 나를 재확신시켜 주시는 것 같았다. 나는 2월에 매우 빡빡한 스케줄을 가지고 있었기에 캘리포니아의 허몬산(Mount Hermon)에서 있었던 수련회에서는 극도로 지쳐 있었다. 나는 토요일 밤의 연회 전에 나를 변화시켜 달라고 하나님께 간절히 기도했다. 이틀 후에, 연회를 위한 거의 기적적인 원기 회복 후에, 나는 내 성경에 이렇게 표시해 두었다: "너희 속에 착한 일을 시작하신 이가 그리스도 예수의 날까지 이루실 줄을 우리가 확신하노라" (빌 1:6).

같은 해 2월에, 나는 나중에나 이해할 수 있을 한 구절로 자극받고 나서 그 구절 옆의 여백에 "나를"이라고 써 놓았다. 바울처럼 나는 이 일 후에 더욱 효과적인 예수님의 종이 될 것인가? 이 14개월의 경험 때문에 그리스도를 위한 나의 사역이 장차 더욱 효과적으로 되겠는가? "형제들아, *나의* 당한 일이 도리어 복음의 진보가 된 줄을 너희가 알기를 원하노라" (빌 1:12).

교훈에 교훈

그런 다음에 하나님은 그 14개월 동안 그의 방법에 대한 몇 가지 특별한 지침을 나에게 가르쳐 주셨다. 1969년 3월 23일에, 하나님은 그가 가르치는 분이셨다는 것을 강조하여 나에게 보여 주셨다. "너희는 주께 받은 바 기름 부음이 너희 안에 거하나니, 아무도 너희를 가르칠 필요가 없고, 오직 그의 기름 부음이 모든 것을 너희에게 가르치며, 또 참되고 거짓이 없으니, 너희를 가르치신 그대로 주 안에 거하라"(요일 2:27). "그가 뉘게 지식을 가르치며, 뉘게 도를 전하여 깨닫게 하려는가? 젖 떨어져 품을 떠난 자들에게 하려는가? 대저 경계에 경계를 더하며, 경계에 경계를 더하며, *교훈에 교훈을 더하며*, 교훈에 교훈을 더하되, 여기서도 조금, 저기서도 조금 하는구나"(사 28:9-10, 이탤릭체, 저자 강조).

바로 그것이었다. 수백의 성경 구절을 통하여 하나님은 그 당시 나에게 직접 말씀하셨다. 내가 변화될 필요가 있는 것이 무엇인지, 그리고 변화되기 위한 지혜를 얻기 위해서 어떻게 그를 전적으로 의지해야 하는지를 보여 주시면서, 하나님은 교훈에 교훈을 더하시며, 경계에 경계를 더하셨다. 이러한 성숙은 마음을 새롭게 함으로 젖을 뗀 자들, 성장한 자들을 위한 것이다!

그리고 책망하지 않고

그 14개월 동안 내가 더 많은 지혜를 구한 것을 인하여 하나님은 단 한 번도 나를 책망하지 않으셨다. 하나님은 내가 필요했던 모든 지혜를 나에게 주기 원하셨음을 거듭해서 나에게 확신시켜 주셨다. 지혜의 은사는 그것을 구하는 *모든 자*에게 약속한 유일한 은사이다. 다른 은사들은 삼위일체의 삼위가 그 은사들을 나누어 주기를 기뻐하실 때 삼위에 의해서 주어진다.

고린도전서 12장 8-11절에서 우리는 성령님이 그 뜻대로 각 사람에게 은사를 나누어 주신다는 것을 읽는다. 로마서 12장 3-6절에 의하면, "하나님께서 각 사람에게 나눠 주신 믿음의 분량대로…우리에게 주신 은혜대로 받은 은사가 각각 다르니"라고 한다. 그리고 에베소서 4장 7절과 11절은 "우리 각 사람에게 그리스도의 선물의 분량대로 은혜를 주셨나니…그가 혹은 사도로, 혹은 선지자로, 혹은 복음 전하는 자로, 혹은 목사와 교사로 주셨으니"라고 한다. 그러므로 그리스도 역시 그가 원하시는 대로 사람들과 교회들에게 다른 은사들을 주셨다. 모든 믿는 자들은 그들의 삶의 변화를 위해 귀한 지혜의 은사를 달라고 요구할 수 있고 또 받을 수도 있다. 그들은 마음이 새롭게 됨을 경험하며 하나님의 완전한 뜻을 알 수 있게 된다.

변화되다―나의 영적 일기를 통하여

그러나 하나님의 말씀에서 나의 삶을 위한 지혜를 받는 것은 그 14개월에만 국한되었던 것은 아니다. 최근에 나는 "살아 있는 하나님의 말씀"이란 수련회 주제를 부탁받고 준비 중에 한 프로젝트를 실시하였다. 나와 그 수련회 참석자들에게 성경이 나 자신의 삶에서 생생하게 역사한 것을 입증하기 위해서 나는 내가 고등학교 이후 사용해 온 세 성경책을 파헤치면서 탐구하였으며, 밑줄 쳐 놓고 늘 날짜를 기입해 놓은 성경 구절의 가장 의미심장한 내용을 조직적으로 그리고 정성을 다하여 세 칼럼(각 성경에 한 칼럼씩)에 기록하였다. 내가 이 세 성경책을 한 달 동안 묵상했을 때 나는 놀랄 수밖에 없었다. 내가 밑줄 쳐 놓은 구절로부터 나는 내가 승리 또는 패배, 기쁨 또는 우울, 죽음, 탄생, 수술, 병, 도전, 개방 또는 폐쇄 상태에 있었는지를 알 수 있었다. 그리고 하나님이 늘 *특정한 때의 구체적인 필요에 구체적으로 응답해* 주셨음을 입증하는 증거가 쌓여가면서 나는 그 사실을 서서히 깨닫기 시작하였다.

나는 매 페이지마다 사용하고 있는 종이철에 칼럼들이 채워져 가면서 압도되는 의미심장한 것들에 초점을 맞추게 되었다. 나는 열여덟 살 때부터 *나의 삶의 영적 일기*를 세 성경책에 적어 놓았던 것이다! 그 모든 세월 동안 하나님은 나를 말씀 가운데서 구체적으로 가르쳐 주셨다. 그 해 6월에 "주님, 나를 변화시켜 주세요"로 표면화된 그 과정은 실제로 내가 1940년에 고등학교를 졸업한 이래 나의 삶의 알려지지 않은 목표였다.

여기에 그 세 성경책에 밑줄 쳐 놓고 늘 날짜를 기입해 놓은 수천 개의 성경 구절 중에서 나에게 가장 귀한 몇몇 구절들을 선택하여 나누고자 한다.

1953년 가을 우리의 첫 목회지에서 우리 딸 쥬디(Judy)가 회생(回生)할 수 없다고 의사들이 말해 주었을 때 하나님은 나에게 결정적으로 말씀하셨다. 나는 딸을 병원으로 데리고 갔었는데, 집에 돌아올 때는 아픈 마음과 텅 빈 팔과 무서운 반항심을 가지고 온 것을 기억한다―그 애를 쓰러지지 않게 내 오른쪽 어깨 너머로 간신히 기대어 놓은 채 온 것이다. 나는 여러 시간 동안 홀로 내 침실에서 전에 있었던 우리 교회의 목사가 한 말을 곱씹으며 갈등하였다, "그 모든 슬픔을 해롤드(Harold)와 에벌린에게 주신 것을 보니, 하나님이 그들을 많이 사랑하심에 틀림없지요." 그가 히브리서 12장 6절 말씀, "주께서 그 사랑하시는 자를 징계하시고"를 언급한 것을 생각했을 때, 나는 그가 그러한 모진 말을 한 것에 더욱 화가 났다.

그러나 조용한 가운데 하나님과 씨름하였을 때, 하나님은 나에게 "계속 읽어 보아라"고 말씀하고 계시는 것 같았다. 그래서 나는 성경을 펴서 히브리서 12장 10절에서 우리 육체의 아버지는 "자기의 뜻대로 우리를 징계하였거니와 오직 그(하나님)는 우리의 유익을 위하여" 징계하셨다는 것을 읽었다. 하나님은 그 때 나에게 만일 내가 목사의 사모가 되려고 한다면 이러한 일들을 이해해야만 한다고 속삭이시는 것 같았다. 딸의 사망 소식을 알려 주어서 내가 병원에서 조그마한 딸의 관 옆에 서 있을 때 나는 누가 나를 동정해 주길 바랐다. 나는 이 징계를 경험하면서 오직 내가 하나님이 원하시는 목사 사모가 되어야겠다는 것뿐이었다. 그런 다음에 11절은 그것을 모두 이렇게 설명하였다: "무릇 징계가 당시에는 즐거워 보이지 않고 슬퍼 보이나, 後에 그로 말미암아 연달한 자에게는 의의 평강한 열매를 맺나니" (이탤릭체, 저자 강조).

나는 나의 강인한 의지가 내 안에서 무기력해지는 것을 느꼈다
—나는 침대에 엎드려 무릎을 꿇고 있다가 그 순간 긴장되고 반항
하는 몸을 일으켜서 침대에 풀썩 주저앉았다. 나는 하나님의 뜻이
무엇이든 그 뜻에 항복했다. 그리고 그 때 하나님은 나를 변화시키
셨다. 나의 싸움은 끝났다. 나의 반항도 멈추었다. 비록 두 달 후에
쥬디가 서서히 화장되는 것을 목도하긴 했지만, 그 시점부터 갈등
이 없었다. 그 애가 죽은 날 나는 슬픔에 젖어 있었다. 그러나 아무
런 저항도 없었다. 하나님은 그러한 어려운 시기를 위해 나를 준비
시키셨던 것이다. 그리고 장래의 모든 날들을 위해서도 역시 더욱
그러했다. 하나님은 나를 징계로 *연달하면서* 변화시키셨다. 그러
나 그것은 모두 다 내가 "그의 거룩하심에 참예할" 수 있도록 나의
유익을 위한 것이었다. 그리고 마침내는 "의의 평강한 열매"를 맺
게 하셨다.

나는 내가 전한 메시지에서 신학적으로 중요한 것을 무시했다고
어느 목사 사모가 공개적으로 나를 비난했을 때 무척 동요되었다.
후에 그 메시지의 테이프를 확인하고 내가 정말로 그렇게 말*했던*
것을 발견하고는 당황한 마음을 지울 수가 없었다. 그러나 하나님
은 나를 위한 답을 가지고 계셨다. 그 다음 날 아침에 내가 시편
19편을 읽자 14절의 한 단어—"주의"—가 눈에 띄었다. "나의 반석

이시요, 나의 구속자이신 여호와여, 내 입의 말과 마음의 묵상이 주의 앞에 열납되기를 원하나이다."

성경의 여백에 나는, "사람 앞이 아닌, *주의* 앞에"라고 써 놓았다. 그리고는 그 전 날 밤에 가졌었던 모든 부정적인 생각들을 제거해 달라고 기도했다. 나는 하나님께서 나를 용서해 주시고, "내 입의 **모든** 말과 마음의 **모든** 묵상이 **당신, 주**의 앞에 열납되게" 해 달라고 기도했다. 즉시 나는 그가 그 메시지가 괜찮다고 확인하신 것을 느꼈다. 내가 결벽하다고 방어하려는 의욕이 사라졌다. 하나님은 나를 변화시키셨던 것이다!

❀　　　❀　　　❀

4월에 타주(他州)에서 수련회를 하기 위해 출발하려고 했을 때 비가 마구 퍼붓고 있었다. 집에서 5킬로미터 되는 지점에서 트럭, 소형 자동차와 내 차가 빨간 신호등에서 멈추어 섰지만, 내 뒤의 자동차는 멈추어 서지 못했다. 부딪치는 소리가 났다. 네 차 모두가 하나로 엉겨 있었다. 나의 허리가 받은 충격은 회복되었으나 결국 신경 조직이 받은 충격은 회복되지 못했다. 왜냐하면 그 다음 주에 운전할 때 앞쪽의 길을 보는 만큼이나 내 눈은 계속해서 뒷거울을 쳐다보았기 때문이었다! 그리고 나는 그 다음 주말에 미네소타 북쪽의 수련회 장소로 운전하고 가기로 되어 있었다. 그런데 나는 그렇게 할 수가 없었다. 나는 혹시나 누가 내 뒤에서 내 차를 받을까봐 오직 불안함과 두려움만 느꼈기 때문이다. 그리고 수련회의 주제가 **기-쁨**이었다! 그런데 수련회 장소를 향해 운전하려고 출발하기 바로 직전에 내가 시편을 읽고 있을 때 하나님은 응답해 주셨다. 그 구절을 읽었을 때 내 얼굴에는 미소가 만연해 있었다: "오직 주에게 피하는 자는 다 *기뻐하며*, 주의 보호로 인하여 영영히 기뻐 외치며, 주의 이름을 사랑하는 자들은 주를 즐거워하리이다" (시 5:11). 나는 즉시 나의 문제가 무엇인지를 보았다—주를 의지하지 않은 것이었다! 그 순간 그는 나의 두려움을 그의—그렇다, 문자 그대로—그의 기쁨과 바꾸셨다. 불안감도 사라졌으며, 내가 **기-쁨** 수련회 장소를 향해 운전했을 때 나는 내가 설교하려고 한 내용을 진정으로 경험한 변화된 사람이 되었다.

여러 해 동안 나의 영적인 척도는 요한일서 1장 4절이었다: "우리가 이것을 [씀은] 우리의 기쁨이 충만케 하려 함이로라." 내가 성경을 얼마나 읽었느냐는 내가 얼마나 많은 기쁨(피상적인 행복이 아닌, 마음속 깊이에 거하는 기쁨)을 누리고 있느냐로 항상 측정된다. 나의 삶에 기쁨이 없을 때, 내가 제일 먼저 점검하는 것은 내가 얼마나 많은 시간을 하나님의 말씀 안에서 보내는가이다!

나는 어느 대집회에서 강연한 것을 결코 잊을 수 없을 것이다. 거기에서 우리의 스케줄은 아침 식사, 아침 커피와 빵, 점심 식사, 오후 커피와 빵, 저녁 식사, 달콤한 빵으로 된 저녁 간식이 포함되어 있었다! 그 당시 나는 발목을 심하게 삐어서 힘겹게 내 방에 드

나들었고, 매일 몇 번씩 발목을 들어 올려야만 했다. 나의 운전기사와 나는 그 때 "하나님이 말씀하실 때까지" 과정을 연습하면서 함께 성경을 읽었다.

어느 오후에 마태복음 4장 4절을 읽었을 때, 그것은 나에게 완전히 새로운 의미를 부여해 주었다: "사람이 떡으로만 살 것이 아니요, 하나님의 입으로 나오는 모든 말씀으로 살 것이라." 나는 실제로 나의 삔 발목 때문에 생명의 떡을 달콤한 빵 몇 개와 바꾸면서 하나님께 감사하고 있는 자신을 발견하였다. 나는 내 성경책의 여백에 썼다: "커피와 빵을 먹을 충분한 시간이 있으나, 하나님의 말씀을 위한 시간은 충분하지 않다."

나는 하나님이 유머가 있으신 분임을 확신한다. 우리 교회는 하나님의 큰 역사를 경험하였는데, 나는 넉 달 동안 매 주일 최소한 한 사람, 그리고 그리스도를 그들의 구세주로 받아들이는 몇몇 사람들과 함께 기도하는 특권을 가졌다. 그것은 흥분되는 일이었다. 그런데 나는 갑자기 허리에 통증을 느껴서 검사를 받기 위해 입원한 적이 있었다. 내 침상 끝에 "물 금지"라는 표시가 걸려 있었고, 이른 아침쯤에는 실제로 물을 먹지 못하도록 되어 있었다. 불편한 가운데 나는 기도했다, "하나님, 제발 당장 나에게 꼭 필요한 읽을 말씀을 주세요." 그러자마자 전혀 무슨 내용인지도 모르지만 시편 63편이 번뜩 내 머리에 떠올랐다. 나는 성경을 펴서 그 시편을 읽

었다: "하나님이여, 주는 나의 하나님이시라. 내가 간절히 주를 찾되." 거기까지는 좋았다. 그 때가 새벽 5시 30분이었다.

내가 그 첫 구절을 읽었을 때, 나는 외쳤다, "주님, 이건 농담인가요?" "물이 없어 마르고 곤핍한 땅에서 내 영혼이 주를 갈망하며, 내 육체가 주를 앙모하나이다."

그런 다음에 나는 2절에서 하나님이 나에게 정말로 말씀하시고자 하는 내용을 보게 되었다: "내가 주의 권능과 영광을 보려 하여 이와 같이 성소에서 주를 바라보았나이다." 나의 진정한 문제는 물이 없어 목마른 것이 아니고, 성소에서 주님이 역사하시는 것을 보지 못하는 데에 있다는 것을 하나님이 나에게 보여 주셨다. 실로 정말로 반항했던 나의 태도는 사라진 것이다!

❀　　　❀　　　❀

검사가 끝나고 의사가 나에게 곧바로 수술해야 할 것이라고 말해 주었을 때 나는 용감하게도 미소 짓고 있었던 것을 기억한다. 나는 그가 문 밖으로 사라질 때까지 고개를 끄덕이며 미소 지은 후 그냥 울음을 터뜨렸다. 나는 성경에 손을 뻗으며 기도했다, "오, 하나님, 내게 필요한 성경 구절을 *지금 당장* 주세요!" 즉시 로마서 12장 1절이 떠올라서 나는 그것을 펴서 읽었다, "그러므로 형제들아, 내가 하나님의 모든 자비하심으로 너희를 권하노니, 너희 몸을 하나님이 기뻐하시는 거룩한 산 제사로 드리라. 이는 너희의 드릴 영적 예배니라."

이제 나는 하나님의 응답을 받은 것이다. 나는 나의 영―나의 마음, 감정, 힘을 전적으로 하나님께 드렸다. 내 생각에 나의 모든 것을 다 드렸다. 그러나 *나는 나의 몸을 그분께 드린 적이 결코 없었다!*

수술한 후 회복 기간이 지나갔지만, 그렇게 많은 일들이 "성소"에서 진행되고 있었을 때 나는 아무 것도 못하고 여전히 침상에 처박혀 있는 처지였다. 그 다음 주일에 내가 어느 친구 목사의 라디오 프로그램을 켰을 때에야 나는 비로소 하나님께서 나에게 주신 가르침을 순종할 수 있었던 것이다. 나는 여전히 그 날 아침에도 *나의* 몸이 병원 침상에 누워 있는 처지였다. 그런데 "잃는 것을 통한 얻음"이란 그가 읽은 시 한 편이 나의 마음에 깊이 와 닿아서 나는 하나님께 나의 몸을 단번에 드렸다. (나는 로마서 12장 1절의 "드리라"란 동사의 시제는 단번에 드리는 행위이지 연속적인 행위가 아님을 알고 있었다.)

점차로 건강을 향한 나의 태도가 바뀌었다. 병이 완전히 나아지지는 않았지만 (비록 그 증세가 아주 놀랍게도 감소되긴 했지만), 병을 향한 나의 *태도*는 바뀌었다. 나는 긴장을 풀었다. 나는 마치 *우리* 자동차가 도랑에 빠져 있다면서 자동차를 꺼낼 사람을 부른 어느 목사와 같이 느껴졌다. 나는 세월이 흘러가면서, "하나님, *우리* 몸이 아파요"라고 말하는 것을 배워왔다.

하나님은 나를 내 몸을 과잉보호하는 관리인으로부터 내 몸을 그분께 온전히 맡기는 자로 변화시키셨다. 얼마나 멋진 삶의 방식인가! 아무런 마찰도, 어떠한 혼란도 없다. 나는 아플 때마다 단지

"주님, 만일 내가 그 일을 충분히 해 낼 수 있도록 당신이 나를 낮게 하시기를 원하시어 낮게 해 주신다면, 주님, 감사합니다. 그러나 만일 그렇지 않다면, 다만 내가 침상에 있는 동안 당신께서 내가 배우기를 원하시는 것이 무엇인지 가르쳐 주세요"라고 말한다. 그분의 이러한 구체적인 가르침을 순종한 것은 나의 삶에서 압박을 벗어버리고 나의 삶 전체를 변화시키기 위해서 그 무엇보다도 우선적으로 실천한 일이었다.

❀　　❀　　❀

우리가 8월 12일 경 미시간에서 가진 휴가 동안에 하기 좋아한 것 중 하나는 자정에 해변가에 누워서 각기 빛나고 있는 별들의 환상적인 장면을 구경하는 것이었다. 커트가 일곱 살 되던 해 여름에 나는 『리더스 다이제스트』(Reader's Digest)에서 어느 아버지에 관한 기사를 읽었다. 그 아버지의 일곱 살 난 아들은 잠보다 더 중요한 것이 있다고 생각했기 때문에 한 밤중에 일어나서 반짝이는 별들을 보러 나갔다고 했다. 그래서 별의 찬란함이 극치에 이르렀을 때 우리는 커트를 해변가에 있는 나머지 가족과 합세하도록 하였다. 하나님이 걸작품인 천상의 불꽃놀이 장면이 펼쳐질 때마다 흥분과 "오!"와 "아!"를 연발하였다.

그러나 진정한 흥분은 그 다음 날 아침에 있었다. 우리들은 그날 아침 식사 식탁에서 가정 예배를 드리며 시편 33편, 특히 5-9절을 읽었다: "세상에 여호와의 인자하심이 충만하도다. 여호와의 말씀으로 하늘이 지음이 되었으며, 그 만상이 그 입 기운으로 이루었도다....온 땅은 여호와를 두려워하며, 세계의 모든 거민은 그를 경외할지어다. 저가 말씀하시매 이루었으며." 나는 천상의 경이로움에 흥분한 나 자신을 발견했을 뿐만 아니라, 하나님의 때를 경이로워 하면서 매일의 가정 예배 시간에 읽을 성경 선택에 놀라움을 금치 못하는 어머니가 된 것이다—하나님이 말씀하시매 이 모든 것이 이루어진다는 것을 우리에게 말씀하기 원하셨다는 것에 나는 압도되었다!

미시간호 해변은 하나님의 말씀을 읽고 그가 나에게 말씀하시도록 해 줄 내가 가장 좋아하는 장소이다. 우리가 휴가를 보낼 때 날씨가 좋으면, 나는 매일 일찍 일어나서 성경을 가지고 호수가로 내려가서 하나님이 말씀해 주실 때까지 성경을 읽곤 하였다. 어느 날 아침에 나는 하나님에 관한 너무나 놀라운 시편을 읽고 나서는 일상적으로 하는 하이킹 대신에 해변가로 가볍게 뛰어 내려가고 있는 나 자신을 발견하였다. 하나님은 일상적으로 반복되는 휴가로 보내는 날을 평범한 단계에서는 맛볼 수 없는 상쾌하고 기쁨이 넘치는 날로 바꾸어 주셨다. 독수리의 날개 치며 올라감 같이 내 몸에 짜릿하게 느껴지는 전율로 인하여 나는 하나님이 어떠한 분이신 것을 찬미하며, 또 그가 무엇을 하는 분이심을 찬양하자, 즉흥적으로 찬양의 노래들이 연이어 흘러나왔다. 시편 때문에 변화되었는가? 그렇다, 변화되었다!

실제 상황에서 36년 동안 경험해 오며 내가 강조해 온 답변은 성경이 진정으로 *살아 있는* 책이라는 것을 나에게 입증해 준 것이다. "하나님의 말씀은 살았고 운동력이 있어"라고 히브리서 4장 12절은 말한다. 그렇다. 하나님의 말씀은 살았다. 지구와 우주에 있는 오늘 날—또는 내일—의 온갖 지식 폭발의 시대에서 성경은 해답을 가지고 있다. 그리고 말씀의 교훈의 터 위에 나의 마음과 태도가 새로워지려고 내맡길 때 나는 변화된다. 하나님이 보시기에 나에게 꼭 필요한 그의 완전하신 뜻 안에서 나는 변화된다.

보화

나는 "살아 있는 하나님의 말씀"이란 주제로 말씀을 전하기로 되어 있는 수련회에서 보여 줄 그 세 권의 성경책을 가방에 챙겼다. 내가 미니애폴리스(Minneapolis)에서 비행기에 탑승하려고 했을 때 보안관이 내가 들고 들어간 가방을 철저히 검사하기 시작하였다. 그가 그 첫 번째 성경책을 끄집어냈을 때, 그는 나에게 "멋진 숙녀군요"란 미소를 지었다. 두 번째 성경책을 보자, 그의 얼굴에는 난처한 표정이 역력했다. 그러나 세 번째 성경책이 나오자, 그는 내가 그 성경책 속에 무슨 귀중품이라도 숨겨 놓은 것으로 확신하고는 재빨리 한 권씩 샅샅이 검사하였다. 그는 심지어 성경 한 권은 묶어 놓은 부분을 들고 세게 흔들어 보기도 했다.

그 보안관은 내가 그 세 권의 성경책에 숨겨 놓았던 보화를 결코 발견하지 못했다. "그 안에는 지혜와 지식의 모든 보화가 감취어 있느니라"(골 2:3)고 하신 전지(全知)하신 주 예수 그리스도는 그 보화를 나에게 주셨던 것이다. 그 성경책에 밑줄을 긋고 표시해 놓은 것들은 나에게 필요한 "고상하고 경건한" 생활양식을 위해서 열여덟 살 이후 지시해 주신 모든 가르침이었다. 한 줄 한 줄, 가르침 하나하나, 하나님은 내가 어떻게 변화될 수 있는지를 내게 가르쳐 주셨다.

내가 나의 삶을 위한 방향 제시가 필요했을 때, 하나님은 나에게 혼자서 나의 길을 찾아가라고 하시면서 나를 어둠 속에서 더듬거리고 찾도록 내버려 두신 적이 있으셨던가? 오, 절대 아니다! 하나님은 그의 말씀을 "내 발에 등이요, 내 길에 빛"(시 119:105)으로 주셨다. 그리고 그가 지시하신 가르침에 순종했을 때, 그는 한 걸음씩 하나님이 원하시는 사람으로 *나를 변화시키셨다.*

3

변화되다—
다른 사람들을 위해서

그 14개월은 하나님의 징계, 다듬으심, 교화 및 변화를 계속하면서 하나님과 함께 조용히 지나갔다. 나는 각 단계를 인식했지만, 그럼에도 나는 그것을 나를 위한 하나의 과정 이상으로서는 생각하지 않았었다.

그런데 갑자기 성경의 "말로 말미암지 않고"를 추구하는 기간이 끝났다. 1968년 6월에 시작한 "주님, 나를 변화시켜 주세요"의 창안 기간이 끝났고, 새로 숨겨진 주제가 생겼다. 나 자신의 삶에서 아주 개인적으로 경험한 것이 미네소타의 빅트라우트호수(Big Trout Lake)에서 있었던 미네소타 침례교 여자 수련회(Minnesota Baptist Women's Retreat)에서 아무런 계획도 없이 시작되었다. 미리 알리지 않은 채 그것을 다른 사람들과 나누는 것이 원칙이 되었다.

"수련회의 주제가 바뀌었나요?"라고 한 위원이 물었다.

"어떻게 바꾸었다고 생각하세요?" 나는 물었다.

"'주님, 나를 변화시켜 주세요'로 바뀌었다고 생각해요."

"나도 역시 그렇다고 생각해요. 그러나 내가 바꾼 것이 아니에요. 하나님이 하셨어요."

아니다, 내가 그 주제를 바꾸지 않았다. 나는 그들의 수련회를 위해 800명의 여자들이 선택한 주제를 위해서 메시지를 부지런히 준비했었다—그러나 하나님은 다른 착상을 가지고 계셨다.

그 수련회의 첫째 날 밤에 내가 말씀을 전하기 바로 직전에 누군가가 나에게 메모한 종이를 살짝 건네 주었다: "우리 방으로 와 주세요. 우린 문제가 있어요." 나는 예배 후에 그 문제를 알아보기로 나 혼자 작정하면서 그 메모지를 내 성경 속에 끼어 넣었다.

그 날 밤 내가 메시지를 전하는 동안에 전에 있었던 어느 여자 수련회에서 나온 한 예화가 그 주제를 바꾸는 계기가 되었다. 나는 미네소타의 이 여자들에게 내가 성경을 읽었을 때 아주 놀랍게 응답받은 것을 알게 된 직후에, 워싱턴의 레이니어산 기슭에서 있었던 수련회에 참석한 400명의 여자들에게 말씀을 읽은 후 하나님 앞에서 기다리는 과정을 실시하기로 어떻게 내가 결정했는지를 말하였다. 그들에게 하나님께서 무슨 말씀을 하시고자 하는지에 관해 아무런 생각도 갖지 않은 채, 나는 그들에게 골로새서 3장을 흩어져서 혼자 읽으라고 내보냈다. 하나님이 말씀하실 *때까지* 읽은 다음에 하나님이 그들에게 말씀하시고자 하는 것에 대해서 기도하라고 지시했었다.

나는 그들에게 말하기를, 그 레이니어산 수련회에서 메시지를 전한 것 외에 나는 또한 상담자의 경험도 있다고 했다. 여자들이 끊임없이 연달아서 조언을 받으려고 나를 찾아왔다—내가 양치질할 때도 나에게 말을 걸었고, 심지어는 샤워를 할 때도 샤워 커튼 너머로 큰 소리로 말하기도 했다. 나는 그 여자들에게 전문적인 답을 해 줄 수 없다는 것을 알기에 한 사람씩 나에게 오면 나는 무슨 문제인지 잘 경청한 후 질문한다: "당신은 오늘 골로새서 3장을 어디까지 읽었을 때 하나님이 중단시키셨습니까?" 나는 그 질문을 안심하고 해도 된다고 느꼈다.

그런 후에 무슨 일이 일어났는지 아는가? *각각의 경우마다* 주님은 *그들 각자*를 중단시키셔서 문제를 해결해 주신 것이다. 주님께서 친히 하시므로 내가 해결책을 제시해 줄 필요가 없었다. 실제로, 어느 토요일 밤에 수련회 위원회가 나에게 말했다, "하나님께서 그렇게 큰일을 하시고 계시니, 주일 아침 예배를 순서에 따라 하지 맙시다. 하나님이 성경에서 그들에게 말씀하신 것을 자유롭게 나누도록 다만 요청해 봅시다."

그 주일 아침에 그들은 한 시간 반 동안 계속해서 하나님이 각자에게 말씀해 주신 것을 팝콘이 튀는 것처럼 여기저기에서 일어나 자유롭게 나누었다. 나는 너무 압도되어 마침내 그들에게 골로새서 3장을 읽다가 하나님이 중단시켜 주셨을 때 그들에게 무엇을 보여주셨는지를 종이에 모두 적으라고 했다. 나는 나로부터가 아닌 하나님으로부터 구체적으로 응답받은 내용을 적어 놓은 종이로 불룩해진 커다란 서류 봉투를 가지고 미네소타의 집으로 돌아갔다.

내가 미니애폴리스로 가는 비행기를 타려고 급히 짐을 가방에

챙기고 있는데, 아주 화가 나 있고 괴로워하는 여자가 내 방으로 뛰어들었다. 나는 그녀와 이야기할 시간이 정말 없다고 설명했는데도 그녀는 자기가 말하는 동안에 나보고 계속 짐을 싸라고 했다. 그녀는 견딜 수 없는 어느 여자에 대해서 폭언할 때 화가 나서 와들와들 떨었는데, 바로 그 여자도 수련회에 참석하고 있다고 했다. 그녀는 격분하며 말했다, "글쎄, 그녀는 실제로 우리 목사님에 대해서 말하고 험담하곤 하죠. 나는 기도회에 그녀가 나오면 가지 않을 거예요. 왜냐하면 그녀가 기도할 때 나는 너무나 화가 치밀어 오르기 때문이죠. 그녀는 실제로 목사님 바로 앞에서도 그를 적대하는 기도를 하곤 하는데, 당신은 그걸 믿으실 수 있겠어요?"

그녀의 격분이 그치자 나는 짐 싸는 것을 멈추고는 그녀를 향하여 물었다, "그런데 하나님은 당신이 골로새서 3장의 어디를 읽을 때 중단시키셨나요?"

"13절이요."

"그 구절은 무엇이라고 기록되어 있나요?"

"그건, '누가 뉘게 혐의가 있거든 서로 용납하여 피차 용서하되, 주께서 너희를 용서하신 것과 같이 너희도 그리 하고'라고 말해요."

"하나님이 당신을 중단시키신 구절이 그거예요?" (고개를 끄덕였다.) "당신은 그리스도인이 된 지 얼마나 되셨어요?"

"석 달이에요."

"당신이 그리스도인이 되셨을 때 그리스도가 당신 안에 있는 것은 무엇이든지 용서해 주셨나요?"

충격적인 표정이 그녀의 얼굴에 교차되었다. 그러자 그녀는 머리를 내 어깨에 파묻고 울기 시작하였다. "오, 그건 *내* 잘못이에요, 그렇지 않아요? 하나님이 변화시킬 필요가 있는 사람은 그녀가 아니고 바로 나예요." 그리스도가 그녀를 용서해 주신 것과 *같이* 그녀도 다른 사람들을 용서해야 된다는 것을 깨닫게 되었다—석 달 전에 그녀가 그리스도를 구세주로 영접했을 때 그리스도는 그녀의 과거의 모든 죄들을 용서해 주신 것이다.

나는 그녀가 나에게 기대어 흘린 눈물로 나의 어깨를 적신 채, 공항으로 갔지만, 그녀는 다른 여자가 아닌 바로 자기 자신이 잘못되었다는 것을 하나님께서 보여 주셨기 때문에, 그리스도가 용서하신 것처럼 다른 사람을 용서하는 것을 배울 수 있었던 것을 보고서 나는 공항으로 떠날 수 있었다.

이것이 내가 집회 바로 전에 내게 메모 내용을 건네 준 사람이 있는 숙소로 가기 전에 미네소타 수련회에서 나눈 이야기이다. 내가 그 숙소로 들어갔을 때는 비록 더운 9월 밤이었지만, 그 방 안 분위기는 마치 천장에 고드름이 매달려 있는 것 같이 차가웠다. 나는 그처럼 차가운 분위기는 결코 느껴본 적이 없었다. 모든 여자들이 착 가라앉은 침묵 가운데 턱을 약간 내밀고 팔짱을 낀 채 앉아 있었다.

나는 그들 모두가 어느 작은 마을에 있는 같은 교회에서 왔다는 것을 곧 알게 되었는데, 그 교회는 최근에 문제가 있어서 갈라진 교회였다. 그들 중 절반은 그 교회에 남았고, 나머지 반은 그 교회를 떠났다. 그들은 집에서 서로 말도 하지 않고 지냈다. 그런데 그것을 알지 못하는 캠프 등록 담당자가 그들 모두를 같은 숙소로 배정했던 것이다!

그리고 그들은 앉아서 서로를 비난하고 있었다. 내가 그들에게 한 첫 제안은 골로새서 3장을 읽으라는 것이었다.

"안 해요!" 한 숙녀가 성경을 들고 바로 내 옆에 있는 그녀의 침대에서 다리를 꼬고 앉아 있었다. 나는 그녀에게 골로새서 3장 13절을 읽어 달라고 여러 번 부탁했지만, 그녀는 완강하게, "아뇨, 난 안 해요"만 반복했다.

두 시간 쯤 지났지만, 아무런 변화가 없었다. 마침내 그들은 한 가지에 동의하였다; 그들의 문제는 모두가 한 사람―그가 이것을 했고, 그가 저것을 했다―의 잘못이었다는 것이다. 그리고 만일 그가 그것을 하지 않았더라면, 우리도 그것을 하지 않았으리라는 것이다. 그들 모두가 동의하였다, "그래, 우리 교회가 해체된 건 그의 잘못 때문이야."

"그는 상당히 나쁜 사람 같아 보이는데, 내 생각에 그건 아마도 모두 그의 잘못이거나―또는 적어도 대부분이 그의 잘못 같아 보여요. 그런데," 나는 말했다, "그 비난의 1퍼센트라도 이 방 안의 누구에게 있을 수 있다고 생각하세요?"

"아니요! 어-어! 이 방 안의 누구도 아무런 잘못이 없어요."

그러나 나는 계속해서 요점을 밀어붙였다. "단지 1퍼센트의 가능성이라도 있을 수 있을까요?"

그러자 저쪽 구석의 한 여자가 거의 들리지 않는 목소리로 망설이며 대답했다, "난 그 1퍼센트가 여기에 있다고 생각해요."

그 후 또 누군가가 말했다, "아마, 아, 10퍼센트는 여기에 있다고 생각해요."

마침내 자기 침대 위에서 다리를 꼬고 성경을 들고 앉아 있는 그 여자가 나를 쳐다보고는 더듬거리며 말했다, "나ー나는 골로새서 3장 13절을 이제야 읽을 수 있다고 생각해요." 그리고 그녀는 천천히 그 구절을 읽었다. "누가 뉘게 혐의가 있거든 서로 용납하여 피차 용서하되, 주께서 너희를 용서하신 것과 같이 너희도 그리하고."

마침내 새벽 1시 15분 전 쯤 우리는 울면서 기도한 후 서로를 껴안으면서 우리의 만남을 끝냈다. 그리고 그들은 오직 한 기도, "오, 주님, 그 사람을 변화시키지 마세요. *나를 변화시켜 주세요!*" 만 하였다.

그 다음 날 밤 캠프파이어 때 나누는 시간에도, "주님, 나를 변화시켜 주세요"란 주제는 계속되었다. 참석자마다 계속해서 말한다, "변화가 필요한 사람은 바로 나였지, 다른 사람들이 아니에요." 어느 부인 협회의 회장이 말했다, "우리 중에 이 수련회에 참석하기로 한 여자들이 처음엔 아홉 명이었어요. 나는 한 사람 한 사람에게 말했어요, '거기 참석하는 건 놀라운 일이잖아요; *그녀가* 가야 할 텐데!' 그런 다음에 내 전화벨이 울리기 시작했어요. 전화를 받을 적마다 갈 수 없다는 말뿐이었어요. 나는 전화를 끊고 생각했어요, '그건 너무 안타까운 일인데; *그녀가* 꼭 가야 할 텐데.' 결국 우리 교회에서 단 네 명만 오게 되었어요. 그런데 이 수련회가 정말로 필요했던 사람은 참석하지 못한 그들이 아니라, 바로 *나* 자신이었다는 것을 오늘밤 깨달았어요."

그렇다, 나는 그 수련회의 주제가 바뀐 것을 알았다. 나는 그 주제가 바뀌는 과정을 목도하였다. 그러나 내가 그것을 바꾼 것이 아니다—하나님이 하신 것이다. 그래서 "주님, 나를 변화시켜 주세요"란 그룹 모임이 시작된 것이다—미국 전역과 캐나다에서 수천의 사람들에게 사용되었으며, 항상 같은 놀라운 결과를 가져온 것이다.

또 다른 놀라움

그 미네소타 수련회가 끝난 후 첫 월요일에, 하나님은 "주님, 나를 변화시켜 주세요"의 주제를 설명하는 일에 있어서 나에게 또 다른 놀라움을 주셨다.

아침 일찍 우리 집 문의 벨이 울려서 나가 보니, 남편이 그 동안 여러 번 상담했었던 남자가 서 있었다. 그는 결혼한 후 이혼했었고, 그 후 똑같은 여자와 재혼했다. 그리고 그의 삶은 여전히 굉장한 혼돈 가운데 있었다. "제가 목사님을 뵐 수 있습니까?" 그는 물었다.

그리스도를 위한다면서 나의 암탉 방어가 발동하여 나는 말했다, "지금은 너무 이른 아침이고, 크리스는 아직도 잠자리에 있는데요. 좀 후에 오실래요?"

"전 누구에게든 말 *해야만* 합니다. 그렇다면 사모님께 말씀드릴 수 있습니까?"

월요일 아침이었다! 그러나 나는 말했다, "그럼, 내가 세탁기와 건조기의 스위치를 끄고 돌아올 때까지 기다리세요." 나는 돌아와서 소파에 앉아서 겉옷을 잘 여미고는 말했다, "이제 됐어요. 말씀해 보세요."

그는 말했다, "무슨 일이 있었는지 아십니까? 가장 놀라운 일이 나에게 일어났습니다."

그리고 나는 내키지 않는 마음으로 되받아 말했다, "정말입니까?"

"그렇습니다. 일주일 전에 나는 저 밑의 브로드웨이(Broadway)로 내 트럭을 운전하고 있었습니다. 그리고 나는 집에서 일어나고 있는 일을 인하여 모든 사람들—나의 자녀들, 아내, 상관—을 비난하고 있었습니다. 그런데 갑자기 주님은 나에게 말씀하셨습니다, '변화될 필요가 있는 사람은 *너*이지 나머지 모든 다른 사람들이 아니다. *네*가 변화되어야 한다.' 나는 운전하면서, 심지어는 내 생각에 한 번은 눈도 감고 이렇게 기도했습니다, '주님, *나*를 변화시켜 주세요; 주님, *나*를 변화시켜 주세요.'"

나는 잠시 놀라서 멍하니 앉아 있었다: *주님, 나를 변화시켜 주세요!*

그것은 모두 다 명확해졌다. "주님, 나를 변화시켜 주세요"란 개념이 그에게도 주어진 것이다. 그것은 계속 퍼져갔다. 하나님은 그것을 퍼뜨리셨다!

"나는 가장 놀라운 경험을 하였습니다," 그는 계속하였다. "내가 집에 돌아갔을 때, 집에는 내가 결혼했고, 이혼했고, 재혼한 아내가 있었습니다. 우리는 너무나 괴로운 시간을 보내고 있었습니다. 그 다음 날 아침에 내가 일어났을 때에도 거기엔 여전히 똑같은 아내가 있었습니다. 그런데 나는 전혀 가능하리라고는 생각하지도 못한 사랑으로 아내를 사랑하게 되었습니다. 나는 아내를 안아 주며 말했습니다, '오, 여보, 내가 당신을 얼마나 사랑하는지요.' 그것은 아주 굉장한 일이었습니다. 나는 아내를 사랑하게 되었고, 또한 아이들도 사랑하게 되었습니다."

"실은, 나는 아버지와 사이가 좋지 않았습니다," 그는 계속하였다. "우리는 몇 년 동안 서로 말도 하지 않았습니다. 나는 자동차를 타고 오랫동안 병상에 계셨던 늙으신 아버지를 뵈러 갔었습니다. 나는 그의 침상 곁으로 가서 그의 손을 꼭 잡고는, '아버지, 저는 단 한 가지 이유 때문에 여기에 왔습니다. 그건 제가 아버지를 사랑한다는 말씀을 드리려고 온 것입니다'라고 말했습니다. 그러자 그는 나의 손을 잡으시고, '소니(Sonny), 난 네가 이만큼 (그의 손으로 마루 바닥에서부터 90센티미터 쯤 위로 가리키시면서) 컸을 때부터 너로부터 그 말을 듣기를 기다려 왔단다'라고 말씀하셨을 때 눈물이 그의 뺨으로 흘러내리기 시작하였습니다."

"그런 다음에 나는 주일 아침에 교회에 갔는데, 거기에서 나에 대한 모든 불결한 일을 다 알고 있는 내 아내의 변호사를 만났습니다. 나는 그 날 아침에 이제는 내가 교회에 나갈 준비가 되었다고 생각했었지만, 아직도 마무리하지 않은 몇 가지 일들이 남아 있다는 것을 알았습니다. 앞으로 내려가서 내가 교회에 나가기를 원한다고 말하는 대신, 나는 돌아서서 내 아내의 변호사에게로 방향을 돌렸습니다. 우리 둘은 서로 어깨를 껴안고, 예배당 안에 서서 울었습니다. 그 다음에 내가 만난 사람은 나에게 치사하게 굴었던 사업가—그리스도인이며, 우리 교회의 교인—였습니다. 나는 '나도 역시 그에게 그리 정직하지 못했었지'라고 생각하게 되었습니다. 그래서 나는 그 사람에게로 걸어가서, 눈을 똑바로 쳐다보면서, 손을 내밀어 악수를 청했습니다. 그리고는 악수하였습니다."

"사모님, 나는 누군가에게 이것을 말 *해야만* 했습니다. 왜냐하면 내가 기도해 온 것 전부가 '주님, 나를 변화시켜 주세요'였기 때문입니다. *그리고 이러한 모든 일들은 단지 내가 '주님— 나를— 변화시켜 주세요!'라고 기도했기 때문에 나의 모든 대인 관계에서 일어난 일입니다.*"

이것은 변화되는 과정의 놀라운 부분이다! 사람들과의 관계는 우리가 "주님, *나*를 변화시켜 주세요"라고 기도할 때 변화된다. 그리고 하나님이 이러한 굉장한 생각을 나에게 주신 것은 나 혼자만 이기적으로 그것을 가지고 있으라고 한 것이 아니고, 오직 나 자신이 변화되는 것을 보기 위함인 것임을 나는 이제 깨달았다. 그러나 하나님이 변화시키기를 원하시는 사람들과 이것을 나누라고 처음부터 하나님이 의도하신 것이다.

"우리도 '주님, 나를 변화시켜 주세요' 수련회를 갖기 원해요"

그 다음 날 아침에 나는 아주 충만한 마음 상태로 주중 기도회에 갔다. 나는 사랑하는 참석자들에게 "주님, 나를 변화시켜 주세요"를 나누기로 결정하였다. 나는 그들에게 14개월 동안 나의 생활에서 하나님이 어떻게 역사하셨고, 또한 어떻게 기적적으로 바로 그 직전 주에 미네소타 수련회에서 그 과정이 시작되었고 계획되었는지를 말했다. 그런 다음에 나는 그 전날 아침에 내가 들은 놀라운 이야기를 나누었다. 내가 끝마쳤을 때, 우리의 기도 그룹의 눈 큰 여자가 말했다, "나는 우리도 '주님, 나를 변화시켜 주세요' 수련회가 필요하다고 생각해요."

그래서 우리는 나의 첫 번째 "주님, 나를 변화시켜 주세요" 여자 수련회를 계획하였다. 그 다음 달에 회장과 나는 일정표를 만들려고 애쓰면서 고심했지만, 애쓴 보람이 없었다. 계획된 수련회 전날, 우리는 하루 종일 무엇을 해야 할지 생각해 내려고 애쓰면서 다섯 번이나 서로 의사소통을 시도하였지만, 주님은 계속해서 우리 둘에게, "오로지 나를 신뢰하라. 오로지 나를 신뢰하라"고 말씀하셨다.

그 다음 날 교회 주차장이 많은 자동차로 붐비기 시작하자 나는 조금 염려하였다. 우리 여성 단체의 직원들은 우리가 주관한 "주님, 나를 변화시켜 주세요"의 첫 수련회를 위해서 위스콘신(Wisconsin)에 있는 산장에 간이 숙소를 준비하기 위해 모이는 중이었다. 그들은 하나님을 신뢰하고 있었지만, 책임을 맡은 일에 좀 압도되었다. 성경 외에는 다른 아무 것으로도 무장하지 않고 하루 종일 진행되는 수련회를 위해 차근히 진행시켰다. 우리가 여행할 때 나는 계속해서 조용히 기도하였다, "오, 주님, 오로지 당신―오로지 당신만 의지합니다."

주님을 신뢰하는 일에 중요한 부분은 그가 결코 당신을 버리지 않으신다는 것이다. 나는 그 수련회의 처음 20분은 하나님이 나의 삶에서 14개월 동안 이루어 주신 역사에 대한 흥분된 마음, 미네소타 수련회, 월요일 아침의 방문객, 그리고 이 수련회를 위한 기도 그룹의 기도 요청 등을 나누는 데 시간을 할애하였다. 그것이 전부였다.

그 날 이후부터 우리는 하나님이 모든 것을 통솔하시게 맡겼다. 나는 다음과 같이 지시하며 성경 한 부분을 읽는 숙제를 내 주었다: "하나님이 여러분에게 말씀하실 때까지 이 성경 말씀을 읽고, 이 수련회에서 여러분에게 주시는 교훈을 발견하세요. *오로지* 하나님이 말씀하실 *때까지* 읽으세요. 더 이상은 읽지 마세요. 하나님이 여러분에게 말씀하신 후에도 계속 읽으면, 여러분은 무엇을 기도해야 할지 알지 못하면서 혼동될 거예요. 그런 다음에, *왜* 하나님이 여러분을 그 부분에서 중단하게 하셨는지, 여러분의 삶에서 *무엇이 변화될 필요가 있는지*, 그리고 그것에 대해서 여러분*이 하기를 하나님이 원하시는 바가 무엇인지*를 아뢰세요. 하나님이 여러분의 마음에 조용히 말씀하실 때 경청하도록 하세요. 하나님이 여러분에게 성경을 통해 말씀하시는 것이 단지 좀 귀찮게 들릴 수도 있고, 아니면 어떤 말씀은 진한 글씨체로 인쇄된 것처럼 여러분의 마음에 특별히 와 닿는다고 생각할 수도 있지요."

그런 다음에 우리는 단순한 기도를 했다. "주님, 이 성경 말씀에 관한 우리의 모든 선입관을 제거해 주세요. 우리는 *오늘* 당신이 원하시는 대로 우리 안에 변화가 일어나도록 우리에게 *새롭게* 말씀해 주시기를 원합니다." 나는 우리가 떠들고, 상의하고, 서로 말을 건다면 하나님이 우리에게 말씀해 주시는 일이 불가능하다는 것을 설명하면서 아주 조용히 하라고 했다. 그래서 좀 어리둥절해 했지만, 그들은 각자 주님과 함께 할 조용한 장소를 기꺼이 찾아 가서 성경을 읽기 시작했다.

나는 무슨 일이 일어날 것인지 궁금해 하면서 거실에 앉았다. 거의 2년 동안 이 여자들은 먼저 기도하고, 나중에 계획하고, 그 다음에 기도로 서로의 짐을 지는 법을 배우면서 그들이 기도했을 때 무슨 일이 일어났는지를 경험한 바 있었다. 하나님은 그들을 위해서 또 다른 단계의 계획을 가지고 계셨는가?

우리는 11시에 거실에 다 모여서 기도하기 위해 무릎을 꿇고 큰 원을 만들었다. 그러자 기적이 시작되었다. 우리는 서로 말을 걸지 않기로 동의하였었지만, 성경의 어느 부분에서 하나님이 우리를 중단시키셨는지에 대해 하나님께 큰 소리로 기도하였다. 나는 그 다음에 일어난 일을 묘사할 만한 적당한 말을 "부흥"이란 말 외에는 찾을 수가 없다. 그들은 하나님이 그들에게 지적해 주신 그들의 삶 가운데 잘못된 부분들을 자백하면서 하나님 앞에 엎드리어 울면서 기도했다.

"주님, 죄송합니다. 나를 용서해 주세요. 주님, 나를 변화시켜 주세요"라고 그들 모두는 기도했다. 하나님은 그들의 삶의 구체적인 필요들을 응답해 주셨다—그들 모두가 다 똑같이 성경 구절에서 응답받았다. 모두가 눈물을 흘렸다. 나도 역시 그 전날 그가 주신 "오로지 나를 신뢰하라"는 약속을 신실하게 지켜 주심에 놀라움을 금치 못하면서 하나님이 역사하신 일들을 들으며 눈물을 흘리지 않을 수가 없었다.

나는 하나님이 말씀하실 *때까지* 성경을 읽도록 수천 명을 인도하면서 여러 해 동안 내내 이 과정을 인하여 결코 놀라지 않을 수가 없었다. 각 사람의 마음속에 있는 생각과 의도를 아시는 하나님이 우리 마음속 깊이 숨겨진 생각과 뜻을 감찰하시어 우리가 흔히 인식하지 못하고 있는 우리의 죄와 부족함을 찾아내신다. 그리고 *하나님*이 그렇게 하시는 것은 우리 안에서 우리가 변화되기 원하시는 부분을 보여 주시면서 우리의 진지한 기도에 응답해 주시기 위해서이다.

우리는 점심 식사 시간에도 계속해서 하나님의 말씀을 들을 수 있도록 조용히 하였다. 국수 찜 냄비 요리를 미리 준비해 준 우리 주빈에게 나는 대표로 감사를 표현했다. 그리고 나는 익숙하지 않은 침묵이 다시 약간 염려되기도 했다. 그러나 바로 다음 시간에 누가 다음과 같이 보고했을 때 내 마음은 편해졌다. "내가 처음에 앉아 있었을 때 나는 당황했어요. 나는 그저 나누어 준 더운 음식을 먹으며 거기 앉아 있으면서 어찌 할 바를 몰랐어요. 그러자 갑자기 하나님은 그 날 아침에 나에게 지적해 주셔서 깨닫게 해 주신 것을 나에게 말씀해 주시며 나를 더욱 깊이 감동시켜 주셨어요. 나는 홀로 하나님과 조용한 시간을 가지고 있었기 때문에 식탁에 누군가 다른 사람이 있었다는 것과 하나님이 나에게 말씀하고 계신 사실을 인식하지 못했습니다." 대부분의 여자들은 이것이 침묵의 시간 동안에 그들이 경험한 것이라고 동의하였다.

우리가 가진 첫 번째 "주님, 나를 변화시켜 주세요" 수련회 오후에, 우리는 공동체와 교회의 여전도회 모임에서 하나님이 변화시키기 원하시는 일을 집중적으로 나누었다. 하나님이 로마서 12장에서 우리에게 말씀하시는 것을 경청한 후에 우리는 하나님이 우리에게 보여 주셨던 것에 대하여 각 공동체의 임원들이 함께 기도하였다. 그런 다음에 우리가 서로 헤어지기 바로 전에 공동체에서 하나님이 우리에게 변화될 필요가 있다고 말씀하신 내용을 전부 나눌 때 서기가 그것을 기록하게 하였다. 하나님이 그들에게 주신 다음과 같은 개념들이 쏟아져 나와서 서기는 그것을 적느라고 여념이 없었다:

▸ 공동체 임원들은 매 집회 전에 하나님의 인도하심을 위해 간구해야 한다.
▸ 우리 공동체의 목적에 대해서 기도하라.
▸ *하나님*이 하라고 말씀하시는 것을 하라.
▸ 활발히 참여하지 않는 회원들은 자신이 필요한 존재라고 느끼게 하라.
▸ 우리는 우리 공동체의 *모든* 연령층의 사람들의 필요를 채워 주어야만 한다.
▸ 다음 달에 우리 공동체에서 "주님, 나를 변화시켜 주세요"의 밤을 개최하라.
▸ 사람들에게 친절하게 동정심과 사랑을 나타내고, 그들을 초대하고, 그들에게 교통편을 제공하라.
▸ 우리가 그들을 보고 싶어 했다는 내용의 엽서를 그들에게 보내라.

▸ 그들을 돕고 가르치면서 압박을 주지 말라.

▸ 각 사람은 은사를 가지고 있다; 모든 사람이 다른 사람의 필요를 위해서 자기 은사를 사용해야 할 필요를 느끼게 하라.

내가 집에 돌아와서 이 목록을 다시 읽었을 때 하나님이 어떻게 그들에게 그와 같은 것들을 알려 주셨는지 나는 하나님의 가르치심에 놀라움을 금치 못하였다.

그러나 절정에 달한 일은 충격을 받은 우리 회장이 놀라면서 그 여자들을 쳐다보고 그리고 노트에서 꺼낸 목록을 들여다보았을 때의 일이었다. "여러분, 나는 당신의 공동체에서 변화가 필요하다고 내가 생각해 낸 전체 목록을 여기에 가지고 있습니다. 그리고 이렇게 혹은 저렇게 변화되는 것을 보기 원하는 사람들의 불평거리도 가지고 있습니다; 그러나 나는 그것을 당신에게 읽어 줄 필요가 없습니다. 하나님은 내가 여기에 열거해 놓은 문제 하나하나와 그 문제를 어떻게 해결해야 하는지를 당신들 중 누군가에게 직접 말씀하셨습니다. 나는 한 마디도 할 필요가 없습니다!"

그렇다, 하나님은 "여자가 기도할 때 무슨 일이 일어나는가"를 위한 우리 교회 여자들의 또 다른 놀라운 실험 계획을 가지고 계셨다. 그리고 회장이나 목사 사모의 말 한 마디 없이도 어떻게 개인과 기관의 구체적인 필요를 말씀해 주실 수 있었는지를 내 마음판에서 지울 수가 없었다. "너희 중에 누구든지 지혜가 부족하거든 모든 사람에게 후히 주시고 꾸짖지 아니하시는 하나님께 구하라. 그리하면 주시리라"(약 1:5).

실재: 디모데후서 3장 16절

"모든 성경은 하나님의 감동으로 된 것으로, 교훈과 책망과 바르게 함과 의로 교육하기에 유익하니" (딤후 3:16).

때때로 하나님은 우리의 믿음 또는 교리만 변화시키기를 원하시는 부분에서 우리를 중단시키신다. 그러나 대부분의 경우에서 그는 이 구절에 있는 세 가지 다른 면—*우리의 행위에서 그가 변화시키기를 원하시는 것*—을 다루신다.

하나님이 *책망해* 주실 때까지 성경을 읽는 이러한 방법—우리의 삶에서 하나님이 기뻐하지 않으시는 것들을 노출시키고 양심의 가책을 받는 과정—을 하나님은 자주 사용하신다. 수련회에서 한 여자가 자기 집에서 영적인 지도자 역할을 제대로 하지 않는 남편에 대해서 어떻게 하면 좋으냐고 물으면서 나를 계속 찾아왔다. 나는 내가 알고 있는 모든 영적인 접근법을 다 사용했지만, 아무런 해결책을 제시해 주지 못하는 것 같았다.

내가 집에 도착했을 때 나는 그녀로부터 편지를 받았다. 그녀는 이렇게 썼다: "사랑하는 에벌린: 제발 나를 용서해 주세요. 나는 당신 앞에서 정직하지 못했어요. 그래서 당신은 아마도 나의 진정한 문제를 알 수 없었기에 올바른 답변을 주지 못하신 것 같아요. 그런데 과제로 주어진 장을 내가 읽고 있을 때 하나님은 나의 진정한 문제가 세 글자로 된 '나 자신'이었음을 보여 주셨어요. 나는 어느 목사님의 비서예요. 그는 나의 이상형이에요. 나는 나의 모든 영적인 통찰력과 도움을 그로부터 얻고 있어요. 수련회에서 내가 하나님의 말씀을 읽고 있는 동안에 하나님은 내가 '나 *자신*의 남편에게 복종해야' 되는 것을 나에게 알려 주셨어요."

대략 여섯 달 후에 내가 그녀의 교회를 방문했을 때 예배 후에, "에벌린, 여기 래리(Larry)가 왔어요. 에벌린, 여기 래리가 왔어요"라는 소리를 들었다.

"래리가 누구죠?" 나는 궁금했다.

내가 쳐다보자 그녀는 *자기* 남편과 함께 나를 보며 행복하고 환하게 웃고 있었다. 그러자 나는 그가 이제는 가정에서 확실히 영적 우두머리 역할을 하는 *그녀*의 남편이 된 것을 알 수 있었다.

어느 젊은 그리스도인이 우리 수련회의 주일학교 강사로 초대받았다. 그녀는 자신은 영적으로 성숙한 반면 우리는 그렇지 않았다는 것을 보여 주려는 의도가 있었던 것이 처음부터 분명했다. 우리가 토요일 밤에 모닥불을 피우고 그 둘레에서 간증 모임을 가졌을 때 그녀는 일어나서 말했다, "여러분 중에서 누가 내일 아침에 나 대신 주일학교를 맡는다면 나는 그분께 무엇이든 드리겠어요. 나는 너무나 우월감을 가지고 여기에 왔어요. 그러나 오늘 오후에 나는 하나님의 말씀을 읽으라는 말을 듣고 성경을 읽기 시작했어요. 그리고," 그녀는 감정을 억누르며 말했다, "나는 '겸손'이라는 단어에 이르렀을 때 더 이상 읽어나갈 수 없도록 하나님은 나를 중단시키셨어요. 그리고 나는 교만한 마음으로 여기에 온 것을 이제 깨닫게 되었어요. 하나님은 내가 겸손하고 겸양을 갖추기를 원하셨다는 것을 나에게 보여 주셔야만 하셨죠. 내가 가진 것이라고는 오직 자기 성취뿐이었어요. 여러분 중 누가 내일 아침에 주일학교를 맡아 주시겠어요?"

수련회에서 특정한 문제 때문에 하나님이 중단시키신 흔하지 않은 실례(實例)에 나는 진정 충격을 받았다. 나눔의 시간 동안에 목사 사모 네 사람이 각각 일어나서, "내 남편은 목사직을 떠났는데 (각 사람이 지나간 열두 달 동안에 생긴 일이라고 했다), 하나님은 그것이 *모두 다 나의* 잘못이었다고 오늘 말씀을 통해 제게 말씀하셨어요"라고 말하였을 때는 말 없는 침묵만이 흘렀다. 어떻게 하나님은 우리가 필요한 바로 그 말씀으로 우리의 마음을 움직이시고, 또 그의 책망의 손가락으로 지적해 주시는지 놀랄 뿐이다.

우리 수련회에서 디모데후서 3장 16절 말씀에서 하나님이 어떻게 *바르게 함*을 사용하시는지 지켜보는 것은 흥미 있는 일이다. 주말 수련회의 어느 금요일 밤에 한 신학교 학생의 부인이 말하기를, 그녀의 수련회 방친구의 남편은 신학교 학생인데, 그녀가 원하지 않은 곳으로 남편이 청빙을 받는 전화를 받았기 때문에, 그녀는 너무 화가 나서 가구를 거의 발로 찰 지경까지 갔었다고 했다. 그녀는 내가 그 친구를 만나서 그녀의 마음을 진정시키고 상담해 줄 수 있는지를 나에게 물었다.

"내일 우리가 하나님의 말씀을 읽을 때까지 기다려 보죠. 그리고 하나님이 그녀에게 무엇을 말씀하시는지 두고 보죠," 나는 제안했고, 그녀도 동의했다.

그들이 성령님의 인도하심에 관한 갈라디아서 5장을 읽고 있었을 때 하나님이 그들을 중단시키셨다고 그 다음 날 나눔의 시간에 그룹의 많은 사람들이 말했다. 그리고 내가 마지막으로 말했다,

"성령님의 인도하심에 따라 주님께서 말씀해 주셔서 순종하기로 한 사람은 누구나 자리에서 일어나세요." 놀랍게도, 전 날 밤 화를 냈던 그 부인이 일어났다 (전 회중의 거의 반이나 일어나서 또 한 번 놀랐다). 그녀가 우리들에게 그에 대한 모든 것을 말하고 있을 때, 나는 강단에 기대면서 물었다, "그것은 가기 싫다고 했던 그 도시로도 가겠다는 것을 의미하나요?"

"네, 그래요," 그녀는 나에게 밝게 미소를 지었다.

나는 한 마디도 할 필요가 없었다. 하나님이 직접 그녀의 문제를 지적해 주셨고, 그녀는 성령님의 인도하심을 기꺼이 따르는 자로 변화되겠다고 마음속에 다짐하였다.

수련회 후에 감사 편지에서 그녀는 그것을 잘 나타내 주었는데, 오직 하나님만이 그녀의 마음속의 필요를 아실 수 있었다는 내용이었다.

"사랑하는 에벌린: 나는 Key '73 수련회를 인하여 너무 감사한 마음이에요. 나는 진정한 기쁨을 갖는 것이 무엇을 의미하는지를 배웠어요! 아시다시피, 나는 기독교 가정에서 성장하였고, 그리스도인이 해야 할 것과 되어야 할 것을 모두 잘 알고 있어요. 나는 그 모든 것을 머리로만 알았던 거예요. 그러나 나는 그분을 내 마음에 모셔 들였어요. 하나님은 나를 그 날 변화시켜 주셨고, 나는 그로 인해 너무나 감사하고 있어요. 나에게 인상적이었던 것은 당신이 우리를 밖으로 홀로 보내지 않으시고, 그가 우리에게 말씀하실 때까지 성경을 읽으라고 하신 것이에요."

하나님이 다른 여자를 깨닫게 해 주신 또 다른 짧은 편지는 이렇

게 기록되었다: "갈라디아서 6장 2절. '너희가 짐을 서로 지라'—그리고는 즉시 한 사람의 이름이 실제로 떠올랐어요. *살아 있는* 그의 말씀을 인하여 주님을 찬양합니다."

다음의 짧은 편지에서는 하나님이 *의로 교육하신 것*을 분명히 알 수 있다: "사랑하는 에벌린: 공개적으로 이것을 나눌 시간은 없었지만, 나의 남편과 나는 방도 있고 돈의 여유도 있어서 아이를 입양하여 우리 가족으로 삼으려고 생각해 왔어요.…나는 그것이 하나님의 뜻인지 아니면 단지 선을 행하려는 우리의 생각인지 확신할 수가 없었어요. 그러나 나는 이제 입양할 수 있고, 또 입양을 해야만 하는 것을 하나님이 원하고 계심을 알게 되었어요. 야고보서 1장 27절 말씀에서 확신을 얻었어요: '하나님 아버지 앞에서 정결하고 더러움이 없는 경건은 곧 고아와 과부를 그 환난 중에 돌아보고 또 자기를 지켜 세속에 물들지 아니하는 이것이니라.'"

우리의 100퍼센트?

매년 가을에 우리 교회는 그 다음 해의 사역 방향을 결정할 기독교 교육 행정가들과 직원들을 위한 첫 단계 모임을 가졌다. 9월에 나는 그 모임을 위해 "주님, 나를 변화시켜 주세요" 수련회를 인도해 달라는 부탁을 받았다. 모든 기독교 교육 위원들, 부장들, 주일학교 교장들, 직원들, 그리고 목회자들이 그 곳에 참석했다. 나는 그들에게 하나님이 말씀해 주실 때까지 성경을 읽는 과정을 간단히 설명하고는 갈라디아서 5장 1절–6장 10절을 각자 조용한 곳으로 가서 읽도록 하였다.

우리가 되돌아 와서 함께 모였을 때 우리는 하나님이 각자에게 말씀해 주신 것을 나누고 기도하려고 무릎을 꿇었다. 놀랄 일들이 나타나기 시작했다: 각자가 성경을 읽고 있었을 때 하나님이 우리 교회의 기독교 교육 사역에 있어서 각 사람이 성령님의 인도하심의 중요성에 관한 생각을 하게 하신 하나님의 역사에 대해 한 사람씩 기도했다. 하나님이 각 행정가와 직원에게 같은 원리―성령님이 인도하게 하라―를 깨우쳐 주신 것이 곧 분명해졌다. 목회자인 나의 남편과 부목사인 게리 스몰리(Gary Smalley)도 나란히 무릎을 꿇고 있었다. 하나님이 그들에게도 그 사실을 생각하게 하신 것을 포함하여 그 일이 구체화되었을 때 그들은 손으로 머리를 파묻고 울었다!

하나님이 모든 사람에게 개인적으로 말씀하시는 사실보다 한층 더 놀라운 것은 그가 똑같은 것에 대해서 많은 사람들에게 집단적으로 말씀하시는 것이다. 내가 참석자들에게 갈라디아서의 그 부분을 읽게 할 때마다 그들의 50퍼센트 이상 100퍼센트까지는 성령님의 인도하심을 다루는 구절에서 중단하게 된다. 그리고 그들이 무엇을 찾아보아야 하는지 또는 하나님으로부터 무엇을 기대해야 하는지에 관한 아무런 지시도 없이 이것은 항상 그러했다. 이런 일이 일어날 때마다 나는 굉장한 경외감이 나를 휩쓸고 가는 것을 느낀다. 하나님의 *의로 교육하기*는 그가 원하시는 바대로 우리가 가야 할 방향을 우리에게 보여 주시는 것이다!

하나님께 편지를 써라

수련회에서 하나님이 말씀을 통해서 우리에게 말씀해 주신 후에 우리는 하나님께 자주 편지를 쓴다. 우리는 그가 우리에게 지적해 주신 대로 우리의 삶에서 무엇을 변화시켜야 하는지를 그에게 말씀드린다. 각자가 하나님께 쓴 편지를 자기 앞으로 된 회신용 봉투에 넣으면, 내가 그 편지들을 걷어서 약 한 달 정도 보관한다. 그런 다음에 나는 그것들을 우송하여 각자가 정말로 *변화되었는지*, 아니면 잊고 예전과 똑같은 상태에 있는지를 스스로 점검할 수 있게 해 준다.

나는 언제나 수련회에 참석하는 사람들과 함께 "…할 때까지 성경을 읽는데," 여기에 내가 쓴 편지 하나가 있다:

"사랑하는 하나님: 하나님은 내가 '그 사람'을 사랑하는 자들의 교제 가운데 진정으로 다시 받아들이지 않고 망설이고 있으며, 비록 나는 그것이 나의 약점 중 하나라고 생각하지는 않지만—나 에벌린이 그와 같은 유혹에 빠지지 않을까 우려하면서—내가 잘못에 빠져 있는 그 사람을 복귀시켜야 된다고 말씀하셨습니다. 나는 모든 가능한 방법을 다 하여 그 사람을 복귀시키겠습니다. 주님, 문을 열어 주시고, 내가 다시 그 사람과 편안한 관계를 가질 수 있게 해 주세요."

바로 그 다음 날 하나님은 나의 기도를 들으시고 깜짝 놀랄 조찬 모임을 마련해 주셨다. 나는 *내*가 어떻게 타락했던 사람을 향하여 나의 태도가 바뀌었는지—그리고 *내*가 어떻게 변화되어야 한다고 하나님이 말씀하셨고, 또한 내가 어떻게 순종했는지를 계속 상기시켜 주도록 그 편지를 보관하고 있다.

그러나 변화된 삶은 하나님이 말씀하실 때 오는 것이 아니라, 하나님이 우리에게 말씀하신 것을 우리가 *순종할* 때 온다. 우리는 하나님이 말씀하신 것을 우리의 삶에 *적용할* 때에만 변화된다.

지난 여름 수련회에서 어느 목사와 사모가 나와 이야기를 나누었다. 그 사모는 말했다. "에벌린, 우리가 가졌던 '주여, 나를 변화시켜 주세요' 수련회 후에, 나는 집으로 가서 그 수련회에서 하나님이 나에게 말씀하신 대로 주님이 나를 변화시켜 주시도록 내맡기는 연습을 했어요. 그것은 참으로 효과적이었어요. 이제 내가 하는 '주님, 나를 변화시켜 주세요'의 기도를 해야 할 필요가 있는 사람이 있어요."

"물론, 있죠," 그녀의 미소 짓고 있는 남편이 동의하였다.

전교인 기도 주간

사람 대신 하나님이 말씀하시게 하는 전교인 기도 주간을 인도하라? 이것을 하기 위해서는 용기가 필요하지만, 1월에 우리가 가진 "주님, 나를 변화시켜 주세요"란 기도 주간의 결과는 놀라웠다. 우리는 아무런 준비나 인도도 하지 않는 엄격한 규율을 지켰다. 그 전 주간에 우리는 그룹 인도자가 될 모든 사람들을 훈련시켰다. 만일 하나님이 그들에게 개인적으로 말씀하시는 것을 그들이 경험하지 않았더라면, 그들은 그들을 인도해 줄 다른 사람들을 찾아

야만 했을 것이다. 우리는 아무런 새로운 기도 모임도 만들지 않고 다만 기존의 우리 교회의 그룹인 반, 조직 그리고 위원회만 활용하였다.

"주님, 나를 변화시켜 주세요"의 과정을 전 교회에 보급시키는 것은 좋은 결과를 가져왔다. 주일학교 한 교장이 말했다, "기독교 교육 위원회의 각 위원은 기도 모임 주간을 다르게 준비했어요. 그래서 위원장은 각자가 어떻게 하나님이 자신에게 말씀하셨고 자신의 삶을 변화시켜 주셨는지를 나누게 했어요. 각 사람은 자신의 분야의 특별한 기도 제목을 나누었고, 그런 다음에 우리 모두는 그것을 위해서 기도했어요. 아무도 자신이 좋아하는 프로젝트를 위해서 강요하지 않았어요; 모두가 오직 하나님이 기독교 교육 위원회를 통해서 하기 원하시는 것만을 위해서 기도했어요. 이제 기독교 교육 위원회의 분위기가 많이 달라졌어요."

몇 년 동안 우리 교회의 기도 생활에서 중추적 역할을 해 온 한 부인이 말했다, "나는 교회로 들어가면서 '조용히'라는 표지판을 보자 경외감과 엄숙함을 느꼈고, 단상 위에서까지 기도할 수 있도록 의자들을 원으로 배열해 놓은 것을 보면서 우리 교회에 무언가 새로운 분위기가 감도는 것을 느꼈어요." 그리고 사실 그러했다. 우리는 "주님—나를—변화시켜 주세요"의 성경 읽기 과정과 "여섯 에스(S)" 기도 방법—주제별 기도 (subject by subject), 짧은 기도 (short prayers), 단순한 기도 (simple prayers), 구체적인 기도 제목 (specific prayer requests), 침묵 기도 (silent periods), 소그룹 (small groups)—을 사용하였다. 그리고 우리는 돌아가며 소리 내어 하는 기도에 거의 100퍼센트가 참여하고 있고, 이전보다 적어도 다섯 배나 많은 사람들이 참석하였다.

우리 교회의 아동 담당 사역자가 말했다, "교회 직원으로 준비하는 주간에 우리의 마음과 태도와 삶이 하나님이 말씀하신 대로 변화되는 것을 지켜보고, 또 이 지도자들이 그들 각자의 그룹에서 기도 주간 모임을 인도할 수 있도록 하나님이 준비시켜 주시는 것을 지켜보면서, 우리는 하루에도 여러 번 우리가 훈련반들을 인도할 때 정말로 눈코 뜰 새 없이 바빴어요. 우리가 기도 주간 동안에 교회 직원들의 주간 기도 모임을 가졌을 때쯤에는 너무나 놀라운 하나님의 임재를 느낄 수 있어서 눈물을 흘리며 기도하는 것이 소리 내어 하는 기도를 대신할 정도였어요."

하나님이 나를 개인적으로 변화시키시도록 내맡긴 그 14개월의 고뇌의 달 동안에 나타난 결과는 우리 교회의 한 집사가 제1회 전 교인 대상 "주님—나를—변화시켜 주세요" 기도 주간에 대해서 보고했을 때 한 다음과 같은 말로 잘 요약될 수 있을 것이다: "우리가 직면한 엄청난 문제들은 기도 주간 때문에 더 이상 문제가 되지 않았어요. 우리는 이전의 위원회 모임에서는 결코 경험해 보지 못한 하나 된 마음을 발견했어요. 우리 모두는 원 모양으로 둥글게 서서, 서로 손을 잡고, 눈물을 흘린 채 '주 믿는 형제들'을 부르며 그 모임을 끝냈어요. 하나님은 그 모임에서 역사하셨어요. 하나님이 우리 마음을 준비시키신 '준비 주간'이었는데, 굉장한 변화를 가져온 주간이었어요. 나는 각 교회의 모임도 이와 같이 되어야 한다고 생각해요."

4

변화되다—
하나님의 말씀을 공부할 때

경 건 서적을 읽으면서 하나님이 나를 변화시키도록 맡겨야 하는가 아니면 성경 공부를 하면서 나를 변화시키시도록 맡겨야 하는가?" 그것은 공평한 질문이 아니다. 왜냐하면 둘 *다* 균형 있고 변화된 삶을 위해서 필수적인 것이기 때문이다. 경건 서적은 결코 깊고 조직적인 성경 공부를 대신하지 못한다—그러나 그것은 성경 공부를 보완해 준다. 그리고 주님은 *내가 하나님의 말씀을 공부할 때* 나를 변화시켜 주신다.

바울은 디모데에게, "진리의 말씀을 옳게 분변하며 부끄러울 것이 없는 일꾼으로 인정된 자로 자신을 하나님 앞에 드리기를 힘쓰라"(딤후 2:15)는 놀라운 조언을 했다. 바울은 또한 디모데를 상담해 주었다: "네가 어려서부터 성경을 알았나니, 성경은 능히 너로 하여금 그리스도 예수 안에 있는 믿음으로 말미암아 구원에 이르는 지혜가 있게 하느니라. 모든 성경은 하나님의 감동으로 된 것으로 *교훈*과 *책망*과 *바르게 함*과 *의로 교육하기*에 유익하니, 이는 하나님의 사람으로 온전케 하며, 모든 선한 일을 행하기에 온전케 하려 함이니라" (딤후 3:15-16, 이탤릭체, 저자 강조).

하나님이 원하시는 그런 아내가 되기를 기도했을 때 하나님이 나에게 가르치는 사역을 포기하라고 하지 않으신 것을 나는 너무나 감사하고 있다. 왜냐하면 나는 가르치는 사역을 포기하면 나의 삶에서 크나 큰 기쁨을 빼앗기게 될 것이기 때문이다. 성경을 자세히 연구하는 것은 항상 나를 더 나은 사람으로 *변화시켜 주*는 기쁨과 흥분을 맛보게 한다. 나의 영적 지표인 요한일서 1장 4절이 여기에 적용된다, "우리가 이것을 씀은 우리의 기쁨이 충만케 하려 함이로라." 비록 하나님이 나에게 가르치시는 대로 내가 기꺼이 변화된다 할지라도, 그 최종의 결과는 언제나 기쁨이다. 깊이 있는 성경 공부는 또한 내 안에 그리스도를 닮아가는 영적인 성장을 가져다 준다.

Key '73 이웃 성경 공부 참석자 모두에게 우리가 준 지침 중 하나는 다음과 같다: "이 공부의 목적은 우리가 하나님의 말씀에 비추어서 우리의 생활양식을 발견해 내는 것이다. 이것은 성경이 말씀하고 있는 것을 실제로 정확하게 관찰하고 그것을 우리의 삶에 적용하는 것을 포함한다."

이 장은 성경을 공부하는 방법에 대한 상세한 안내자 역할을 하려고 의도된 것이 아니다. 그 목적은 하나님의 말씀을 철저히 공부하는 것이 어떻게 삶을 변화시켜 줄 수 있는지를 보여 주는 것이다. 여기에 지침 몇 가지가 있다:

공부 전 기도

　내가 하나님의 말씀을 공부할 때, 대략 공부 시간의 삼분의 일은 기도하는 데 할당된다. 이 기도 시간은 네 가지로 분류된다: 공부 전 시간, 성경이 진정으로 말하는 바를 관찰하는 시간, 그것이 뜻하는 바를 해석하는 시간, 그리고 그것을 나 자신이나 또는 내가 가르치는 대상들이 삶에 적용하는 시간.

　내가 말씀을 공부하는 시간을 위해서 기도로 준비하는 것은 *나를 변화시켜 준다.* 첫째, 나는 나의 개인적인 준비에 대해서 기도한다. 공부를 시작하기 전에 *깨끗함*을 위해서 기도하는 것은 하나님과 투명한 의사소통을 확고하게 해 준다. 그런 다음에 기도 가운데 내 마음에 느끼는 의에 주리고 목마른 것을 표현할 때 "하나님이 채워 주신다는 것"을 나에게 확신시켜 준다 (마 5:6).

　그 다음에, "주님, 내가 공부하려는 이 성경 말씀에 대한 *모든 선입견을 제거해 주세요*"라고 기도하는 것은 중요하다. 내가 이전에 듣거나 공부한 어떤 부분은 때로는 맞지 않을 수도 있다. (성경 공부 시간을 위해서) 모든 선입견을 제거해 달라고 하나님께 기도할 때 하나님은 나에게 생생한 통찰력을 부여해 주실 수 있을 것이다. 내가 하나님의 말씀을 공부할 때 새롭게 깨달으면서 자릿한 감동을 느낄 때 나의 영혼은 마냥 솟구치게 된다!

　나는 또한 모든 관찰, 해석과 적용이 *참된 것*이 되도록 하나님이 나의 성경 공부 시간을 *주장해 달라고* 기도한다. 나는 나 자신 또는 내가 가르칠 사람들을 위해서 정확하고, 능력 있고, 삶을 변화시키는 교훈을 받기 원한다면 내가 하나님을 의지해야 한다는 것을 인정해야만 한다.

그런 다음에, 나는 성경을 공부할 때 성령님이 내 안에서 역사하시도록 맡기면서 *하나님이 나의 선생님이 되어 달라고 요청한다.* 요한복음 14장 26절에서 예수님은 성령이 "너희에게 모든 것을 가르치시고"라고 말씀하셨다. 또한 바울은 에베소에 있는 그리스도인들을 위하여 하나님께서 "지혜와 계시의 정신"을 그들에게 주사 "하나님을 알게 하시고, [그들의] 마음눈을 밝히사 그의 부르심의 소망이 무엇이며..." (엡 1:17-18). 성경은 시, 역사, 심리학, 법률, 및 서신 모두가 포함되어 있으며, 평범한 교과서 그 이상이다; 그것은 하나님의 마음을 우리 마음으로 보내는 살아 있고 개인적인 메시지이다! 그리고 성경을 철저하고, 깊게 그리고 조직적으로 공부하면 삶이 *변화된다.*

훌륭한 성경 공부는 언제나 세 가지 요소를 포함한다: *관찰, 해석* 그리고 *적용.* 그리고 내가 이 세 요소를 부지런히 실천해 나갈 때 하나님은 *나를 변화시키신다.*

I. 관찰

A. 선생들을 위하여

내가 선생이지만 내가 틀리기 쉬운 부분이 있다는 것을 인정할 때 나에게 큰 변화가 있게 된다. 나의 모든 선입견들을 제거해 달라고 하나님께 기도할 때 나는 올바른 배움의 자세를 갖게 된다. 그런 다음에 성경 구절을 읽을 때 나는 틀릴 수 있거나 불충분한 선입견을 가질 수 있는 가능성을 인정하면서 그 성경이 진정으로 말씀하고 있는 바를 조심스럽게 *관찰한다.*

쥬디가 죽었을 때 히브리서 12장에 대한 나의 경험 때문에, 나는 하나님이 고난을 허락하실 뿐만 아니라 우리의 길을 원만하게 해 주신다는 것을 확신한다. 그러나 이것은 많은 그리스도인들에게 인기 없는 진리이기 때문에, 나는 고난을 그대로 받아들이게 하기 위해서 이 개념을 "하나님이 허락하신 것이지 하나님이 보내 주신 것이 아니다"라고 그 의미를 한 번 희석시킨 나 자신을 발견하였다. 그러나 내가 인도하는 베드로전서 성경반을 위해서 준비하는 동안 이 구절, 즉 "하나님의 뜻대로 고난을 받는 자들"(4:19)을 관찰하면서 나는 마음이 크게 놓였다. 이 관찰은 하나님이 나에게 수년 전에 가르치신 것을 재확인시켜 주면서 나를 더욱 더 확신 있는 선생으로 변화시켰다. 우리가 가지고 있는 너무나 많은 개념들이 성경이 실제로 말씀하는 바에 기초를 두고 있기 보다는 성경이 말씀한다고 우리가 생각하는 바에 기초를 두고 있다.

내가 나의 딸 앞에서 "말로 말미암지 않고" 지낸 그 14개월 동안 그 성경반을 위해서 공부했을 때, 하나님은 나에게 베드로전서 3장 1절에서 몇 가지 특별한 도움을 주셨다. 나는 처음으로 그 구절이 어떻게 시작했는지를 주목하였다: 이전에 이미 나온 어떤 것을 다시 언급할 때 쓰는 "이와 같이"로 시작된 말이다. 이것은 마치 어느 서술된 문장이 "…을 위해서 거기에"를 나타내 주는 "그러므로"와 같다. 그 앞에 나온 구절들을 확인해 보니, 아내들은 예수님이 고난을 받으셨을 때 하신 것과 같이 행해야 한다는 것을 발견하였다. 그는 죄를 범치 아니하시고, 그 입에 궤사도 없으시며, 욕을 받으시되 대신 욕하지 아니하시고, 고난을 받으시되 위협하지 아니하시고, 오직 공의로 심판하시는 자에게 부탁하신 분이시다 (2:22-23). 나는 더 변화되어야 할 부분, 즉 더욱 그리스도를 닮아가야 하는 부분이 있음을 깨달았다.

그런 다음에 나는 이 깨달은 것을 나의 반원들에게 전해 주었는데, 그 중 부정한 남편이 있는 두 사람도 그들의 필요를 하나님이 응답해 주시는 것을 경험하였다. 그들이 하나님을 기쁘시게 하는 방향으로 반응하였을 때 그들은 미쁘시고 공의로 심판하시는 하나님께 그들의 문제들을 진정으로 의탁할 수 있었다.

대명사들은 특히 다루기 힘든 단어들이다: 그것들은 우리에게 전체 이야기를 해 줄 수 있다. 예를 들면: 부활하신 아침에 천사가 무덤에서 여자들에게 말했다: "여기 계시지 않고 살아나셨느니라. 갈릴리에 계실 때에 너희에게 어떻게 말씀하신 것을 기억하라. 이르시기를, '인자가 죄인의 손에 넘기워 십자가에 못 박히고 제 삼일에 다시 살아나야 하리라' 하셨느니라" (눅 24:6-7). 여기 나온 "너희"는 우리에게 전체 이야기를 해 준다: (1) 그 여자들은 예수님과 함께 여행하였고, 갈릴리에서 그를 섬겼다. (2) 예수님이 이 가르침을 그 여자들에게 주셨다 (천사는 아마도 이 가르침을 함께 주었을 남자들을 언급하지 않는다). (3) 예수님은 그들이 그와 함께 예루살렘으로 여행하는 동안에 그 여자들에게 직접 가르치셨다. (4) 예수님은 그 여자들에게 아주 중요한 가르침을 위임하셨다. 이 대명사는 예수님의 사역에서 여자의 위치에 대한 나의 선입견 중 몇 가지 이의를 제기해 주었으며, 나의 생각을 상당히 바꾸어 놓았다.

복수 대명사들도 우리에게 무언가를 시사해 줄 수 있다. 고린도후서 2장 11절에 나오는 "우리"를 살펴보면, 바울이 *그 자신*과 고린도에 있는 그리스도인들에 대해서 말하고 있는 것을 알 수 있다. "우리로 사탄에게 속지 않게 하려 함이라." 그렇다면 만일 바울이 고린도 그리스도인들과의 관계에서 사탄의 궤계로부터 안전한 상태에 있지 않았더라면 좀더 방심하지 않았었을 것임을 나는 깨달았다. 복수대명사 때문에 변화된 것이다!

교사는 구절들을 관찰함으로 상황을 정확하게 이해할 수 있다. 우리는 마태복음 14장 22절에서 세례 후에, "예수께서 즉시 제자들을 재촉하사 자기가 무리를 보내는 동안에 배를 타고 앞서 건너편으로 가게 하시고"라고 읽는다. 예수님이 제자들을 일부러 폭풍 가운데로 보내셨기 때문에, 나는 나의 삶에 있는 폭풍들을 향한 나의 태도를 재평가하였다. 예수님이 바다 위로 걸어오시고 바람을 그치게 하시는 기적을 나도 볼 수 있게 하시기 위해서 예수님은 일부러 폭풍을 나에게 보내시는가?

그렇다면 "몰아내다"는 동사는 모든 신학적인 진리를 포함하고 있다. 마가복음 1장 12절에서 우리는 "성령이 곧 그(예수)를 광야로 몰아내신지라"고 읽는다. 그리고 그는 그 곳에 사십 일을 계시면서 사탄에게 시험을 받으셨다. 또 다시 나의 선입견이 이 작은 동사 때문에 바뀌어졌다. 성령님은 예수님이 가시는 것을 *방해하*

지 않으셨고, 그가 가시는 것을 *허락하지* 않으셨다; 아니, 성령님은 예수님이 사탄에게 시험을 받으시도록 그를 *몰아내셨다.*

이것은 교사가 따라야 할 또 다른 중요한 법칙이다: "교과에 도움이 되는 어떠한 보조 자료를 읽기 *전*에 해당 성경 구절을 읽어라. 그 공부를 할 때 하나님의 말씀이 말하고 있는 모든 것을 자세히 관찰하는 것은 교사들이 교과 보조 자료와 주석들을 성경 말씀에 비추어서 평가할 수 있게 해 준다."

우리가 성경이 실제로 말씀하고 있는 것을 처음에 관찰하지 않는다면, 우리는 다른 책에 있는 옳고 그른 모든 가르침들, 그리고 그것들에 의해서 변형된 가르침들을 옳게 또는 잘못 받아들이는 경향이 있다.

성경 본문에서 하나님이 말씀하시는 모든 것을 정확하게 관찰하는 것은 교사가 가르치고자 하는 관점을 증명하기 위해서 한 구절 또는 한 구절의 일부만 택하면서 성경을 대충 훑어보는 조각난 방법으로 가르치는 것과는 반대가 된다. (이것은 만일 각 부분을 문맥 안에서 자세히 공부하였고 그리고 증명하고자 하는 전제가 성경적으로 정확한 것이라면 수용할 수 있는 방법이 될 수도 있다.) 교사의 일시적인 생각으로 모아 놓은 분리된 구절과 문장들은 거의 모든 것을 증명해 줄 수 있다.

나의 이웃이 내가 준 성경 공부반의 샘플을 평가하고 나서 나에게 말했다, "우리는 이 교재가 성경 구절을 택해서 성경이 말씀하는 것을 가르쳐 주기 때문에 선택했어요. 우리는 비약되어 있는 교재를 좋아하지 않아요. 만일 내가 다른 사람으로부터 받은 편지 한 뭉치를 가지고 여기저기에서 문장들을 오려서 내가 원하는 대로 붙인다면 내가 관심을 가진 어떤 것이라도 증명할 수 있어요!"

이 과정을 어느 고등학교 학생들에게 가르칠 때, 나는 분명히 증명하는 일에 조금 도취되어 있었다. 왜냐하면 주일학교 후에 나는 어느 화 난 아버지로부터 전화를 받았기 때문이다. "당신이 우리 아들에게 모든 귀신들도 구원받을 것이라고 가르치신 것은 무슨 말입니까?" 나는 내가 학생들에게 귀신들의 구원에 관한 잘못된 가르침에 대해서 가르쳤다는 것을 서둘러서 설명하였다. 나는 성경의 다음 세 "조각들"을 모았었다—그것들을 적절하게 배열하였을 때 그것들은 모두 맞는 말이었고, 그것에 의하면 모든 귀신들도 구원받을 것임이 "증명되었다."

1. "나는 당신이 누구인줄 아노니, 하나님의 거룩한 자니이다" (마가복음 1장 24절에 나오는 더러운 귀신 들린 사람의 말).

2. "귀신들도 믿고 떠느니라" (약 2:19).

3. "주 예수를 믿으라. 그리하면 너와 네 집이 구원을 얻으리라" (행 16:31).

만일 우리가 성경이 말하는 모든 것과 전후 문맥 가운데서 성경을 정확하게 관찰하지 않는다면, 성경 말씀 그 자체는 심지어 하나님의 진리와 그의 뜻에 상반되는 방법으로 우리가 변화될 수 있도록 사용되기도 한다. 우리는 성경에 의해서 잘못 변화될 수도 있는 것이다!

B. 내가 가르치는 자들을 위하여

그 당시 나의 두 기도 동반자들인 로나(Lorna)와 싸인(Signe)과 나는 내가 이웃 전도 성경 공부반에서 가르치게 될 것을 대비해서 2년 동안 함께 기도했다. 그러나 하나님께서 나에게 가르치는 기회를 허락해 주시기 전에 내가 먼저 변화되어야 할 부분이 있었다. 나는 학생들도 역시 하나님께서 그들에게 말씀하고 계시는 것을 잘 분별해야지 그들의 교사가 말하는 것만을 전적으로 의지해서는 안 된다는 것을 배워야만 했다. 만일 내가 나의 강의 방법을 사용했었다면, 나는 성경이 가르쳐 주는 것을 그들 스스로가 확인하도록 허용하는 대신 나도 하나님께서 말씀을 통해서 나에게 가르쳐 주신 것을 그들에게 주었을 것이다. 성경 공부의 목적이 하나님이 가르치는 분이 되도록 내가 허용해 드리는 것임을 마침내 내가 배웠을 때, 하나님은 나에게 매주 가르칠 수 있는 놀라운 반을 허락해 주셨다.

우리가 루스(Ruth)의 거실에 모였을 때, 우리는 무엇보다도 하나님이 우리의 구체적인 필요들에 응답해 주실 수 있도록 우리의 선입견들을 제거해 달라고 기도했다.

그런 다음에 우리는 가르치는 자 또는 누구이든 성경을 크게 읽는 자는 *그들이* 강조하기 원하는 단어들을 강조하지 않도록 그 날 공부할 성경을 각자 조용히 읽었다. 나는 하나님이 그들에게 말씀해 주실 것에 대해 아무런 힌트도 주지 않았다.

이것은 그저 아무렇게나 읽는 것이 아니었다. 그것은 마리아가 그 첫 부활절 아침에 빈 무덤을 "들여다보았을" 때 찾고, 바라고, 열망한 것을 의미하는 "자유하게 하는 온전한 율법을 들여다보고 있는" 야고보서 1장 25절에 묘사되어 있는 것과 같은 과정이었다.

그 성경 공부반에는 모든 교단과 각계각층에서 온 부인들이 참석했지만, 성경에 숙달된 학생은 아무도 없었다. 우리의 두 번째 과정이 끝나고 그들이 성경 읽기를 끝냈을 때 나는 물었다, "하나님이 당신에게 당신이 전에 몰랐던 것이 있다고 말씀하셨습니까?" 그들 100퍼센트 모두가 활기에 넘쳐 '예'라고 말했다.

성경 읽기 후에, 나는 "하나님이 당신에게 뭐라고 말씀하셨습니까?"를 소개하며 가르치기 시작하였다. 그들의 흥분은 절정에 이르렀다. 한 여자는 하나님이 말씀하신 모든 것을 손가락으로 세려고 애썼지만, 너무 많아서 손가락만으로 다 셀 수가 없었다. 그들이 모두 동시에 말하자 나는 그 그룹을 거의 통제할 수가 없을 정도였다. *그들은 하나님으로부터 직접 배운 것이다!*

내가 성경을 공부하던 초기에 나는 전에 성경을 전혀 공부한 적이 없는 사람들이 어떻게 하면 그들도 성경을 토의할 때 참여 의식을 가질 수 있는지를 배웠다. 나는 그들에게 "관찰" 질문을 한 다음에 단지 성경을 주의 깊게 읽으면 그들도 성경이 진정으로 말씀하고 있는 바를 대답할 수 있다고 했다.

우리 반의 한 사람은 너무나 부끄러워해서 말을 한 마디도 하지 않고 공부하는 동안 내내 조용히 앉아만 있는 사람이 있었다. 그런데 갑자기 "보았다"는 단순한 단어를 통하여 하나님이 그녀에게 말씀하셨다. 그녀는 예수님이 사람들을 "보셨다"는 사실, 즉 예수님이 베드로, 안드레, 야고보와 요한을 어떻게 *보셨는지*를 깨닫게 되었다. 그러자 그녀는 아무개가 그녀를 "보았고" 그녀에게 성경 공부에 참석해 달라고 요청해서 참석했지만, 성경반이 시작되기 전에 그녀는 가버렸다고 했다. 그런데 또 다른 사람이 그녀를 "보자" 그녀를 태워서 이곳 성경 공부반까지 데려다 주었다. 약 이십 분 후에 그녀는 갑자기 말하던 것을 멈추더니 너무 많은 시간을 독차지한 것을 사과하였다. 그녀는 단지 하나의 작은 동사를 관찰함으로 성경을 깨닫는 통찰력을 얻었던 것이다!

교사는 가르치는 교과의 개론을 말하기도 전에 하나님이 극적으로 반 전체에 말씀하실 때 겸손해진다. 그 일은 나에게도 일어났다. 내가 "하나님이 당신에게 무슨 말씀을 하셨어요?"라는 늘 하는 질문을 했을 때, 한 사람이 "예, 하나님이 나에게 말씀하셨어요"라고 대답했다.

"하나님이 무어라고 말씀하셨어요?"

"하나님은 내가 성경을 모른다고 말씀하셨어요. 그래서 내가 여기에 와 있는 거예요—내가 다니는 교회는 성경을 가르치지 않는데, 저는 성경을 배우고 싶기 때문이에요. 그러나 하나님이 말씀하셨어요, '너는 하나님의 능력도 모르고 있다!'"(막 12:24 참조)

"하나님의 능력을 알고 싶으세요?"

"예, 그러고 싶어요."

"지금 당장?" (어쨌든, 우리는 아직 교과 내용을 시작조차 하지 않았고, 적용을 위한 시간도 분명히 아니었다.)

"예, 지금 당장이요." 그리고 수업 시간에 들어가기도 전에 그녀는 머리를 숙여 예수님을 구세주로 영접하였다. *변화되다*—단지 하나님의 말씀을 관찰함으로. 그렇다, 하나님은 내가 가르치고 있는 학생들 가운데서는 물론 내가 이렇게 성경을 공부하는 방법 가운데서도 우리가 *변화되어야* 할 부분들을 아시며 우리가 그것들을 깨닫게 하신다.

하나님의 말씀을 공부하면서 *관찰한* 또 다른 중요한 사실은 "우리가 공부하는 성경 구절을 누구를 위해 기록했는가"이다. 누가 변화될 필요가 있으며 또한 누가 그 성경 말씀을 자신의 삶에 적용할 수 있는가에 따라 큰 차이가 있다. 세인트 폴(St. Paul)의 어느 성경 공부반의 한 여자가 에베소서 1장 18절에서 "너희 마음눈을 밝히사"를 관찰하였다.

"나의 가족은 서로 잘 지내지 않고 있어요. 어떻게 하면 내 마음눈을 밝혀서 이러한 상황을 더 나아지게 할 수 있는지요?"

"이 책을 누구에게 썼나요?"

"에베소에 있는 성도들과 그리스도 예수 안의 신실한 자들에게요" (엡 1:1).

"당신은 성도—예수님을 자신의 구세주로 알고 있는 자—인가요? 당신은 그리스도 예수 *안에* 있나요?"

"아니요."

"그렇다면 당신은 바울이 기도하고 있는 대상에 해당되지 않아요."

그러자 그녀는 그리스도를 영접하기로 결단하였다—바로 그 자리에서!

하나님이 아주 구체적으로 우리에게 말씀해 주시는 방법을 토의하고 있었을 때 잘 알려진 그리스도인 작가이며 강연자가 나에게 말했다, "누구든지 단지 성경을 읽고서 그리스도를 발견할 수 있다고 나에게 말씀하시는 것입니까?"

"예, 선생님, 정말 그렇습니다."

Ⅱ. 해석

만일 내가 성경을 정확하게 이해하고 해석하려고 한다면, 본문이 말하는 것을 관찰하는 것 외에 시간을 내서 그 의미를 공부해야만 한다. 원본에서 의미하는 단어의 뜻과 그 당시의 문화적인 환경이 기록된 내용에 어떻게 영향을 주었는지에 대한 정보를 얻기 위해서는 성경학자들을 의지해야만 한다.

또한 하나님은 수 세대에 걸쳐서 그리스도인들에게 말씀해 오셨는데, 하나님이 그들에게 계시하신 내용을 공부하지 않으면 진정으로 성경을 올바로 이해하지 못하게 된다. 내가 그들로부터 배울 때, 그리고 그들이 깨달은 통찰력으로 고무될 때 나는 말할 수 없이 더 부요해진다. 초대 교회는 이러한 것을 즉시 배웠다. 왜냐하면 사도행전 2장 42절에 의하면 새로 믿은 그리스도인들이 "*사도의 가르침*을 받아 서로 교제하며, 떡을 떼며, 기도하기를 전혀 힘쓰니라"고 했기 때문이다.

그리고 몇 년 후에 바울은 젊은 디모데에게 "읽는 것과 권하는 것과 가르치는 것에 착념하라"(딤전 4:13)고 권고하였다. 우리는 성경 구절의 의미를 해석하기 위해서 깊이 공부한다. 최소한의 성경 공부 보조 자료들은 좋은 주석서, 성경 사전, 성경 지도, 단어 공부를 위한 학문적 사전 등을 포함한다.

하나님은 내가 디모데후서 2장 15절의 말씀을 순종할 때 나를 *훈련된* 사람으로 변화시켜 주신다: "네가 진리의 말씀을 옳게 분변하며 부끄러울 것이 없는 일꾼으로 인정된 자로 자신을 하나님 앞에 드리기를 힘쓰라." 공부하는 것은 훈련이 따른다. 연구는 어려운 일이며 시간이 요구된다. 그것은 쇼핑하는 일, 커피 모임, 여흥과 오락을 단념하는 것과 같은 일―해도 "좋은" 일이지만 "최선의" 일은 아닌 일―의 우선권을 재평가하는 것을 요한다.

이 시점에서 기도는 중요하다. 내가 변화되기를 하나님이 원하시는 방법으로 성경 공부에 의해서 변화되기 위해서, 나는 성경을 읽을 때 나의 마음을 지켜 달라고 간구하면서 기도한다. 단지 활자화되었기 때문에 그것이 진리가 되는 것은 아니다. 그러므로 나는 내가 성경을 공부할 때 잘 선택하는 사람이 되도록 하나님이 도와 달라고 기도한다. "주님, 내가 성경 공부를 당신이 원하시는 대로 할 수 있도록 인도해 주세요." 어느 주제에 대해서 성경을 분별없이 읽는 것은 나에게 주어진 시간에 대한 좋은 청지기가 아닐 수 있으므로, 나에게 그리고 내가 가르칠 사람들에게 적절한 것을 보여 달라고 하나님께 구한다. 그런 다음에 나는 정확한 뜻을 해석하고 이해할 수 있도록 하나님의 지혜를 달라고 기도한다. 나의 중요한 통찰력은 종종 성경을 읽는 데서 오지 않고 기도하는 데서 온다.

그러나 영성과 노력 사이에는 *적절한 균형*이 있어야만 한다. 나는 다음 주일의 교과를 공부하기 위해 목회자인 나의 남편의 도서

실에서 모든 참고서들을 다 집으로 가져와서 그것들을 식탁 위에 쌓아 놓고는 (대개 최소한 60센티미터 높이의 더미), 그 주 내내 그 책들을 체계적으로 열심히 읽곤 했다. 토요일까지 25시간 정도의 공부 후에야 나는 수집해 놓은 지혜를 개요 형식으로 다듬고 정리한다. 그런 다음에 교회 비서에게 급히 가서 성경반 참석자들에게 나누어 줄 수 있도록 복사해 달라고 부탁한 후 집에 가서 기도한다, "사랑하는 하나님, 내가 준비한 초고를 축복해 주세요."

나는 그 절차를 바꾸어 달라고 하나님께 간구했는데, 하나님이 응답해 주셨다. 하나님은 다른 사람들이 말해야 하는 것과 그가 말씀하셔야 하는 것 사이에 적절한 균형이 있다는 것을 나에게 가르쳐 주셨다. 어느 신학교 졸업반 학생이 눈물로 나에게 털어 놓았다, "저는 성경을 너무 오랫동안 분석해 와서 이제는 더 이상 성경에서 깨닫게 되는 것이 없어요." 우리 대학교 식물학 교수가 우리에게 의미심장한 충고를 했다: "지나친 해부 후에는 더 이상 꽃이 피지 않는다는 것을 기억하라."

그러나 또한 조금 또는 전혀 노력하지 않으면서 하는 모든 관찰에는 위험이 있다. 행복한 생활환경 가운데서 게으르지 않으면서, 하나님은 나에게 적절하게 균형 있는 삶을 갖게 하셨다. 이러한 균형을 유지하기 위하여, 나는 나의 강의 준비의 여러 면을 조직적으로 기록해 놓는 작업표를 개발하였다. 세 개의 세로 줄에 나는 하나씩 기록하였다: (1) 관찰, (2) 그 구절이 기록된 사람들에게 의미하는 바와 오늘날 우리에게 의미하는 바, 그리고 (3) 나와 내가 가르치는 자들을 위한 적용. 이것은 성경 공부의 모든 면을 통해서 변화가 이루어지는 것을 나에게 확신시켜 주었다.

성경 구절의 해석은 두 종류로 분류된다: (A) 그것이 기록된 그 당시 대상들에게 의미하는 바, 그리고 (B) 그것이 오늘날 의미하는 바.

A. 성경이 기록된 그 당시 대상들에게 의미하는 바

내가 성경의 진정한 의미를 이해할 때 하나님은 성경을 가르치는 나의 태도를 바꾸어 주신다. 단어의 뜻은 세월이 흐르면서 바뀌므로, 원래의 의미를 공부한 학자들을 통하여 성경을 정확하게 이해할 수 있다. 잘 번역해 놓은 성경 몇 개를 비교하는 것 또한 도움이 된다. 정확한 가르침을 확실히 하기 위하여 말을 알기 쉽게 바꾸어 설명해 놓은 성경이 좋고, 이해하기 좋은 성경이 도움이 되지만, 문자 그대로 번역해 놓은 것은 그렇지 않다는 것을 기억해야 한다. 또한 그 성경 부분이 어떤 대상을 위해 기록되었는지도 기억해야만 한다. 요한일서 1장 8절을 믿지 않는 사람들에게 적용하는가, 아니면 그것이 그리스도인들에게만 쓰인 것인가? 시편 기자가 "주의 성신을 내게서 거두지 마소서"(51:11)라고 기도했을 때, 그가 그것을 오순절 전에 기록한 것이므로, 그것은 오늘 나를 변화시켜 달라고 내가 하나님께 간구할 사항이 아니다. 또한 어떤 주제에 관해서 성경의 한 부분만 공부함으로 변화될 수 있다고 가정해서도 안 된다. 나는 내 "마음에 드는" 성경 구절에 의해서만 변화될 수 있다고 주장하지 말고, 그 주제에 관해서 하나님의 말씀이 가르치고 있는 모든 것을 공부해야만 한다.

B. 그것이 오늘날 우리에게 의미하는 바

나는 오직 성경이 기록된 대상에게 의미하는 바에 비추어 볼 때에만 그것이 오늘날 나에게 의미하는 바도 정확하게 알 수 있다. 우리는 하나님의 명령과 가르침을 교회와 우리가 사는 세계의 문화적 동향에 비추어서 해석하려는 경향이 있다. 내가 인도하는「이웃 성경 공부반」에서 처음으로 가르치기 시작했을 때 나는 다른 교회의 문화를 즉시 다루어야만 했다.

누가 "무엇이 죄인가요?"라고 질문했을 때, 답변이 거침없이 나오기 시작했다. "우리 교회는 결혼 피로연에서 칵테일 한 잔은 할 수 있다고 믿어요"..."우리 교회는 모든 장년들에게 알코올음료를 허용해요"..."우리 교회는 맥주와 포도주만 허용해요"..."우리는 어느 알코올음료도 허용하지 않아요!" 우리는 교회들이 믿는 것이 아니라 성경에서 말하고 있는 것만 권위 있는 것으로 받아들인다는 원칙에 동의한 후에야 문제가 해결되었다.

또한 우리는 시대의 도덕적 풍조가 하나님이 우리에게 요구하시는 것에 영향을 준다고 생각하면서 "오늘"을 강조하는 경향이 있다. 나는 텔레비전 수상기가 처음 나왔을 때 그것을 비난하는 설교를 들은 것을 기억한다. 나의 남편이 어릴 적에 있었던 일인데, 그의 아버지가 살던 동네에서 라디오를 처음으로 샀더니, 그의 할아버지가 집으로 황급히 들어와서는, "원 이거, 난 내 아들이 지옥

길로 가고 있으리라고는 결코 생각해 본 적이 없단 말이야"라고 말했다. 그러나 태도들은 변한다. 한 때 영화를 심하게 정죄했던 대부분의 사람들이 이제는 바로 그들의 거실에 있는 텔레비전 앞에서 떠날 줄을 모른다.

하나님은 우리 낸시가 십대였을 때 이 문제에 대한 좋은 응답을 주셨다.

"엄마, 엄마가 소녀였을 때 죄로 여겨졌던 것이 지금도 여전히 죄인가요?"

"요즈음 하나님의 말씀을 어디 읽고 있니?" 나는 물었다.

"에베소서요."

"그 책을 펴서 하나님이 어떻게 말씀하시는지 함께 보자."

그래서 우리가 전에 여러 번 했던 방식대로, 하나님이 우리 중 한 사람을 멈추게 하실 때까지 둘 다 조용히 읽었다. 갑자기 낸시가 말했다, "멈추세요, 엄마. 하나님이 1장 4절에서 내게 응답해 주셨어요."

"하나님이 무어라고 말씀하셨니?"

"'우리로…그 앞에 거룩하고 흠이 없게 하시려고'라고요. 우리가 그리스도께서 사셨던 그 당시에 살았든 또는 100년 전에 살았든, 혹은 오늘날 살고 있든지, 우리는 그 앞에 거룩하고 흠이 없어야만 해요."

하나님의 기준은 변하지 않는다―완전함에 대한 하나님의 척도는 세월 또는 문화에 의해서 경감되지 않는다; 내가 그리스도의 형상을 따라가게 하는 하나님의 목적은 어제나 오늘이나 영원히 동일하다. 내가 하나님의 말씀이 기록된 대상에게 진정으로 의미하는 바를 알 때, 나는 그와 똑같은 진리를 오늘날의 나의 삶에 적용할 수 있다.

III. 적용

내가 관찰한 진리를 받아들이고, 공부하고 그리고 나의 삶에 *적용할* 때 내 안에 진정한 변화가 온다. 내가 성경을 적용할 때에만 하나님은 나의 사고와 행동 가운데서 실제적인 변화가 있게 해 주신다.

성경의 한 책 또는 신구약 전체의 개요를 역사적인 관점에서 읽는 것은 일리가 있다. 그러나 진정한 삶의 변화는 하나님이 우리에게 말씀하시는 교훈을 우리가 하나씩 적용할 때 온다. "경계에 경계를 더하며; 교훈에 교훈을 더하되"(사 28:10).

"내가 오랜 시간 동안 교과 준비를 위해 노력한 것 때문에 그 예민한 청년들이 도대체 달라진 것이 조금이라도 있단 말인가?"라며 마음을 갉아먹는 불안한 생각을 나는 내내 가졌다. 나는 12년 동안 똑같은 주일학교에서 가르치곤 했다. 오, 그들은 굉장한 그룹이었고, 나는 깊이 있는 성경 주제들에 대해서 그들과 생생하게 주고받는 토론을 한 후 들뜨고 상쾌한 기분으로 반에서 나오곤 했다. 실제로, 그 반은 나의 삶의 기쁨 중 하나였다.

그러나 마음을 좀먹는 불안감은 지속되었다—실제로는 더 많아졌다—그들은 나의 모든 노력의 결과로 정말 달라졌단 말인가?

그러자 임원들과 나는 그 해의 프로그램과 교과 과정을 계획하기 위해서 만났다. 그리고 난 후 나는 반에서 폭탄선언을 하였다. "나는 성경이 실제로 너희들의 삶을 변화시키고 있다는 증거를 보게 될 때까지 더 이상 이 반에서 가르치지 않을 거란다."

유일하게 들리는 반응이라고는 반 아이들이 긴장되어 침을 꿀꺽 삼키는 소리뿐이었다. 간담을 서늘하게 하는 침묵도 내가 하는 일을 막지는 못했다. 나는 새로운 결단을 하고 마가복음 공부를 한 구절 한 구절씩 시작하였다. 하나님의 말씀을 공부하면서 하나님이 그들을 *변화시키시도록* 그들이 내맡기든지 그렇지 않으면 내가 그들의 교사 일을 마치든지 둘 중 하나였다!

나는 두 달 후 어느 주일 아침에 그 날의 교과를 공부하는 대신에 우리가 공부한 구체적인 가르침 때문에 하나님이 그들을 얼마나 변화시켜 주셨는지를 우리 모두에게 자세히 나누라고 반 전체에게 알렸다. 하나님이 역사하신 것을 보기까지는 그리 오래 걸리지 않았다. 한 사람씩 일어나서 우리가 공부한 구체적인 성경 말씀 때문에 하나님이 그들을 변화시켜 주신 간증을 나누었다. 나의 염려와 두려움은 없어졌다. 그들은 하나님이 그들을 변화시켜 주시도록 내맡겨야*만 했다.* 그러자 우리 반 회장인 빌(Bill)이 나를 쳐다보며 다소 힘없이 말했다, "선생님, 이만 하면 계속해서 저희를 가르치시기에 충분하지 않습니까?"

나는 엑스포 '72 대회(Expo '72 Convention)에서 헨리 브랜트(Henry Brandt) 박사가 국제 지도자들에게 한 상담에 관한 조언을 기억한다: "상담받기 위해서 나오는 사람들이 성경적인 가르침에 어긋나는 어떤 말을 할 때까지 듣기만 하라. 그리고 그들의 대화를 중단시키고 성경적인 답변을 그들에게 주라. 그런 다음에 그들이 그 답변해 준 대로 *적용하면서 살* 때까지는 또 다른 조언을 받기 위해 다시 오지 말라고 말하면서 그들을 보내라."

내가 인도하는 「이웃 성경 공부반」중 한 반에서는 모든 여자들이 깊은 가정적인 시련의 고통을 겪고 있었다. 그런데 우리가 베드로전서를 공부했을 때 우리는 놀라운 일이 일어나는 것을 보았다. 하나님은 가장 도움이 필요한 사람들이 매주 *살아갈 수 있도록* 그들의 기도에 응답해 주셨다. 초대 그리스도인들이 잠시 근심하는 가운데 있었지만, 믿음의 시련을 통하여 예수님의 재림에 대비하면서 오히려 기뻐한 것을 나는 성경반 여자들이 주시하는 것을 지켜보았다 (벧전 1:6-7). 그들은 이 진리를 삶에 적용해 나가면서 자신의 문제들을 대하는 태도가 바뀌었다. 그들은 다시 웃고 살 수 있는 법을 실제적으로 터득하였다.

대부분의 여자들이 부당한 고난을 참고 있었는데 (2:20), 그것은 그들의 가족 때문에 온 것이었다. 그리고 비록 그리스도께서 죄가 없으셨지만 그들이 받고 있는 고난의 본이 되셨기 때문에 그들도 분개하며, 방어적이며, 보복하기를 원하는 태도에서 **참는** 태도로 변화되는 것을 나는 지켜보았다. 그들은 공부한 것을 삶에 적용시켰다.

그러나 그들은 또한 교사인 내가 변화되는 것을 지켜보고 있었다. 왜냐하면 나도 역시 가족적인 깊은 시련을 겪고 있었기 때문이다. 어느 날 베드로전서 4장 19절, "그러므로 하나님의 뜻대로 고난을 받는 자들은 또한 선을 행하는 가운데 그 영혼을 미쁘신 조물주께 부탁할지어다"를 공부하고 있을 때, 나는 "부탁할지어다"라고 번역된 단어가 누가복음 23장 46절에 있는 "부탁하나이다"로 번역된 단어와 같은 단어임을 발견하였다. 예수님은 십자가에서 그의 영혼을 포기하셨을 때 고뇌 가운데 큰 소리로 외치셨다. "아버지여, 내 영혼을 아버지 손에 부탁하나이다." 내가 그 진리를 나의 삶에 적용했을 때 하나님은 얼마나 나의 짐을 가볍게 해 주셨는지 모른다! 비록 나의 고난은 십자가 위에서의 그리스도의 고난에 비하면 너무 작지만, 나는 그와 함께 나의 영혼을 하나님께서 지켜 주실 것을 부탁하였다. 그리고 그는 나를 변화시켜 주셨다.

내가 먼저 변화되지 않았다면, 나는 내가 가르치는 자들이 하나님의 말씀을 삶에 적용함으로 변화될 것을 기대할 수 없다. 그런데 그런 일이 내가 하나님의 말씀을 공부할 때 정확하게 일어난 것이다. 관찰은 스릴이 있고, 공부는 기분을 돋우어 주지만, *변화*는 나의 매일의 삶에서 성경 말씀이 의미하는 바를 내가 개인적으로 적용할 때 온다. "주님, 나를 변화시켜 주세요"는 내가 그의 안에 거하고, 그의 말씀이 내 안에 거하면 (요 15:7) 온다. 변화는 내가 하나님의 말씀을 듣기만 하지 않고, 그 말씀을 실천할 때 온다 (약 1:2-25). 왜냐하면 성경을 들여다보고 그것을 실천하지 않으면 그것은 거울로 자기의 생긴 얼굴을 보고 가서 그 모양이 어떠한 것을 곧 잊어버리는 사람과 같기 때문이다. 그러나 내가 하나님의 말씀을 들여다보고 그 말씀을 실천하면 나는 축복된 사람으로 변화되는 것이다. 변화되다—내가 하나님의 말씀을 공부할 때 변화되는 것이다.

5

변화되다―
성령님이 기억시켜 주실 때

하 나님은 여러 경우에 내가 하나님의 말씀을 읽거나 공부할 때, 또는 그룹 모임에서 "하나님이 말씀하실 때까지 성경을 읽을" 때 나를 변화시켜 주기 원하신다. 그러나 내가 도움이 당장 필요한 경우에 처해 있을 때, 성령님은 바로 그 순간에 꼭 맞는 성경 구절을 생각나게 해 주신다. 성경을 읽고 공부하는 중요한 이유 중 하나는 *우리가 하나님의 말씀이 필요할 때* 그것이 생각나게 하도록 준비해 두는 것이다.

예수님이 말씀하셨다: "내가 아직 너희와 함께 있어서 이 말을 너희에게 하였거니와 보혜사 곧 아버지께서 내 이름으로 보내실 성령 그가 너희에게 모든 것을 가르치시고, 내가 너희에게 말한 *모든 것을 생각나게* 하시리라" (요 14:25-26).

이제, 몇몇 제자들은 신약성경에 예수님의 말씀을 기록하고 있었을 것이다. 이것은 그들을 위해서 굉장한 확신의 말씀이었음에 틀림이 없다. 그런데 이것은 베드로, 요한, 마태와 그 외의 제자들에게만 준 성령의 약속이었는가? 나는 그렇게 생각하지 않는다. 전쟁 포로들과 성경을 빼앗겼던 다른 사람들도 그들이 전에 배웠던 성경 말씀을 성령님이 생각나게 해 주셨다는 굉장한 이야기들을 하고 있다. 이것은 수 세대에 걸쳐서 하나님이 성경을 사용해 오신 가장 능력 있는 방법의 하나이다.

내가 나의 세 권의 성경책에 분석해 놓은 내용과 줄을 치고 날짜를 써 놓은 성경 구절들을 보면서 놀랍게 발견한 것 중 하나는 그 구절들이 자주 나에게 직접적으로 어떤 특별한 의미를 주지 않았다는 것이다. 그런데 그 후 어떤 필요한 상황 가운데 처해 있을 때, 성령님은 바로 그 필요한 상황에 꼭 들어맞는 성경 구절을 나의 기억 속에서 정확하게 끄집어내 주셨다. 우리는 경건의 시간에 성경을 공부하고, 읽고, 하나님으로부터 배우면서 성경 안에 거한다. 그렇게 할 때 성령님은 하나님이 우리에게 말씀해 주신 것을 우리가 기억할 수 있도록 해 주신다. 만일 우리의 자녀들이 시험을 치를 내용을 미리 전혀 공부하지 않았다면, 그들이 시험을 치를 때 하나님이 올바른 답을 생각나게 해 주실 것을 기대할 수 없다고 우리는 자녀들에게 말한다. 마찬가지로, 만일 우리가 하나님의 진리를 우리 마음에 저장해 놓지 않았다면, 하나님이 우리의 필요에 맞는 대답을 제 때 해 주시리라고 기대할 수는 없다.

나는 2년 전에 내가 점점 나이를 먹어가면서 기억력이 감퇴되는 것 때문에 은근히 초조해졌었다. 그런데 그 순간 성령님은 모든 것을 생각나게 하신다―나이 든 자들을 다루시는 하나님의 방법―는 구절을 알맞게 나에게 상기시켜 주셨다! 나는 아주 망각하기 쉬운 나이인 82세의 코리 텐 붐(Corrie ten Boom)과 몇 달 전에 나누었던 말을 돌이켜 생각해 보았다. "에벌린," 그녀는 말했다, "나는 영적인 일은 결코 잊지 않죠."

내가 범죄치 아니하려 하여

나는 당시 세계에서 제일 큰 컴퓨터 회사에서 일하고 있던 우리 동네의 막다른 골목 건너편에 살던 이웃을 경외심을 가지고 관찰하였다. 인간의 두뇌에는 일백만 개의 단어들이 한꺼번에 작용하고 수십억의 사실들이 기억 은행에 저장된다고 그가 말했을 때 나는 그 사실에 깜짝 놀랐다. 그런데 우리 인간들은 세상에서 가장 정교하고 복잡한 기억 은행―마음―을 소유하고 있으며, 우리 마음에는 유아 때부터 우리가 얻은 모든 자료들을 저장해 놓고 있다.

시편 기자는 말한다: "내가 주께 범죄치 아니하려 하여 주의 말씀을 내 마음에 두었나이다" (시 119:11). 이것이 하나님의 말씀을 공부하고 암송하여 우리 마음 깊숙한 곳에 쌓아 두기 위한 과정이다. 우리가 성경을 읽고, 공부하고, 하나님의 말씀에서 나온 설교를 들을 때, 우리는 하나님이 우리에게 하신 말씀을 떠나지 말고, 그러한 영적인 진리들을 우리 마음의 가장 깊숙한 곳에 *숨겨 놓아야* 한다.

그러나 우리가 어렸을 때 저장해 놓은 몇 가지 자료(심지어 *옛날 수학*), "A"학점을 맞은 대학 교과 자료, 또는 심지어 20년 전에는 그렇게 단순해 보였던 조리법을 생각해내려고 애쓰는 고충을 아는 우리들은 인간의 기억 체계의 불완전함을 깨닫기도 한다. 인간 조작자라고 할 수 있는 우리는 종종 우리 안에 저장되어 있는 아주 조그만 정보 하나도 꺼낼 수조차 없다. 그러나 우리가 특별한 영적인 진리를 생각해낼 필요가 있을 때, 우리에게는 초자연적인 컴퓨터 조작자이신 성령님이 계신다!

나의 삶에 무언가 잘못된 것이 있는 것을 인식할 때, 그리고 하나님이 나를 변화시키기를 원하신다는 것을 알 때, 나는 그 문제를 나의 마음의 컴퓨터에 입력시킨다. 그런 다음, 하나님께 해결책을 나에게 달라고 요청하면 성령님은 흔히 그 문제를 일으키고 있는 구체적인 죄를 깨우쳐 줄 성경의 한 부분—한 구절 또는 한 단어—을 *상기시켜* 주신다. 많은 경우에 그는 내가 돌이켜 볼 죄, 즉 "교만"(롬 12:3) 또는 "염려"(빌 4:6)를 문득 떠올려 주신다.

때때로 나에게 잘못된 것이 있는지를 내가 인식하기도 전에, 또는 나의 컴퓨터에 입력시키기도 전에, 나의 초자연적 조작자이신 성령님은 나에게 이미 그 해답을 상세히 알려 주신다. 성령님은 내가 요청하기도 전에, 그리고 내가 자각하여 그것을 말로 나타내기도 전에, 나의 필요나 문제를 알고 계신다. 예수님은 마태복음 6장 8절에서 우리가 구하기 *전*에 우리에게 있어야 할 것을 하나님 아버지께서 아신다고 말씀하셨고, 내가 나의 필요를 알리기도 전에 이미 성경 구절을 기억해 놓은 기억 은행으로부터 그 해답을 상기시켜 주신다. 그것은 실로 세상에서 가장 빠른 컴퓨터가 답을 불러내는 것보다 더 빠르게 상기시켜 주신다. 그렇다, 심지어 내가 나의 죄를 깨닫기도 전에, 성령님은 온유하게 자극하면서 상기시켜 주시고, 촉구시켜 주시거나 또는 확실한 음성으로, "그것은 **죄**야!"라고 알려 주신다. 우리의 초자연적 조작자이신 성령님은 결코 실수하지 않으신다. 컴퓨터의 분류 형식에 "남성," "여성," 그리고 "기타"라고 되어 있는 우리 아들 커트의 중학교의 한 반에서, 제 기능을 발휘하지 못하는 불친절한 컴퓨터가 학생들을 "기타"로 구분해 놓아서 사람들을 깜짝 놀라게 한 적이 있었다. 그리고 우리 딸 잰의 결혼 바로 직전에 우리 마을에서 가장 큰 백화점의 컴퓨터 자료에 모든 "크리스튼슨가(家)"가 뒤섞여 있었을 때의 그 고충이 어떠했는지도 생각난다. 우리가 계획했던 모든 쇼핑 목록이 갑자기 완전히 사라진 것이다. 그리고 고등학교에 다니던 딸이 학교에서 컴퓨터의 오작동으로 남학생 체육반으로 배정되었을 때 그 애가 얼마나 당황했었는지! 그러나 성령님은 결코 실수하지 않으신다. 비록 우리가 잘못된 문제 가운데 있을 때, 그는 우리의 구체적인 필요를 위해 정확하게 맞는 대답을 찾아 주신다.

내가 요청할 때 또는 내가 요청하기도 전에 성경적인 답이 생각나게 하는 것은 예수님이 요한복음 16장 8절에서 언급하신 "죄에 대하여 책망하실" 때 성령님이 사용하시는 방법 중 하나이다. 시편 119편 11절에서 시편 기자는 하나님의 말씀을 내 마음에 둔 "이유"를 말해 준다: "*내가 주께 범죄치 아니하려 하여 주의 말씀을 내 마음에 두었나이다.*" 성령님이 말씀을 *생각나게* 해 주지 않으신다면 다른 어떤 방법으로 숨어 있고, 보이지 않고, 아마도 잊어버리기조차 한 하나님의 말씀이 나를 죄짓지 않게 해 줄 수 있겠는가? 이것은 인간이 고안한 어떤 컴퓨터보다 더 정확하게 내가 필요한 바로 그 때 내가 필요한 정확한 해답을 하나님의 말씀으로부터 받아서 *생각나게* 해 주는 성령님의 초자연적인 과정이다.

나의 영적 조작자이신 성령님은 나를 위해서 내가 좋아하는 다음 구절을 이렇게 풀어 주신다:

"내가
거룩하니,
너희도
거룩할지어다" (벧전 1:16).

나는 이 구절을 여러 해 전에 내 마음속에 간직해 놓았는데, 성령님이 나에게 이 말씀을 그렇게 자주 조명해 주시는데도 그것이 여전히 닳아 없어지지 않는 것에 나는 매번 놀란다. 그것은 매번 어김없이 나에게 도달된다. 나는 높이 들리시고 거룩하신 하나님—완전한 태도, 완전한 행동, 완전한 반응을 하시는 하나님—을 즉시 본다. 그러면 내 기억 은행에 저장해 놓은 하나님의 말씀이 나에게 다시 와 부딪친다. 나는 하나님이 얼마나 거룩하신 분이신지를 안다—그리고 내가 얼마나 거룩해져야 하는지를 안다! 내가 범죄하지 않도록 말씀을 생각나게 해 주신 것이다.

나는 우리 별장에서 휴가를 보내고 있던 어느 날 갑자기 한 남자와 눈이 마주친 것을 기억한다. 나는 그가 나를 확실히 알아차린 것을 보면서 모른 채 하면서 그냥 스쳐 지나갔던 죄를 분명하게 해 달라고 하나님께 구했다. "내가 거룩하니, 너희도 거룩할지어다"란 글씨가 마치 내 마음의 스크린에 써 있는 것처럼 초점이 맞추어질 때까지 서서히 내 앞으로 다가왔다. 나는 하나님께 그것을 전적으로 깨끗하게 해 달라고 기도했는데 즉시 나에게 *변화가 있었다*. 하나님이 나의 다음 책을 쓰기 위한 몇 가지 지혜를 나에게 주셨을 때 나는 그와 교제하면서 갑자기 그를 경외하는 데 몰입되었다. 나의 존재의 깊은 곳에서부터 솟구쳐 오르면서, 나의 몸 전체에 흐르는 것은 이런 기도였다: "오, 하나님, 휴가가 얼마나 좋은지요! 하나님의 말씀을 깊이 보는 시간, 그리스도인을 위한 양서를 읽는 시간. 급한 일을 처리해야 하는 압박감에서 일을 처리하는 것보다 하나님을 경외하는 이런 시간이 얼마나 좋은지요!" 내가 전에 좋아했던 "간직해 놓은 신실한" 그 성경 구절을 성령님이 상기시켜 주셨을 때 나는 변화되었다.

나를 위로하기 위하여

성령님은 내가 죄를 짓지 않게 해 주실 뿐만 아니라 또한 나의 삶의 필요를 채워 주심을 기억하게 해 주신다. 내가 역경에 처해 있을 때, 그는 나를 위로해 주실 성경 말씀을 알려 주신다.

나는 로키산맥(Rocky Mountains)의 높은 지역에서 가진 수련회에서 네 번 말씀을 전하기로 된 그 전날 밤에 성경을 읽고 있었는데, 하나님은 이런 말씀을 나에게 하셨다: "저가 너를 위하여 그 사자(使者)들을 명하사 네 모든 길에 너를 지키게 하심이라" (시 91: 11). 사자들? 내가 훌륭한 이동 주택 안의 따뜻한 침대에 안전하게 거하고 있는데, 왜 천사들이 필요하단 말인가?

그런데 그 다음 날 아침에 깨었을 때 나는 추위에 벌벌 떨면서 비참한 상태에 있었다. 전기와 전기 히터가 밤중에 꺼져버린 것이다; 그리고 그 때가 9월인데도 간밤에 첫 눈이 내린 것이다. 이 고통 외에도 나는 오한을 동반한 유행성 감기가 겹치게 된 어려운 상황에 처했다. 나는 심하게 떨면서 몸을 따뜻하게 하려고 눈에 보이는 담요와 코트를 모두 꺼내서 내 몸 위에 덮어 놓았다. 그러자 갑자기 성령님께서 내가 전날 밤 읽었던 성경 구절을 생각나게 해 주셨다. "사자들이라고? 아참, 나는 그들이 지금 당장 필요하지 않은가!" 하나님이 그의 천사들을 내가 있는 방으로 보내셔서 내 주변을 맴돌며 나를 지켜보게 하신다는 바로 그 생각이 나를 변화시켜 주었다. 즉 나의 영혼을 따뜻하게 해 주었고, 그 어려운 상황을 쉽게 대처하게 해 주었다. 그 날 전하기로 했던 모든 말씀을 전할 수 있을 만큼 나를 건강하게 해 주신 하나님의 기적은 좀 후에 나타났지만, 바로 그 당시에 나는 성령님이 상기시켜 주시는 성경 말씀의 확신과 위로가 필요했다.

우리가 몇 년 전에 외국 여행을 하고 있었을 때, 나는 예루살렘에서 심한 전염병으로 쓰러졌었다. 내가 묵고 있었던 호텔에서 감람산을 바라보면서 홀로 침대에 누워 있을 때, 성령님은 로마서 8장 28절을 나에게 상기시켜 주셨다. 그리고 그 날 관광 여행을 하지 못한 것도 하나님이 합력하여 나에게 선을 이루어 주신 것임을 알았다. 그러자 예전에 내 마음속에 묻어 두었던 하나님의 말씀에서 받았던 몇몇 교훈들을 성령님이 생각나게 해 주셨다. 다시, 로마서 8장 28절—우리가 결혼한 직후에 내가 세 번이나 유산했던 경험 가운데서 그는 선을 허락해 주셨다. 그 다음에 딸 쥬디가 죽었을 때 나에게 아주 실감이 났던 말씀인 히브리서 12장에서 그는 딸의 죽음조차도 *나의 유익*을 위한 것이었음을 가르쳐 주셨던 것이다. 나는 그 곳에 누워서, 지나간 여러 해 동안에 있었던 하나님의 말씀에서 받은 이러한 교훈들에 대해서 하나님께서 새롭게 말씀해 주시도록 맡겼다.

놀랍게도, 그 날 베들레헴 관광 여행을 못한 것 때문에 투덜거리면서 침대에 누워 있지 않고, 나의 영혼은 하나님이 계시는 천상으로 치솟아 오르고 있었다— *변화된 것이다!* 그는 나를 돌보시고, 나에게 개인적으로 말씀하시면서, 하나님이 임재하시는 놀라운 느낌으로 나를 에워싸셨다. 나는 "예루살렘 소리"—아침의 수탉 울음소리, 멀리서 들리는 당나귀 울음소리—를 몇 시간씩 들으면서 시간을 보냈고, 그리고 마치 첫 부활절 아침에 그랬었음에 틀림없던 것처럼 감람산 위로 붉게 떠오르는 해를 보는 말로 표현할 수 없는 스릴을 즐겼다! 그리고 하나님은 그가 상기시키고 계신 성경 말씀이 다시 작용하리라는 것을 증명하셨다. 나는 후에 그 주간 중에 승용차로 베들레헴 관광을 하게 되었고, 예루살렘으로 돌아왔을 때 나는 겟세마네 동산에서 홀로 나의 주님과 교제하면서 한 시간을 보내는 놀라운 특권도 가졌다.

다른 사람들을 가르치기 위하여

성령님은 하나님이 나에게 가르쳐 주신 진리들을 다른 사람들에게 가르칠 수 있도록 내 마음속에 묻어 둔 성경 말씀을 자주 기억나게 해 주신다.

지나간 1957년에 나는 여자들을 위한 어느 집회에서 말씀을 전하기로 되어 있었는데, 나는 그들에게 전하기를 하나님이 원하신다고 느껴지는 메시지를 받을 수가 없었다; 나에게 떠오른 모든 착상은 부적절해 보였다. 나는 다급해진 채 메시지를 전해야 하는 날 아침에 일찍 일어나서 "기도할 때 앉는" 낡은 초록 의자가 있는 데로 갔다. 기도하고 하나님의 말씀을 찾아보았으나 허사였다. 마침내, 나는 화가 나서 성경책을 제쳐 놓고 신문을 집어 들었다. 머리기사가 나를 깜짝 놀라게 했다. 러시아가 스프트니크 I호(Sputnik I)를 우주로 쏘아 올렸다는 것이다! 우주를 *정복하려는* 열광적인 경쟁이 시작된 것이다. ("정복한다"는 단어가 지금은 얼마나 어리석어 보이는가.) 러시아인들이 83킬로그램이나 되는 물체를 우주로 쏘아 보낼 수 있는 투광기(投光器)와 추진제를 가졌다는 사실에 아이젠하워(Eisenhower) 대통령이 깜짝 놀라면서 미국 국민들에게 위로와 용기의 메시지를 전하는 내용을 대서특필하여 앞면에 보도하였다.

그러나 거의 즉시 성령님은 나에게 한 성경 구절을 기억나게 해 주셨는데, 그것은 내가 주일학교 공부반에서 골로새서를 가르쳤을 때 내 마음속 깊이 묻어 두었던 구절이었다: "만물이 그(예수님)에게 창조되되, 하늘과 땅에서 보이는 것들과 보이지 않는 것들과 혹은 보좌들이나 주관들이나 정사들이나 권세들이나 만물이 다 그로 말미암고, 그를 위하여 창조되었고, 또한 그가 만물보다 먼저 계시고, 만물이 그 안에 함께 섰느니라"(골 1:16-17).

이제 나는 전할 메시지를 정했다! 예수님이 우주를 *만드셨다!* 그가 별과 행성, 해와 달을 제 자리에 두셨다! 예수님은 그 모든 것들을 *붙들고* 계신다! 그는 그의 뜻에 따라 그것들이 예정된 방향으로 나아가도록 지휘하신다! 우리는 우리가 사는 행성을 돌고 있는 작은 기계 조각 하나를 만들 수 있는 나라를 두려워해서는 안된다. 그러나 우리는 그 우주의 모든 것을 창조하신 분, 모든 것이 그로 말미암아 존재하게 하시는 분, 즉 예수님께 우리의 신뢰를 두어야만 한다!

그 충격적인 뉴스 항목 전체가 단지 성경의 한 부분을 생각나게 함으로 명확해진 것이다. 더 이상 두려움은 없었다. 나는 두려워하는 그 여자들에게 가서 우리의 적이 우리보다 먼저 우주를 공략했지만, 예수님은 영원 전부터 그 곳에 계시면서 온 우주를 창조하셨고 통솔하셨음을 말해 줄 수 있었다! *변화되었다*—성령님이 단지 두 성경 구절을 생각나게 해 주셨을 때.

내가 에티오피아의 암보(Ambo)에 있는 어느 교회의 부인반 주일학교에서 말씀을 전하도록 요청받았을 때도 역시 성령님은 나에게 귀한 성경 구절을 생각나게 해 주셨다. 그들 중 어느 누구도 영어를 이해하지 못했다. 나는 우리가 공통적으로 가지고 있으면서 내가 전할 수 있는 것이 무엇인가 생각하였다. 교회의 창 밖을 내다보니 멀리 산이 보였다. 그리고 즉시 성령님은 시편 121편의 산에 관한 *나의* 성경 구절을 생각나게 해 주셨다. 그들은 산을 이해하였다!

통역자의 도움으로 천천히, 나는 어떻게 하나님이 나에게 산에 관하여 말씀하셨는지를 연관시켜 말했다. 나는 심장에 약간의 문제가 있은 다음에 내가 캐나다의 브리티시 컬럼비아에 있는 밴쿠버(Vancouver)로 가는 길에 캐나다에 있는 높은 로키산맥을 통과하여 여행해도 좋은지를 알아보려고 의사에게 갔었던 일을 그들에게 말했다. 우리 일행은 여러 대의 여행용 차를 타고 여행하고 있었는데, 우리가 방문한 첫 번째 산에 도착할 때까지는 모든 것이 순조로웠다. 갑자기 나는 호흡 장애를 일으켰고 심장 박동이 심하게 뛰기 시작했다. 우리는 모텔로 들어갔는데, 다른 사람들이 음식점으로 가는 동안 나는 나의 숙소의 창문에서 볼 때 곧장 위에 있어 보이는 거대한 캐스캐이드산(Cascade Mountain)을 응시하면서 침대에 누워 있었다. "오, 하나님," 나는 기도했다, "내가 읽기를 원하시는 바로 그 성경 구절을 나에게 주세요. 나는 아파서 밴쿠버에 못 가게 되는 것을 원하지 않아요. 나는 여정을 깨고 싶지 않아요. 내게 필요한 당신의 말씀을 주세요." 그러자 하나님은 시편 121편 1-2절을 번뜩 떠올려 주셨다. 나는 성경을 집어 들고 읽었다: "내가 산을 향하여 눈을 들리라. 나의 도움이 어디서 올꼬? 나의 도움이 천지를 지으신 여호와에게서로다."

그런 다음에 나는 에티오피아 부인들에게 말했다, "나는 산을 향하여 눈을 들고 있었지만, 산이 나를 도와 주지 않았습니다. 실제로, 산은 내 심장을 이상하게 작동시키는 원인이 되었습니다. 그런데 1절 끝에 물음표가 있는데, 나의 답은 그 다음 절에 있었습니다. 나의 도움은 그 높은 산들을 *지으신* 주님으로부터 온다는 사실입니다. 그러자 나는 그 산들을 통과하는 데 필요한 모든 힘을 얻기 위해 하나님을 신뢰하기로 결단하였는데, 그 즉시 나의 심장은 정상적으로 돌아왔습니다." 변화된 것이다!

나는 에티오피아 부인들에게 계속해서 다음과 같이 말했다: "그 다음 날 아침 경건의 시간이 되었을 때 나는 우리 일행에게 또 다른 큰 산으로 행선지를 옮기자고 했습니다. 우리 모두는 그 산으로 가서 앉은 다음에 함께 경건의 시간을 가졌습니다. 나는 그들에게 나의 '산에 관한 성경 구절들'을 읽어 주면서, 모든 산들을 지으셨고, 나를 만드셨고, 그리고 나를 지키시는 하나님을 내가 신뢰한 이야기를 했습니다." 그렇다, 성령님은 그 날 아침에 아프리카의 그 주일학교에서 가르치는 데 필요했던 바로 그 성경 구절을 기억나게 해 주셨던 것이다.

내가 어느 도시 전체 청소년 전도 주간 후에 후속 상담을 하고 있을 때, 나는 마음속에 몇몇 성경 구절들을 기억해 놓은 것이 기뻤다. 마지막 날 밤에 그 집회 지도자가 광고하였다, "강사님께서 후속 과정을 마친 모든 사람들을 맡아서 가르치실 것입니다." 나의 마음은 분주했다. 내가 어떻게 모든 과정을 다 마친 고등학생들을 그 저녁 시간 내내 가르칠 수 있단 말인가? 어느 신문 편집자가 몇몇 학생들을 면담하자고 요청했을 때, 나는 그 순간 그들에게 무엇을 가르쳐야 할지를 하나님께 아뢰었던 것을 인하여 잠시 하나님께 조용히 감사했다.

그런 다음에 성령님은 내가 나눌 수 있는 몇 가지 성경적인 진리들을 기억나게 해 주셨다. 변화된 상태에서, 나는 그들이 후속 프로그램을 다 마쳤다는 것이 새로운 그리스도인으로서 갖게 되는 영적 전쟁이 끝난 것을 의미하지는 않는다고 그들에게 확신 있게 말했다 (엡 6장). 나는 그들에게 비록 시험이 그들의 삶 가운데 올지라도 예수님 안에 항상 승리가 있다는 것을 상기시켜 주었다 (빌 4:13). 그리고 우리가 죄를 *범할* 때 만일 우리가 그것을 자백하면 하나님은 우리를 용서해 주실 것이라는 말씀(요일 1:8-9)을 그들에게 보여 주었다. 또한 하나님이 어떻게 모든 선하고 악한 일들을 합하여 선을 이루시는지(롬 8:28)도 그들과 나누었다.

그 날 밤의 모든 과정이 끝났을 때, 다른 상담자 한 사람이 나에게 와서 말했다, "어휴! 하나님이 그 일을 *나*에게 맡기지 않으셔서 얼마나 기뻤는지요. 나는 심지어 그런 성경 구절들을 *알지도* 못했어요!"

우리가 다른 사람들을 가르칠 필요가 있을 때 성령님이 성경 말씀을 기억나게 해 주시도록 하나님의 말씀을 우리 마음속에 두는 것은 얼마나 중요한지 모른다. 말씀을 가르치거나 전할 때 청중 가운데 있는 누군가가 필요한 바로 그 성경 구절을 성령님이 기억나게 해 주실 수 있도록 성령님의 인도하심에 계속 민감한 것은 너무나 중요한 것이다.

바로 나를 위한 것

때때로 성령님은 바로 나를 위한 성경 말씀을 기억나게 해 주신다. 나는 그 말씀을 가르치거나 또는 다른 누구와 나누지 않을 것이다―그것은 바로 나를 위한 것이다.

우리가 그 날 베들레헴으로 관광 여행을 하러 가고 있을 때 나는 기도했다, "주님, 내가 구세주의 탄생하신 장소를 볼 때 내가 듣기를 주님이 원하시는 성경 구절을 기억나게 해 주세요."

나는 목자들의 들판을 보면서 이러한 말씀이 떠오르기를 기대했다, "홀연히 허다한 천군이 그 천사와 함께 있어 하나님을 찬송하여 가로되"(눅 2:13). 그러나 아무 말씀도 생각나지 않았다. 우리가 베들레헴에 접근해가면서 나는 미가 5장 2절이 생각나기를 기다렸다, "베들레헴 에브라다야, 너는..." 그러나 아무 말씀도 떠오르지 않았다. 우리가 예수님의 탄생 교회에 도착하면서 나는 하나님이 무슨 말씀을 하시는지 귀를 쫑긋 세우고 들었지만, 아무 말씀도 듣지 못했다. 그런 다음에 실제 구유가 있는 층으로 내려가는 대리석 계단에서도 마찬가지였다. 숨을 죽이고 기대하면서, 나는 예수님이 탄생하셨다고 전통적으로 알려진 방으로 발길을 옮겼다. 벽의 우단 휘장을 젖히고 벽을 만졌을 때도―여전히 아무 것도 없었다. 후회하면서, 나는 층계를 올라갔다. 그 귀한 장소에서 특별하게 하나님이 나에게 생각나게 해 주신 성경 구절은 하나도 없었다. 그런데 한 번 더 뜰의 햇빛 가운데로 발을 내딛자―드디어 생각이 난 것이다! 하나님은 전적으로 놀라운 말씀을 생각나게 해 주셨다: "말씀이 육신이 되어 *우리* 가운데 거하시매, 우리가 그 영광을 보니 아버지의 독생자의 영광이요, 은혜와 진리가 충만하더라"(요 1:14).

성령님이 전하신 강조점은 "우리"라는 단어에 있었다. 나는 "나를"이라는 말을 돌이켜 보면서 충치에 봉 박은 일, 안경, 염증 그리고 최근의 수술을 떠올렸다. 그러자 나는 성지(聖地) 이스라엘에서 너무도 만연된 배고픔과 아픔을 생각해 보았다. 우리 가운데? 나는 내가 있던 그 곳의 주변이 좀 더럽다고 느꼈을 때, 천사가 마리아에게 알려 준 "성령으로 된 분"이 그 곳에서 태어나신 사실에 경탄했다. 그렇다, 그 한 부분은 탄생의 과정을 통해서 이루어진다. 그가 우리 가운데 *거하셨는가*?

그 다음에 하나님은 나에게 요한복음 1장의 그 앞에 나온 구절들을 보게 하셨다. 하나님이셨던 분, 태초부터 하나님과 함께 계셨던 분이신 예수 그리스도—아픔, 병, 또는 사망이 없는 천국의 완전한 환경에 계셨던 분—께서 이 땅의 바로 이 지점으로 내려 오셔서 *우리 가운데* 거하셨다. 하나님이 나에게 주신 나의 예수님에 대한 얼마나 새로운 그림인가!—구유에 놓인 전통적인 아기가 아니라—이 땅으로 내려 오셔서 우리 가운데 거하시기까지 나를 사랑하신 하나님의 거룩하신 아들이시다. 나는 완전히 *변화되었다*—나의 구세주의 희생에 대한 새롭고 깊은 감사한 마음을 가진 채!

나는 막내가 둥지를 떠날 때 부모들에게 일어나리라고 생각되는 몇몇 무서운 일들에 대해 들어왔다. 이 범주에 있는 부모들의 이혼율이 높아지고, 많은 어머니들이 "나는-더 이상-쓸모가 없어"란 우울증에 시달린다. 대학 진학을 위해 떠나기 직전에, 우리 아들 커트가 내게 말했다, "엄마, 우리보다 엄마가 더 힘드시리라 생각돼요."

그가 떠난 지 이틀 후에, 크리스와 나는 장을 본 다음에 자동차를 몰고 돌아올 때 손을 잡으며 왔는데, 이렇게 함께 장을 본 일은 26년 동안 우리 자녀들과 함께 하는 저녁 식사 시간을 위해서 늘 해 왔던 일이었다. 나는 그의 손을 꽉 잡고 미소를 지으면서 말했다, "너희가 얻지 못함은 구하지 아니함이요" (약 4:2). 이 말씀은 성령님이 우리에게 그 주말에 필요한 구절로 주신 것이다. 우리가 커트의 빈 침대, 시계가 달린 그의 라디오, 스테레오 그리고 책상 전등이 있었던 빈 공간들을 보았을 때, 그리고 조용해진 욕실에서 났던 소리, 즉 매일 아침 물을 튀기며 냈던 샤워 소리와 드라이어를 사용하며 냈던 요란스럽고 강하게 울려 퍼졌던 소리가 귀에 "쟁쟁할" 때 우리는 간절한 "기도"를 해야만 했다.

커트와 함께 기도한 마지막 날 밤에, 우리가 지나간 18년 동안의 기쁨을 인하여 하나님께 감사드릴 때, 이제는 우리 아들이 가정이라는 둥지 밖에서 자신의 삶을 개척해 나갈 수 있는 새롭고 특별한 길을 허락해 달라고 간구했을 때, 나는 새로운 차원에서 "간구하는 기도"를 하게 되었다: "사랑하는 하나님, 우리 마음의 공허를 당신 자신으로 채워 주세요." 나는 거듭 거듭 기도했다. 그러자 나의 기도는 다른 차원으로 바뀌었다: "사랑하는 하나님, 공허한 마음을 *당신과 크리스*로 채워 주세요."

그 결과는 믿을 수 없을 정도였다. 하나님은 다른 사람들을 통하여 나의 삶을 하나님 자신과 그의 사랑으로 넘쳐흐르게 채워 주셨다. 그리고 나는 요셉이 아기 예수님과 그 어머니 마리아를 정성껏 잘 돌본 이야기를 읽은 후에 기도했다, "주님, 크리스를 인하여 내가 이렇게 보호를 받으며, 그도 나처럼 보호받고 있음을 인하여 감사드립니다."

나중에 그 주 동안에 크리스와 나는 내가 강의하기로 되어 있던 덴버(Denver)까지 함께 여행했다. 캘리포니아까지 가는 그의 남은 여정을 위해 출발하기 전에, 그는 침대 가장자리에 걸터앉아서 나에게 말했다, "난 우리에게 일어나고 있는 모든 것을 알지도 못하고 이해하지도 못하지만, 난 정말 그걸 좋아해요."

"너희가 얻지 못함은 구하지 아니함이요," 성령님이 말씀하셨다. 그리고 그분의 말씀이 얼마나 맞는지! 나는 완전히 변화된 엄마와 아내가 된 것이다—단지 성령님이 기억나게 해 주신 말씀을 순종했기 때문에.

첫째가는 구절

그러나 로마서 8장 28절은 성령님이 필요할 때마다 나에게 생각나게 해 주시는 단연 첫째가는 구절이다. 실제로, 그는 그 말씀을 아주 자주 생각나게 해 주셔서 나는 결국 그 구절을 나의 삶의 철학이 되는 구절로 삼았다: "우리가 알거니와 하나님을 사랑하는 자, 곧 그 뜻대로 부르심을 입은 자들에게는 모든 것이 합력하여 선을 이루느니라." 하나님은 이 구절을 우리의 대학 시절에 내가 세 번째 유산했을 때 나에게 주셨다. 그는 나의 삶 전체가 얼마나 그 구절을 중심으로 이루어지는지를 아심에 틀림이 없다—비록 나는 그 당시에는 그것을 알지 못했지만 말이다.

나는 나의 삶에 있는 겉으로 보기에 불행한 일 가운데서 "선"을 찾느라고 갈등하곤 했지만, 그 때마다 하나님이 역사하고 계신 것을 볼 수 있었고, 왜 그가 그렇게 역사하셨는지도 곧 알 수 있었다. 그리고 나는 세월이 감에 따라 성령님이 "로마서 8장 28절"이라고 말씀하시는 즉시 그 환경에서 그럴 수밖에 없는 "이유"를 더욱 더 알게 된다. 상황을 파악하는 데 시간이 걸리곤 했지만, 이제는 거의 즉시 나의 삶을 자동적으로 파악하는 것 같다.

그것은 모든 시간의 100퍼센트가 언제나 그러했다. 특별히 무슨 나쁜 일이 생길 때, 즉 지붕이 함몰되거나 마루 바닥이 무너져 내릴 때도 성령님은 여전히 그런 좋지 않은 일을 포함한 "*모든 것*"이라고 확인해 주신다. 나는 모든 시간의 90퍼센트나 또는 98퍼센트만 그렇다고 받아들일 수 없다. 나는 *모든* 시간 전부 다 그렇다고 받아들여야만 한다. 처음에 그렇게 하기는 힘들었지만, 여러 해를 맞이하고 보내면서 그렇게 하기가 쉬워졌다. 그것은 믿음의 문제였다. 믿음을 구사할 때 그것은 더욱 더 쉽게 할 수 있다. 물론, 믿음은 성경의 한 구절에 있거나 심지어 한 구절을 삶의 철학으로 삼는 데 있지 않다. 믿음은 그 구절의 하나님—나의 선을 위하여 모든 것을 합력하여 이루시는 분—에게 있다. 그리고 성령님은 참으로 한 구절만이 아니라 하나님이 여러 해 동안 나를 위해서 역사하신 모든 구절을 적시에 생각나게 하신다.

하나님이 나를 변화시키시는 가장 좋은 방법의 하나는 내 마음속에 깊이 둔 성경 구절을 기억나게 해 주시는 것이다. 그리고 하나님은 항상 꼭 필요한 때마다 꼭 맞는 성경 구절을 골라 주신다. 이것은 매일 하나님의 말씀을 읽고, 공부하고, 열중하면서 하나님의 말씀 안에 거해야 하는 얼마나 좋은 이유인가. 또한 성령님의 말씀에 아주 민감하게 인도함을 받아서 내가 필요한 바로 그 순간에 내가 필요한 말씀을 그가 아주 정확하게 상기시켜 주실 수 있도록 하는 것은 얼마나 도전적인 일인가!

6

바꾸어 놓다—
하나님께 기도로 고할 때

나의 기도에 스스로 답하는 것은 하나님이 나를 변화시키시는 가장 직접적인 방법의 하나이다. 내가 나에게 있는 어떤 구체적인 버릇을 변화시켜 달라고 하나님께 고할 때, 그는 종종 그것을 제쳐 놓으시고, 그것을 그가 원하시는 내가 가져야 할 자질로 바꾸어 놓으신다. 하나님이 나의 태도, 성격적인 특성, 또는 나의 옛 성품의 어떤 특성을 제거하시고 그 대신 그분의 속성으로 바꾸어 놓으려고 하실 때, 그 과정은 극적인 것이다. 그는 나의 약함에 그의 힘을 조금 더해 주시거나, 또는 나의 죄를 덮기 위해서 그의 용서를 조금 더해 주시는 것이 아니다. 그것이 아니다. 내 안에서 실제적으로 *바꾸어 놓는 일*이 일어나는 것이다.

그리고 이렇게 바꾸어 놓는 일은 내가 그에게 기도로 고할 때 일어난다. 물론, 이러한 과정의 핵심은 하나님이 나를 변화시키도록 하는 나의 *원하는 마음*이다. 그런데 하나님의 방법은 언제나 힘이 들지 않는 쉬운 것이 아니고, 그 마지막 결과로 내 안에 바꾸어지는 일이 생기는데, 이것은 뭐라고 설명할 수 없는 행복감을 나에게 안겨 준다. 내가 기도로 고할 때 그것은 하나님의 평안, 기쁨과 능력으로 나를 채워 주시는 삶을 변화시키는 과정이다.

약함을 위한 힘

흔히 우리는 우리를 변화시켜 달라고 하나님께 기도하지만, 그렇게 한 다음에 우리는 그가 우리의 기도에 응답하실 때까지 *기다리지* 않는다. 여러 해 전에 내가 배운 비결은 하나님은 *내가 기다릴 때*에만 나에게 무언가를 주신다는 것이다.

최근에 눈코 뜰 새 없는 바쁜 나날 가운데서 나는 평상시와는 다른 열정적인 날을 보냈다. 나는 일일 세미나에 참석하려고 운전하여 위스콘신으로 가서, 6시간 동안 강의한 후에 미네소타의 집으로 되돌아 왔다. 겨우 반시간 동안에 저녁 식사 준비를 하고 먹은 다음에, 2시간 반 동안의 또 다른 강의를 위해서 다시 운전하며 길에서 시간을 보내야 했다. 취침 시간에, 나의 빈틈없는 스케줄을 아는 크리스가 여행 중인 플로리다에서 나에게 전화했다. "여보, 단지 당신이 오늘 하루 어떻게 해 내고 있는지 궁금해서 전화했소. 어땠어요?"

"오, 크리스, 내가 할 수 있는 말 전부는 그건 또 다른 기적이었다는 거예요. 위스콘신에서 운전하여 집으로 되돌아왔을 때쯤 나는 너무 지쳐서 팔을 들어 올릴 수도 없었고, 속이 쓰렸는데, 제대로 생각하기도 힘들었어요. 그런데 오늘밤 베델대학(Bethel College)에서 말씀을 전하기 시작했을 때, 나는 마치 갑자기 8시간 동안 숙면하고 난 것처럼 상쾌하게 느껴졌어요!"

무슨 일이 일어났었는가? 저녁 세미나 전에 나는 잠시 누워서 이렇게 기도했다: "오, 하나님, 나의 지친 몸을 당신의 힘으로 *바꾸어 주세요.*" 그리고 그것은 기도한 대로 되었다. 하나님은 기적적으로 나에게 다가오셔서 나의 지친 상태를 거두어 가시고, 그 대신 그의 힘으로 나를 바꾸어 놓으신 것이다.

똑같은 일이 몇 달 전에 나에게 로스앤젤레스 주일학교 컨벤션(Los Angeles Sunday School Convention)에서 일어났다. 내가 떠나기 전날 밤에 나는 저녁 시간 내내 가르쳤고, 80킬로미터를 운전했으며, 자정에 귀가한 다음에는 로스앤젤레스로 가기 위해 짐을 쌌다. 그 다음 날 아침 일찍 나는 비행기를 타고 캘리포니아로 가서 내가 말씀을 전하기 바로 몇 분 전에 집회 장소로 황급히 들어갔다. 그 날 저녁에 나는 그 날의 마지막 강의를 저녁 8시 30분에 하기로 되어 있었다. 캘리포니아 시간으로 말이다. 그렇다면 내가 맞추어 놓은 시간에 의하면 그것은 밤 10시 30분이었다! 다시 밤 10시 30분에 시작한다고? 그리고 *내 시간*으로는 11시 45분까지 계속해서 강의한다고?

집회 시간 사이의 짧은 휴식 시간에, 나는 나의 모텔 방으로 급히 갔는데, 나의 빡빡한 스케줄이 나의 몸에 영향을 주었다는 것을 갑자기 알게 되었다—나의 머리는 몽롱했고, 나의 몸 전체는 떨리고 있었다. 그래서 나는 기도하러 갔다—단지 구하는 것이 아니고 필사적으로 하나님께 도와 달라고 매달리는 것이었다. 나는 결코 실망하지 않는 이 일 때문에 세 가지 공식을 다시 실천하였다: 1. *멈추라*. 2. *구하라*. 3. *기다리라*. 그 결과는 굉장했다. 나는 활기 있게 그 마지막 집회를 인도할 수 있었고, 집회 시간 내내 피곤이라고는 조금도 느껴보지 못했다!

스티븐 올포드(Stephen Olford)는 그의 소책자 『힘의 비결』(The Secret of Strength)에서 이사야 40장 31절(여호와를 앙망하는 자는 새 힘을 얻으리니)의 "새"라는 단어는 실제적으로 "털갈이 하는 독수리가 옛 깃털을 새 깃털로 *교체하는* 과정"을 의미한다고 설명한다. 우리는 힘을 조금 더해 주는 것이 새롭게 되는 과정이라고 생각하지만, 하나님께 그것은 실제적인 교체이다.

우리가 피곤할 때, 우리는 일이 다 끝날 때까지 계속해서 그 일을 밀고 나가든지, 혹은 더 느릿느릿 하는 경향이 있다. 그러나 하나님의 공식은 아주 단순하다. 그것은 멈추고, 구하고, 기다리는 데 아주 짧은 시간을 요한다. 그러나 이 공식에는 열쇠가 있다: 구하라, 그런 다음에 기대하며 기다리라. 이것은 *믿음*을 요한다—내가 휴식을 취하려고 갖는 몇 분에 대한 믿음이 아니라, 힘을 제공해 주시는 *분*에 대한 믿음이다. 히브리서 11장 6절은 그것을 아주 분명하게 설명한다: "믿음이 없이는 기쁘시게 못하나니, 하나님께 나아가는 자는 반드시 그가 계신 것과 또한 그가 자기를 찾는 자들에게 상 주시는 이심을 믿어야 할지니라." 나의 피곤을 하나님의 힘으로 *바꾸어* 놓는 분은 하나님이시다. 그리고 그는 내가 멈추어서, 믿음으로 구하고, 기대하면서 기다릴 때 그렇게 하신다.

나의 잘못된 것을 대치해 줄 그리스도의 마음

내가 나의 부적절한 견해, 부족함 또는 죄 있는 태도를 인정하고 하나님께 *그리스도의 마음*을 달라고 기도할 때 내 안에 또 다른 교체가 일어난다.

이 과정의 첫 단계는 내가 지금 경험하고 있는 것 보다 더 많거나 더 나은 것이 있다는 것을 인식하는 것이다. 나의 필요는 알아내기 힘들 수 있다. 왜냐하면 나의 부당한 생각은 흔히 더 깊이에 있는 문제를 감추고, 나의 부족함은 아무 것도 안 하는 것을 자주 변명해 주며, 그리고 때때로 내가 지은 죄가 실제로는 괜찮다고 느끼기 때문이다. 내가 마침내 무엇이 잘못된 것을 인식할 그 때, 나는 그리스도의 마음을 달라고 *구해야* 한다.

내가 세계에서 제일 큰 루터교회에서 기도 세미나를 시작하기 전 날, 나의 사위가 전화하여 말했다, "장모님, 우스운 이야기를 듣기 원하세요?"

"물론이지," 나는 대답했다.

"글쎄 말이에요, 잰과 내가 어느 부부 집에 초대받아서 갔는데, 우리를 초대한 여주인이 린든 카로(Lyndon Karo) 목사님을 언급하셨어요. '어떻게 그분을 아세요?'라고 잰이 놀라서 물었어요. '오, 나는 기도에 대해서 쓴 어느 책에서 그에 대해서 읽었죠.' '제 어머니가 그 책을 쓰셨어요'라고 잰이 말했어요. '오,' 여주인이 민감하게 집 주변을 힐긋 둘러보면서 말했어요, '내가 그걸 알았더라면, 집을 더 깨끗이 청소해 놓았을 텐데요.'"

스킵(Skip)과 내가 다 웃은 다음에, 그는 계속했다. "그러자 여주인은 조용해졌고 잠시 생각에 잠겼어요. 그녀는 불쑥 말했어요, '지금 내가 마치 하나님을 접대하고 있는 것처럼 느껴져요.'" 그 말에 스킵과 나는 크게 웃었다. 그건 정말로 우스운 이야기였다.

그러나 내가 전화를 끊었을 때, 하나님은 에벌린에게 말씀하셨다―교만! 나는 무릎을 꿇고 하나님에게 그리스도의 마음을 내게 달라고 간청했다. "오 하나님, 나의 그러한 못된 태도를 제발 용서해 주세요." 즉시 하나님은 빌립보서 2장을 생각나게 해 주셨다. 나는 그 부분이 무엇을 말씀하고 있는지 알았지만, 급히 성경을 찾아서 한 마디도 놓치지 않으려고 했다: "너희 안에 이 마음을 품으라. 곧 그리스도 예수의 마음이니, 그는 근본 하나님의 본체시나 하나님과 동등됨을 취할 것으로 여기지 아니하시고, 오히려 자기를 비어 종의 형체를 가져 사람들과 같이 되었고" (5-7절).

나는 이 말씀에 압도되었다. 예수님은 하나님 이셨다 (요 1:1). 잰은 하나님이 아니었다. 나도 하나님이 아니었다―그러나 예수님은 실제로 하나님이셨는데, 종의 형체로 세상에 오셨다. 내 마음엔 마가복음 10장 45절이 번뜩 스치고 지나갔는데, 그 구절은 그리스도께서 자신에 대해서 "인자의 온 것은 섬김을 받으려 함이 아니라 도리어 섬기려 하고"라고 말씀하셨다. 이것이 바로 내가 내 안에 가져야겠다고 깨달은 "그리스도의 마음"―천국에서 세상으로 오실 때 예수님이 가지신 마음—이었다.

"오 주님," 나는 울부짖었다, "나를 변화시켜 주세요. 나를 *단지 종*이 되게 해 주세요. 제게 제발 그리스도의 마음을 주세요." 즉시 하나님은 나에게 응답하셨다. 그가 나에게 오셔서 그의 코에 악취를 풍겼던 나의 오만한 태도를 파내서 제거하신 것 같았다. 그리고 나에게 흘러넘치는 것은 내가 단지 종이라는 압도되는 느낌이었다. 그 다음 날 아침에 내가 그 큰 교회에서 세미나를 시작하면서 그 곳에 참석한 모든 사람들을 바라보았을 때, 나는 내가 완전히 *그들의* 종—더 이상 다른 것이 아닌—이라는 가장 아름다운 느낌을 가졌다.

그 우스운 이야기 때문에 생긴 교만이 하마터면 전체 세미나를 망칠 수도 있었지만, 하나님은 그 이야기를 통해서 내(그리고 모든 그리스도인)가 진정으로 가지기를 그가 원하시는 마음, 즉 그리스도의 마음을 나에게 주셨다. 종의 마음을 주신 것이다!

그리스도의 마음과 그리스도인과 연관된 성경 구절들이 또 있다. 내가 「이웃 성경 공부반」에서 베드로전서 1장을 가르치고 있을 때, 우리 반 전체는 고난에 대해서 많은 것을 발견했다. 4장 19절에서, 우리는 하나님의 뜻대로 고난을 받는 자들이 있다는 것을 발견하였다. 그리고 3장 17절에서 우리는 "선을 행함으로 고난받는 것이 하나님의 뜻일진대, 악을 행함으로 고난받는 것보다 나으니라"는 말씀을 발견했다. 베드로전서 2장 20-21절에서 우리는 선을 행함으로 고난을 받을 때 "참으면 이는 하나님 앞에 아름다우니라"는 말씀을 읽는다. "그리스도도" 우리를 "위하여 고난을 받으사," 우리에게 "본을 끼쳐, 그 자취를 따라 오게 하려" 하셨기 때문에 우리는 이것을 위하여 부르심을 입었다. 나는 내 성경의 베드로전서 4장 1절의 여백에 이렇게 썼다: "주님, *나*를 변화시켜 주세요": "그리스도께서 이미 육체의 고난을 받으셨으니, 너희도 같은 마음으로 갑옷을 삼으라." 그 반의 선생으로서, 나는 그 구절 옆에, "중요 구절?"이라고 썼다. 이 구절이 베드로전서 전체를 이해하는데 중요한가? 그렇다, 우리는 그리스도의 마음으로 우리를 무장시켜서 그리스도가 그의 고난을 보신 것처럼 우리도 우리의 고난을 볼 수 있어야 한다.

또한 나는 사복음서에 나타난 그리스도의 마음을 발견하는 것은 흥미로우면서도 종종 당황케 하는 일임을 알았다. 대부분의 경우 그의 반응은 내가 반응하리라는 것과는 너무 달랐고, 그의 태도는 나의 태도보다 훨씬 더 고상했고, 그의 생각은 나의 생각과 너무 차이가 났다. 그러나 그의 마음을 우리 *안에* 가질 수 있도록 빌립보서 2장에서 실제적으로 *권면을 받고* 있는 것은 얼마나 놀라운 특권인가.

하나님이 나를 어떻게 변화시켜 주실 것인지에 대해서 내가 의문을 가질 적마다, 나는 언제나 그리스도의 마음을 갖게 해 달라고 기도하면서 마음의 안정을 찾는다. 그리고 나는 자주 나의 태도, 반응, 또는 생각이 그리스도를 닮아가고 있지 않고 있다는 것을 깨닫지만, 하나님이 그것들을 어떤 것으로 바꾸어 놓기를 원하시는지 정확하게 확신하지 못할 때가 있다. 그러나 내가 *그리스도의 마음*을 위해 기도할 때 그것은 결코 잘못 구하는 것이 아니다.

집회를 위해 준비하다

내가 세미나, 수련회 또는 기타 집회에서 말씀을 전하려고 준비할 때, 나는 때때로 내가 섬길 사람들을 위해서 부담을 느끼는 문제가 있다. 나 자신이 올바른 마음을 가지려고 애쓰는 것은 보통 헛된 일로 드러나지만, 나는 잘 되는 한 가지 방법을 터득해 왔다: 나의 태도를 하나님의 것으로 바꾸어 달라고 하나님께 기도하는 것이다.

한 집회가 다른 많은 집회에 연달아서 힘들게 계속될 때, 나는 가끔 무기력한 상태에 굳어져 있는 것을 나 자신을 발견한다. 그렇게 되면, 나는 자동차를 운전하고 갈 때, 또는 집회를 향해서 비행기에 앉아서 비행 중에 있을 때 기도한다, "주님, 이 사람들을 위한 진정한 부담감을 제게 주세요. 하나님, 제발 이 무기력함을 제게서 가져가 주세요. 당신의 부담감을 내가 느끼게 도와 주세요." 그러면 하나님은 언제나 그 기도를 응답해 주신다. 하나님은 나의 무기력함을 그의 부담감으로 *바꾸어 놓으신다*. 나는 마치 나를 둘러싸면서 사방에서 압박하는 어떤 무거운 것이 나에게 임한 것을 느낄 수 있다. 그러면 나는 하나님이 나에게 주신 사역을 위해 영적으로 완벽하게 준비된 목적지에 도달한다.

나는 "긴급한 것에 우선권을 두게 되는 습관"으로 지쳐 있을 때 그와 똑같은 기도를 한다. 나는 나의 삶의 어느 중요한 우선권을 두고 있는 와중에 집회를 위해 다시 떠나야만 하는 나 자신을 발견한다. 그러나 그러한 때는 기어를 바꾸는 때이고, 또 다른 우선권이 나의 모든 것을 지배하는 때이다. 이것은 흔히 힘든 때이다. 그러나 나는 다시 새로 해야 할 다른 우선권을 위해서 그 긴급한 우선권을 하나님이 나에게 원하시는 것과 *바꾸어 놓아 달라고* 하나님께 기도한다. 그리고 그것은 항상 그대로 이루어졌다.

나는 (막 시작하는) 새로운 저녁 연속 세미나에서 말씀을 전할 준비가 제대로 되어 있지 않았다. 이 책을 쓰는 데 전적으로 몰두하는 일 외에도, 나는 대청소를 하고 대학에서 귀가한 아들의 옷을 세탁하느라고 휴일을 보냈었다. 나는 마침내 저녁 식사 전에 시간을 내서 새로운 연속 세미나를 위한 영적인 충전을 위해서 침실에서 홀로 하나님과 시간을 가졌다. 그런 다음에 그 세미나를 위해서 집을 떠났을 때 내가 전적으로 부족하다는 느낌이 나를 온통 휩싸고 있어서 나는 크리스에게 나를 위해서 기도해 달라고 부탁했다. 몇 분 후에 고속도로를 달리면서 나는 필사적으로 기도했다, "주님, 나를 변화시켜 주세요; 이 좌절감을 없애 주세요. 나에게 기쁨을 주세요. 이 세미나에서 당신이 원하시는 대로 내가 사역할 수 있게 해 주세요."

거의 즉시 흥분으로 가슴이 설레었다. 나의 몸 전체에서 흘러넘치는 흥분이 있었다. 나는 그것을 육체적으로 느낄 수 있었다. 그런 다음에 기쁨의 기대에 찬 만면의 미소를 머금었다. 나는 가속 페달을 좀더 세게 밟았다—갑자기 그 곳에 빨리 도착하고 싶어졌다! 하나님이 바람직하지 못한 나의 모든 감정을 없애 주셨고, 그것들을 집회를 향한 하나님의 태도로 바꾸어 주셨다. 그리고 나는 청중들을 정말로 스릴 있게 대면하였다—그리고 나는 그들의 흥분과 기대하는 반응도 느낄 수 있었다.

때때로 하나님은 기대하지 않은 방법으로 바꾸어 주시면서 기도 응답해 주신다. 나는 (2장에서 언급한) "살아 있는 하나님의 말씀" 수련회를 한 달 동안 준비하며 일했다. 나는 아무 감정 없이 열여덟 살 때부터 경건의 시간에 사용했던 세 권의 성경책에서 발췌한 자료를 가지고 메시지 개요를 타자를 치고 있었다. 그러자 나는 내가 무슨 일을 하고 있는지 깨달았다—나는 여러 해를 통해 나에게 하신 하나님의 개인적이고 역동적인 말씀이 아니라 단지 날짜와 사실들만 기록하고 있었던 것이다. 나는 머리를 부엌 식탁에 엎드리고 간절히 기도했다, "오, 주님, 나에게 감정을 주셔서 이 메시지가 단지 통계와 사실만 전달하는 메시지가 되지 않게 해 주세요. 내가 당신이 원하시는 감정을 갖도록 해 주세요."

나의 기도가 끝나기 전에 전화벨이 울렸다. 나의 예전의 기도 동반자였다. "나의 딸의 아기가 어젯밤에 죽었어요. 딸은 방금 일어났는데, 슬픔이 쇄도하고 삶을 직면할 수 없는 압도감이 그녀를 휩싸고 돌았어요. 딸이 당신과 말하기를 원해요. 딸에게 무슨 말씀 좀 해 주실 수 있어요?"

나는 우리 쥬디를 회상하면서 울었다. 그리고 그녀의 어린 아기에게 마음을 쓰면서 울었다. 그러자 나는 그녀에게 내가 수련회를 위해서 방금 목록을 만들어 놓은 밑줄 친 구절—히브리서 12장에서—중 하나에 대해서 말했다. 나는 그녀에게 하나님은 결코 실수하지 않으시며, 하나님이 그녀 부부에게 그러한 고난을 허락하신 것은 무엇인가 위대한 것을 준비해 놓으신 것이 틀림없다고 말했다. 나는 젊은 엄마를 비탄에 빠지게 하는 것은 비록 그들이 지금은 그것을 이해할 수 없지만 하나님이 "그들의 유익을 위해서" 이렇게 하고 계신다는 것을 말했다.

그리고 하나님은 나의 평범한 성경 구절 목록과 일상적으로 타자를 쳐놓은 것을 그리스도를 닮은 깊은 돌보심과 *바꾸어 놓으셨다.* 나는 하나님의 말씀이 살아 있고, 그 말씀은 지금 당장 해답을 가지고 있다는 것을 수련회에 참석한 여자들에게 나누어 주고 싶은 불타오르는 열정을 가지고 그 수련회로 갔다.

하나님은 어느 날 밤 내가 그 다음 날의 수련회를 위해서 준비하고 있을 때 거의 극단적인 방법으로 나를 변화시켜 주셨다. 나는 모든 것을 다 기록해서 정리해 놓았지만, 왠지 나는 절박감이 결여되어 있었다. 그것은 단지 평범한 수련회를 위해 흔히 하는 준비인 것 같았다. 내 마음은 내가 기록해 놓은 것만큼 잘 준비되어 있지 않다는 것을 깨달았다. 그래서 나는 단순하지만 진지하게 기도했다, "주님, 내일의 수련회를 위해서 *나를* 준비시켜 주세요. 내가 알고 느끼는 것이 당신이 원하시는 것이 되도록 나를 가르쳐 주세요. 이 무가치한 감정을 제거해 주세요."

바로 그 때 번쩍이는 주황색 섬광을 동반한 귀청을 터지게 하는 쾅쾅 하는 소리가 집 전체에 울려 퍼졌다. 내가 아찔한 상태로 앉아 있을 때, 전화벨이 울렸다. 나의 남편이 장거리 전화로 말했다, "토네이도가 우리 집 근처를 방금 지나갔다고 예보된 것을 당신에게 알려 주려고 생각했어요. 당신은 이제 안전하해요."

"참 감사해요," 나는 가냘프게 말했다, "그러나 우리 집에 방금 번개가 쳤어요." 나는 천천히 전화를 끊고, 칠흑 같은 암흑 가운데 앉았다. 그런 다음에 나는 머리를 숙이고 하나님이 나를 보호해 주신 것을 하나님께 감사드렸다. 소방관이 집을 조사하고 화재가 일어날 가능성이 있으니 계속 지켜보라고 우리에게 말해 준 다음에, 아이들과 나는 낸시의 침대 곁에서 무릎을 꿇었다. 열한 살 난 커트가 제일 먼저 하나님께 우리는 오로지 하나님을 믿고 잠자리에 들어간다고 기도했다.

그 다음 날 아침에 안전하게 잘 자고 깨어났을 때, 나는 하나님이 보호해 주신 새로운 느낌을 가졌다. 수련회로 운전해 갈 때 나는 범퍼에 붙어 있는 스티커에 "배트맨(Batman)이 보호해 주다"란 글이 써 있는 자동차를 뒤따라가고 있는 자신을 발견했다. 나는 그것을 생각하고 미소지었다; "*나는 하나님이 보호해 주신다!*" 나는 번갯불 때문에 변화되어 수련회에 도착했다. 하나님은 나의 평범한 태도를 나의 삶에서 하나님이 보호해 주시고 인도해 주신다는 생동감 있고 살아 있는 느낌으로 바꾸어 놓으셨다.

나는 해야 할 일을 잘 해낼 능력이 부족하다고 느낄 때마다 그리고 "내가-그것을-할-수-없다"는 느낌으로 압도될 때마다 나는 하나님께 조용히 기도한다. 나는 나의 부족한 것을 가능하게 해 주시는 하나님의 능력을 나에게 달라고 간구한다. 나는 당면하고 있는 일을 위해서 이것을 구체적으로 구한다. 그런 다음에 빌립보서 2장 13절의 말씀을 주장한다, "너희 안에서 행하시는 이는 하나님이시니, 자기의 기쁘신 뜻을 위하여 너희로 소원을 두고 행하게 하시나니." 그리고 나의 태도는 변한다. 나는 할 일을 할 수 있는 힘을 얻고 나서 그것을 완전하게 할 수 있게 된다. 하나님은 나의 부족감을 들어올려서 그분 자신으로 나를 채워 주신다.

바꾸어 놓다: 돈 대신 하나님

여자 강사들에게 앞치마-손수건-조끼를 사례비 대신 주던 시대인 오래 전에, 크리스와 나는 결코 사례비를 요구하지 않으리라고 하나님께 약속하였다. 우리는 베이비 시터 비용, 미용과 이발 비용과 교통비를 크리스의 봉급에서 지불하기로 하나님께 말씀드렸다—그가 더 이상 목회자가 아닌데도 우리는 결코 그것을 그만둔 적이 없었다. 심지어 내가 기도 세미나를 인도하던 초창기에 사랑의 헌금으로 비용과 기도 서신 우편료를 간신히 충당하던 때에도, 우리는 단순히 하나님만을 신뢰하였다. 왠지 나는 내가 받은 사례비로 하나님을 섬기기 시작하면 하나님께서 그의 축복을 거두어 가실 것이라고 항상 느꼈었다.

나의 첫 번째 책이 나오고 카세트 테이프의 판매가 늘어난 후에도 나는 여전히 그 모든 판매비를 나의 수입에서 완전히 분리해 놓았다. 그런 다음에 사람들이 테이프를 우편으로 주문하기 시작하였다. 나는 우체부가 얼마나 더 많은 주문서를 배달해 주는지 서서히 점점 더 간절히 알고 싶어졌다. 크리스가 우편물에 무엇이 있는지 묻곤 하면, 나는 그에게 내가 받은 주문수를 말하면서 응답하곤 했다.

그러자 얼마나 더 많은 주문이 있었는지 보고 싶어서 될 수 있는 한 빨리 집에 도착하려고 세게 페달을 밟으면서 세미나에서 돌아오고 있는 어느 날, 하나님은 나에게 분명히 말씀하셨다, "에벌린, 돈을 향한 그런 태도는 죄이다!"라고 말씀하셨다. 나는 두려웠다. 나는 자동차의 속력을 늦추면서 큰 소리로 외쳤다, "주님, 그 모든 생각과 이러한 태도를 지금 당장 없애 주세요. 오, 하나님, 나를 용서해 주세요." 그러자 그런 태도는 없어졌다—아주 간교하게 그것이 내 안으로 조금씩 들어왔던 것처럼 없어진 것이 아니라, 깨끗하게 하시는 하나님의 강하신 손의 단 한 번의 청소로—그것은 사라졌다!

그 날 밤에 하나님은 나에게 하실 말씀이 있으셨다. 계속해서 자려고 하는 마음속에 있는 생각을 접어 두면서 성경을 읽고 있을 때, 마태복음 6장 24절에 있는 한 구절이 나에게로 뛰어드는 것 같았다: "너희가 하나님과 재물을 겸하여 섬기지 못하느니라." 사흘 밤 동안 나는 특별히 그 똑같은 구절의 어느 번역 성경에서 또 다른 번역 성경 내용에 끌려 있는 나 자신을 발견하였다. 마치 하나님이 그것을 바로 나의 존재 가운데로 더 깊고 깊게 눌러 놓으시는 것과 같았다. "나는 하나님과 재물을 겸하여 섬기지 못해!" 왜 그렇게 하지 못하지? 하나님은 그 해답을 같은 장에서 주셨다. 예수님은 우리에게 우리를 위하여 보물을 땅에 쌓아 두지 말라고 경고하시면서 그것을 하늘에 쌓아 두라고 말씀하고 계신다. 그런 다음에 예수님은 "왜"라는 이유를 주신다: "네 보물 있는 그 곳에는 네 마음도 있느니라" (21절).

하나님은 나의 사역에 대한 사례비를 결코 받을 수 없다고 말씀하지 않으신다. 실제로, 하나님은 일하는 자가 그를 고용한 것에 대한 상당한 보수를 받아야 함에 대한 명백한 가르침을 주신다; 그러나 문제는 *나의 마음이 어디에 있느냐*에 놓여 있다. 그리고 그는 돈에 대한 나의 잘못된 태도를 그의 완전한 태도로 *바꾸어 놓으셨다.*

자기주장에 대한 온유함

나를 변화시켜 달라고 하나님께 구하는 것은 어떤 때는 좀 모험적이다. 나는 어느 목사가 세계 기도의 날에 "당신이 기도하는 것을 신중히 하라—하나님은 당신의 그 기도를 응답해 주실지 모른다"란 주제로 말씀을 전한 것을 기억한다. 나는 나에게 온유하고 안정한 심령을 달라고 하나님께 기도했을 때 이에 대한 진리를 배운 적이 있다.

어느 연회에서 전할 하나님을 닮은 여자의 특성에 대한 메시지를 준비하는 동안, 나는 베드로전서 3장 3-4절 말씀에 찔림을 받았는데, 그 구절은 우리의 단장은 머리를 꾸미고, 금을 차고, 아름다운 옷을 입는 외모로 하지 말고, 오직 "온유하고 안정한 심령"으로 하라고 말씀한다. 나의 압도하는 성격에 무언가 바라는 것이 있는 것을 인정하면서, 나는 닷새 동안 계속해서 기도했다, "사랑하는 하나님, 나에게 온유하고 안정한 심령을 주세요." 이 기도는 입술로 뿐만 아니라 동시에 진정한 마음으로 한 기도였다.

나는 하나님이 어떤 초자연적인 과정을 거쳐서 나의 겉을 "잘

꾸며 주신다"고 생각했다. 왜냐하면 나는 하나님이 사용하신 방법에 온전히 대비하도록 준비되지 않았기 때문이다. 6학년에 다니는 우리 딸의 학교에 이혼한 남자 교사가 있었는데, 그 교사는 야외학습 수련회를 하기 위해서 숲이 우거진 곳으로 여학생들을 데리고 가는 것을 좋아했다. 나는 우리 딸이 홀로 그와 함께 숲으로 가지 못하게 했더니, 그는 화가 나서 나에게 그 말을 하려고 왔다. 내가 대문 초인종 소리를 듣고 나갔을 때, 그는 화가 나서 얼굴이 창백한 채 문 앞에 서 있었다. 그리고는 그 다음 반시간 동안 그는 나에게 고함을 지르고 마구 호통을 치면서 내 딸을 그와 홀로 숲으로 가게 허락하지 않아서 그 지역 사회에서 그의 명성에 누를 끼쳤다는 등등 헛소리를 해 댔다! 마침내 그가 떠났을 때, 나는 나의 기도 제목, 즉 온유하고 안정한 심령을 가질 수 있게 되었다!

그렇다, 하나님은 내가 간구했을 때 나의 성격적인 특성을 그가 선택하신 특성과 *바꾸어 놓으셨다.* 그러나 오, 그런 어려운 과정을 거쳐서 바꾸어 놓으신 것이다!

죄에 대한 용서

모든 것 중에서 가장 중요하게 바꾸어 놓는 일은 하나님이 우리의 죄를 없애 주시고 그것을 그의 용서, 그의 깨끗하게 하심으로 바꾸어 놓으실 때 일어난다.

1969년에 캘리포니아를 방문하고 있는 동안에 나는 어느 주일학교 교사가 시편 103편 12절에 있는 재미있는 개념에 대해서 흥분하며 말하는 것을 들은 적이 있다. 그 당시는 우리 모두가 우리가 이룬 우주 탐험 성취 업적에 경이로워하며 있었던 때였는데, 그녀는 그 시편에서 히브리어 단어 *나사*(nasa)의 개념을 발견했다고 했다. "동이 서에서 먼 것 같이 우리 죄과를 우리에게서 멀리 옮기셨으며." "옮기셨다"는 단어는 구약에서 죄가 죄인으로부터 분리되었다는 개념을 가지고 있다. 그리고 "용서하다"라고 번역된 히브리어 단어 *나사*는 문자적으로 "멀리 들어올리다"를 의미했다. 휴스턴(Houston)의 나사(NASA)의 우주선의 극적인 발사에 대한 얼마나 놀라운 그림인가. 시편 기자는 지구에서 측량할 수 있는 가장 큰 측정법을 사용했다—"동이 서에서 먼 것 같이," 그러나 나사는 이제 지구에서 완벽하게 이륙하는 우주선 사업을 하고 있다!

그러나 비교는 거기에서 끝난다. 나사는 믿을 수 없을 정도로 정교한 기계와 함께 우리의 인공위성을 쏘아 올린 다음에 그것들을 다시 지구로 돌아오게 한다. 그러나 하나님은 그렇지 않으시다. 일단 그가 우리의 죄를 들어올리시면, 우리의 죄는 사라진다—영원히 사라지는 것이다. 그는 심지어 그 죄를 더 이상 기억하지 않으신다! 하나님은 우리의 죄를 그의 용서로 바꾸어 놓으시는 일을 하고 계신다.

물론, 이렇게 죄를 용서와 바꾸어 놓으시는 궁극적인 일은 우리가 하나님께 우리의 모든 죄를 용서해 달라고 구하고 예수님을 우리의 구세주와 주님으로 마음에 모실 때 온다. 나의 삶에서 가장 위대한 변화는 내가 막 아홉 살이 되었을 때 일어났다. 그 당시 고린도후서 5장 17절은 나에게 진리의 말씀이 되었다: "그런즉 누구든지 그리스도 안에 있으면 새로운 피조물이라. 이전 것은 지나갔으니, 보라, 새 것이 되었도다." 왜 이러한 변화가 필요한가? 예수님은 우리에게 요한복음 3장 18절에서 분명하게 말씀하신다: "저 [하나님의 아들]를 믿는 자는 심판을 받지 아니하는 것이요; 믿지 아니하는 자는 하나님의 독생자의 이름을 믿지 아니하므로 벌써 심판을 받은 것이니라."

마가복음에 기록된 대로, 예수님은 *회개하고 믿으라*고 전파하시면서 갈릴리에서 그의 사역을 시작하셨다. 웬일인지 오늘날 오직 믿는 것만 강조되고 있으며, 우리는 예수님이 전파하신 말씀(막 1:14-15)의 처음 반은 생략하는 경향이 있다. 예수님이 십자가에 못 박히시기 바로 전 날 밤에, 예수님은 제자들에게 "죄에 대하여…세상을 책망하시리라. 죄에 대하여라 함은 저희가 나를 믿지 아니함이요"(요 16:8-9)라고 하실 보혜사를 보내실 것을 말씀하셨다. 바울은 그것을 로마서 3장 23절에서 분명히 하였다: "모든 사람이 죄를 범하였으매 하나님의 영광에 이르지 못하더니."

그러나 하나님이 이 정죄를 그의 용서와 바꾸어 놓으실 때, 그 차이는 굉장히 현저하다. 바울은 우리에게 "그러므로 이제 그리스도 예수 안에 있는 자에게는 결코 정죄함이 없나니"(롬 8:1)라고 말한다. 또한 골로새서 1장 13-14절에서 그는 "그가 우리를 흑암의 권세에서 건져내사 그의 사랑의 아들의 나라로 옮기셨으니, 그 아들 안에서 우리가 구속 곧 죄 사함을 얻었도다"라고 우리에게 말한다. 우리는 시민권을 바꾸는 것이다. 그리고 에베소서 2장 1절에 의하면, 우리는 모든 것 중 가장 위대하게 바꾸어 놓는 것—죽음

대신 생명—을 갖게 된다: "너희의 허물과 죄로 죽었던 너희를 [살리셨도다]."

앞에 나온 구절들에 의하면 이렇게 바꾸어 놓는 것은 우리의 생활양식을 변화시킨다. 만일 어떤 이론과 신학이 참되다는 *증거*를 보여 주지 않고, 만일 그로 인하여 변화되지 않는다면, 그 이론과 신학은 가치가 별로 없다.

몇 년 전에 우리가 사는 도시의 교회들은 데이브 윌커슨(Dave Wilkerson)과 함께 한 십대전도대회(Teen Evangelism Crusade)에서 협력하였다. 대략 천 명의 젊은이들이 그리스도를 그들의 구세주로 믿었고, 지역 신문의 머리기사는 이렇게 썼다: "십대들이 윌커슨의 방문은 변화된 삶의 결과를 가져왔다고 말하다." 그리고 다음과 같은 몇몇 젊은이들의 말을 인용했다.

"이 집회는 나를 완전히 새 사람으로 만들었어요," 열여섯 살 난 소년이 말했다.

"나의 삶은 변화되었어요. 나는 항상 누군가를 때려 주고 싶은 충동이 있었어요. 나는 물건을 박살내길 좋아했죠."

열다섯 살 난 학생이 말했다, "난 더 이상 아무도 미워하지 않아요. 난 마음이 깨끗해진 것을 느껴요. 난 이젠 우리 엄마와 잘 지내요."

"난 더 이상 이기적이지 않아요. 그리스도가 나의 삶의 중심에 계셔요," 한 여학생이 말했다. "만일 기분이 침울하면, 난 예수님께 기도해요. 마음의 공허함은 사라졌어요. 난 모든 사람을 사랑해요."

일전에 우리가 엘드리지 클레버(Eldridge Cleaver)와 이야기하는 동안, 그는 나를 쳐다보며 똑같은 말을 했다, "난 이제 사랑하지 않는 사람이 없어요." 무엇이 예전의 이 흑표범 도망자의 생활양식을 그렇게 극적으로 변화시켰는가? 우리는 어느 모임에서 방금 돌아왔는데, 거기에서 그는 미국 재판관을 피해서 몇 년 동안 도망다니다가 변화되었다는 이야기를 들었다—남부 프랑스에 있는 지중해변의 극적인 경험으로부터 시작해서 하나님께 그의 모든 죄를 용서해 달라고 하면서 그리스도를 그의 구세주로 영접한 때까지의 이야기. 변화되었다! 그렇다, 하나님은 그를 격렬한 폭동의 삶에서 모든 사람을 사랑하는 삶으로 *바꾸어 놓으셨다*—왜냐하면 하나님은 그 안에 그의 옛 성품 대신 하나님의 새로운 성품으로 그를 *바꾸어 놓으셨기* 때문이다. 그것은 마치 하나님이 심장 이식 수술을 해주신 것에 비유할 수 있다. 하나님이 그의 옛 심장을 꺼낸 후 새 심장을 이식하신 것이다.

그러나 비록 그리스도인이 된 후라 할지라도 이렇게 바꾸어 놓는 일은 필요한 것이다. 지상에서 어느 누구보다도 예수님과 가장 가깝게 살았던 요한은 요한일서 1장 8절을 썼을 때 그 자신을 포함시켰다, "만일 우리가 죄 없다 하면 스스로 속이고, 또 진리가 우리 속에 있지 아니할 것이요."

언젠가 누가 나에게 사도 요한이 죄를 지은 기록이 전혀 없다고 말했을 때, 나는 "아니요, 그가 죄를 지은 것을 스스로 인정한 것을 제외하고요"라고 답변했다. 그가 쓴 요한일서는 그리스도인들을 향해서 쓴 것인데, 어떻게 "우리"(요한과 다른 믿는 자들)가 우리의 죄를 자백하면 하나님이 그 죄를 용서해 주실 수 있는지에 대한 분명한 설명을 기록해 놓았다 (1:9).

우리는 우리가 잘못한 것이 무엇이며, 왜 우리가 그것을 했으며, 우리의 어린 시절의 무엇이 우리가 그것을 하게 만들었는지 등등에 관하여 합리화하고 상담하는 데 너무 많은 시간을 보내서, 하나님이 말씀하시는 사실—그것을 죄로 자백하라. 그리하면 내가 네 죄를 제거해 줄 것이다—은 놓치게 된다. 그러므로 우리가 가지고 있는 대부분의 문제들은 매우 단순한 해결책을 가지고 있다—하나님이 죄의 짐을 없애 주시도록 우리가 이미 지은 죄 또는 짓고 있는 죄를 자백하라는 해결책. 캔사스의 토페카(Topeka)의 메닝거클리닉(Menninger Clinic)의 잘 알려진 심리학자인 칼 메닝거(Karl Menninger) 박사는 그의 책 『죄가 된 것은 무엇이든?』 (Whatever Became of Sin?: New York: Hawthorn, 1973)에서 죄에 대한 이 주제를 설득력 있게 다루고 있다.

내가 인도하는 기도 세미나와 수련회에서, 우리가 우리의 죄를 하나님께 기도로 자백하는 것에 대비하여 성경에 나오는 죄에 대한 구절들의 목록을 읽었을 때 재미있는 일이 일어났다. "나는-자백할-죄가-없다"는 식의 도도한 표현에서부터 놀라며 두려워하는 가운데, "멈추세요, 제발 더 이상 읽지 마세요. 난 그것을 감당할 수 없어요"로 얼굴 표정이 바뀌는 다양한 표현을 나는 지켜보았다.

나는 하나님의 말씀에 있는 죄의 목록 전체를 기도하는 것이 좋다는 것을 발견했다. 나의 가장 좋아하는 구절들 중 하나는 디모데후서 3장의 처음 여덟 구절이다. 나는 언급된 구체적인 각각의 죄를 놓고 그 죄가 나의 삶의 어디에 있는지 알려 달라고 하나님께 기도하기 위해 멈추었다. 나는 하나님이 나에게 하시는 말씀에 자주 놀란다. 그러나 그 과정은 항상 효과가 있다. 내가 죄를 죄로 자백할 때, 하나님은 나로부터 죄를 제거해 주신다. 바꾸어 놓으신 것이다!

이것은 나의 삶에 있는 지속적인 과정이다. 하나님은 나의 외로움을 그의 임재로, 나의 약함을 그의 능력으로, 나의 질병을 그의 치유로, 나의 절망을 그의 희망으로, 나의 근심을 그의 평안으로, 나의 분개를 그의 사랑으로, 나의 고난을 그의 은혜로, 나의 슬픔을 그의 위로로 바꾸어 놓으신다. *바꾸어 놓으신 것이다*—내가 하나님께 구할 때 바꾸어 놓으신 것이다.

7

변화되다─
나를 위해서 기도해 달라고
다른 사람들에게 요청할 때

나는 사람들이 나를 위해서 기도할 때 변화된다. 그래서 나는 나의 삶에서 기도 요청할 제목이 있을 때 다른 사람들에게 기도해 달라고 부탁한다. 그들은 기도 요청을 받고 하나님께 기도하는데, 놀라운 결과와 함께 삶의 변화를 경험하게 된다. 우리는 25년 이상 나의 기도 연락망과 그룹들을 통해서 개인적으로 나를 위해 기도한 모든 기도 제목들의 기록을 가지고 있다. 이러한 수천의 기도 제목들과 기도 응답 내용들을 재검토해 볼 때 다른 어떤 것도 이처럼 나를 압도하는 것은 없다. 내가 그 기도 제목들을 죽 읽어 내려갈 때마다, 나는 사람들이 기도할 때 하나님이 정말로 나를 변화시키시는 것을 다시 깨닫게 된다!

너희가 짐을 서로 지라

"너희가 짐을 서로 지라. 그리하여 그리스도의 법을 성취하라"
(갈 6:2).

서로를 향한 우리의 책임에 관한 이 그리스도의 법은 의식주와
같은 물질적인 필요*만* 포함하는가? 나는 그렇게 생각하지 않는다.
그렇다. *나의* 많은 필요들은 그 대부분이 일시적인 것은 아니다. 그
리스도는 물질적인 필요와 짐은 물론 영적, 감정적 및 정신적인 필
요도 가지고 계셨는가? 내가 수술을 받았을 때나 아기를 해산했을
때, 또는 내가 아팠을 때 누가 우리 가족을 위해서 음식을 가지고
온 것을 내가 얼마나 고마워하곤 했는가? 그러나 그것이 내가 필요
했던 *유일한* 후원이었는가? 아니면 또 다른 것이 있었는가?

"여자가 기도할 때 무슨 일이 일어나는가"의 주제로 기도를 실
시하는 동안에, 눈으로 볼 수 없고 또는 손으로 만질 수 없는 것들
을 위해서 여자들이 기도하기 시작했을 때 우리는 그것이 영적 성
숙의 표시라고 느꼈다. 두통이나 통증 또는 깁스가 아닌 다른 필요
와 짐이 있다는 것을 우리가 배웠을 때 하나님은 우리에게 우리의
기도 생활을 새로운 차원으로 옮겨 주셨다.

오직 기도로만 생길 수 있는 영적인 짐이 있다.

우리가 목회하는 동안 내가 일찍이 가졌던 가장 깊은 필요는 물
질적인 것이 아니었다. 일시적인 어떤 것도 부족하지 않았지만, 나
의 삶에는 꼭 필요한 것이 있었다. 나는 너무 깊은 슬픔 가운데 있
어서 어느 교회의 연례 성탄절 오찬 모임에서 말씀을 전하려고 청

중 앞에 설 수 있다고 생각하지 않았다. 나는 나의 「이웃 성경 공부반」의 부인들에게 이 짐을 나누었더니, 그들은 내가 얼마나 힘들겠냐면서 오찬에 참석할 표를 샀다. 그리고 그들은 강사 책상에 가장 가까운 곳에 일찌감치 와서는 내가 말씀을 전하는 매 순간마다 기도로 나를 떠받쳐 주면서 그 곳에 앉았다.

그 결과는 굉장했다. 나는 그들의 사랑과 관심으로 완전히 떠받쳐지고 둘러싸여 있었기 때문에 더 이상 홀로 있다는 느낌이 없었고, 또한 당면한 문제에 대처하지 못한다고 더 이상 느끼지도 않았다. 나는 그들의 기도가 응답되어, 하나님이 나에게 그 오찬의 청중들에게 나누어야 할 힘과 용기와 심지어 기쁨과 열정까지 주시는 변화가 있었다. 그렇다, 그들이 나를 위해서 기도했을 때 나는 *변화되었다*.

나는 언젠가 어느 주일학교 총회에서 똑같은 경험을 하였다. 나의 자문 이사회의 세 위원들이 그 날 나의 특별한 개인적인 필요를 알아차리고 표를 사서 그 오찬 모임에 왔다. 내가 그들 옆을 지나서 강단으로 올라갈 때, 나는 즉시 그들이 "우린-당신을-위해서-여기에서-기도하고-있어요"라는 표정으로 미소를 짓고 있는 것을 알았다. 그들이 나의 짐을 덜어 주려고 시간과 돈을 들여서 그렇게 관심을 가져 준 것을 알면서 그들의 환한 얼굴들을 내려다 볼 수 있었던 것은 얼마나 크나큰 차이가 있는 일이었는지 모른다. 그러나 가장 훌륭한 부분은 그들이 기도했을 때 하나님이 나를 위해서 하신 일이었다. 그는 그 곳에 오셔서 그의 능력과 힘으로 나를 *변화시켜 주셨다*.

다른 사람들이 나를 돌보고 나를 위해서 기도하고 있는 것을 아는 것은 놀라운 일이다. 그러나 경이로운 일은 하나님이 이어 받으셔서 그들이 나를 위해서 결코 할 수 없는 일을 하시는 것이다. 오직 그만이 나의 영적, 감정적, 정신적인 필요를 채워 주실 수 있는 능력을 가지고 계신다. 그는 다른 사람들이 기도할 때 나를 진정으로 *변화시켜 주신다.*

우리의 짐을 인정하라

우리의 어떤 필요들, 특히 육체적인 필요들은 분명히 있다; 그러나 우리의 가장 무거운 많은 짐들은 우리를 위해서 기도해 주는 사람들에게 완전히 숨겨져 있다—우리가 그것들을 그들과 나누지 않는다면 말이다. 만일 우리가 우리의 짐들을 서로 인정하는 것을 거부한다면 어떻게 우리가 그리스도의 법을 모든 가능성을 가지고 성취할 수 있겠는가?

다른 사람들이 나를 위해 기도해 주는 것으로부터 최상의 유익을 얻기 위해서 우리는 우리의 필요를 그들에게 *인정해야* 한다. 우리의 기도실에서 우리는 우리의 필요를 하나님에게 내놓고 인정하기가 종종 어렵기도 하지만, 그러나 우리의 약점 또는 필요를 동료 그리스도인들에게 인정하는 것은 거의 불가능하다는 것을 우리는 발견한다. 그러나 그들이 우리에게 기꺼이 주려고 하는 모든 지원을 우리가 경험하기를 기대한다면 이것은 반드시 해야만 하는 일이다.

우리가 처음에 시도한 "여자가 기도할 때 무슨 일이 일어나는

가"란 기도를 시작했을 때, 우리 모두는 서로를 위한 기도에 대한 한 가지 교훈을 배웠다. 우리 위원회 위원 중 한 사람이 자기 자신의 필요와 가족의 필요 또는 문제들을 혼자만 가지고 있는 것을 배워왔는데, 이것은 변화되기 거의 불가능한 태도라는 것을 그녀는 알았다. 그녀는 굉장히 기도를 많이 하는 사람이었지만, 늘 그 상태에 머물러 있었다. 그녀는 *그녀*에게 필요가 있다는 것을 인정할 수 없었다.

어느 날 그녀는 심한 편두통 때문에 우리가 하고 있던 전국 위원회 모임을 일찍 떠나야만 했다. 그녀는 며칠 동안 약을 먹고 좀 쉬면 그것이 완화되리라는 것을 알았다. 그런데 그 날 밤에 그녀의 집에서 해산을 앞 둔 산모를 위한 베이비 샤워(baby shower) 모임이 있었던 것이다! 그 모임 시간이 가까워 오자 그녀는 아무 것도 할 수 없는 무능한 상태가 되었다. 마침내 그녀는 필사적으로 그녀의 삶에서 그 때까지 결코 해 본 적이 없었던 것을 하기로 결단하였다: "오, 하나님," 그녀는 기도했다, "만일 나를 위해서 누군가가 기도해 주는 것을 당신이 원하신다면, 단지 그들이 나에게 전화를 걸게 해 주세요. 나는 아무에게도 전화를 걸지 않겠지만, 만일 이것이 당신이 원하시는 것이라면, 나에게 전화하라고 그들에게 말씀해 주세요."

그러자 거의 즉시 세 여자가 한 사람씩 그녀에게 전화했다. "여보세요. 오늘밤 혹시 당신을 위해서 내가 할 수 있는 일이라도 있는지 궁금해서 그냥 전화했어요," 각 사람이 말했다. 그녀는 어리벙벙해 하면서 그녀를 얽매고 있었던 금기 사항을 깨고 한 번도 아닌 세 번씩이나 이렇게 말했다: "제발 나를 위해서 기도해 주세요. 난 몸이 많이 아파요. 나를 위해서 당신이 기도해 주셔야 해요."

그녀에게 필요가 있다는 것을 남에게 인정하는 것은 어려운 일이었지만, 하나님은 그녀의 정직과 겸손을 귀하게 보셨다. 손님들이 도착했을 때쯤에는 그녀의 편두통이나 어지러운 증세는 사라졌다. 그녀는 진정 변화된 것이다!

지도자들은 다른 사람들에게 그들 자신의 필요나 짐이 있다는 것을 인정하는 것이 특별히 어렵다는 것을 종종 발견한다. 흔히 회장, 목회자 (심지어 목회자 사모), 의장 그리고 선생들은 그들이 인도하고 있는 다른 사람들의 짐을 져야만 한다고 느끼지만, 그들을 위해서 다른 사람들에게 기도해 달라고 부탁하기가 어렵다는 것을 안다. 그들은 그들이 인도하는 사람들에게 약점을 인정하는 것을 두려워하는가? 만일 그들이 필요가 있다는 것을 인정하면 사람들이 그들을 자기들의 지도자로 덜 인정하게 된다고 생각할까봐 두려워하는가? 나는 그 정반대라고 생각한다. 가장 위대한 지도자들은 그들의 가장 강한 부원들로부터 지지를 받을 필요를 인정하면서 그러한 부원들로 둘러싸여 있는 자들이다. 어떠한 사람도 그 자신에게만 고립되어 있는 섬과 같은 존재가 아니다. 어떤 지도자들은 단지 그들이 필요가 있다는 것을 인정할 수 없기 때문에 불필요하게 너무나 많은 짐을 진다.

어느 날 아침에 일일 세미나에서 1,300명에게 말씀을 전하기 위해 준비하고 있는 데 전화벨이 울렸다. 나를 초대한 전국 기관의 회장이 건 전화였다. 그녀는 그 날의 행사를 책임졌고, 모든 시간을 인도하기로 되어 있었다. "에벌린, 나는 간밤에 내내 잠을 잘 못 잤어요. 그리고 오늘 아침엔 지독한 편두통이 있어요. 나는 심지어 아침 식사도 할 수가 없어요. 나를 위해서 기도해 주시겠어요?

내가 기도하러 갔을 때 나는 그녀의 지도력이 없었더라면 그 모든 사람들과 그 모든 가르치는 시간에 무슨 일이 일어났을지 의아해 했다. 나는 하나님이 책임지시고 그의 완전한 뜻 가운데 그녀의 몸을 온전케 해 주시도록 간절히 기도했다.

내가 그 집회 장소에 도착했을 때, 나는 물었다, "좀 어떠세요? 두통은 어떠세요?"

"오," 그녀는 눈을 좀 크게 뜨고 대답했다, "통증이 없어졌어요. 그게 모두 사라졌어요!" 그녀는 변화된 것이다! 그것은 내가 그녀를 위해서 기도해야 할 필요가 있다는 것을 그녀가 인정했기 때문이었다. 그리고 그것은 하나님이 나의 기도를 통해서 그녀의 필요를 응답해 주실 수 있다는 것을 그녀가 인정했기 때문이었다.

바로 지난 주에 나는 눈물을 글썽이면서 나에게 필요가 있다는 것을 나의 비서에게 인정하기만 했는데, 그녀는 내게 팔을 얹고 나를 위해서 기도해 주었다. 그런 다음에 그렇게 무겁게 느껴졌던 짐을 하나님이 없애 주신 느낌을 갖는 특권을 가졌다—그녀가 기도해 주었기 때문이다. "오, 근심 걱정 무거운 짐 아니 진 자 누군가!" 어느 인간도 다른 사람이 그의 짐을 져 주지 않고 다른 사람들의 짐을 질 수 없다.

우리의 연합 기도 사역의 회장인 나는 고문 이사들에게 나의 필요를 알려서 그들이 나를 위해 기도할 수 있게 하는 것은 중요하다. 우리의 기도 사역 의장은 나의 개인적인 필요, 문제 그리고 마음의 짐을 위한 기도 제목을 위해서 매일 전화한 다음에 그 기도 제목들을 우리의 기도 연락망 회원들에게 전달한다. 2년 동안에 그 기도 연락망에 속한 여자들이 기도한 기도 제목은 전부 1,119개였는데, 그 중 반 이상은 나를 위한 것이었다. 나는 그 모든 기도 없이는 나의 과중한 스케줄을 결코 감당할 수 없었다. 그들이 나를 위해서 기도할 때 나는 *변화된다*—그들이 인도하였고, 용기를 주었고, 능력을 부여해 주었고, 치유해 준 지도자로 변화된다—왜냐하면 그들이 기도했기 때문이다! 나는 안다—왜냐하면 우리는 그들이 기도한 날짜와 기도를 응답받은 모든 내용을 기록해 놓았기 때문이다.

트윈 시티(Twin Cities) 지역에 있는 우리의 천여 명의 도시 기도 연락망(Metro Prayer Chain)의 회원들에 대한 가장 스릴 있는 것 중 하나는 많은 그리스도인 지도자들이 기도 요청을 하는 것이다. 그들 또는 그들의 단체가 기도해야 할 필요가 있다는 것을 인정하는 것은 천여 명의 기도의 용사들, 그리고 하나님을 활성화하는 것이다!

심지어 아마도 이 세상에 살았던 사람 중에서 가장 훌륭하다고 할 수 있는 바울도 기도해 달라고 요청했다. 에베소서 6장 18-19절에서 바울은 그리스도인들에게 그를 위해서 기도하되, 그에게 말씀을 주사, 그로 입을 담대히 벌려, "복음의 비밀을 알리게" 해 달라고 했다. 그리고 골로새서 4장 3절에서 그는 기록한다, "또한 우리를 위하여 기도하되, 하나님이 전도할 문을 우리에게 열어 주사,

그리스도의 비밀을 말하게 하시기를 구하라." 데살로니가전서를
끝맺으면서 그는 또 부탁한다, "형제들아, 우리를 위하여 기도하
라" (5:25). 그리고 그는 로마에 있는 그리스도인들에게 권하기를,
그와 힘을 같이 하여 그들도 그를 위하여 하나님께 기도하여, 유대
에 순종치 아니하는 자들에게서 그로 구원을 받게 하고, 또 예루살
렘에 대한 그의 섬기는 일을 성도들이 받음직하게 하고, 그로 하나
님의 뜻을 좇아 기쁨으로 그들에게 나아가, 그들과 함께 편히 쉬게
해 달라고 간청했다 (롬 15:30-32). 바울은 그의 수많은 필요들을
인정하는 것을 또는 그리스도인들에게 그를 *위해서* 기도해 달라는
것을 부끄러워하지 않았다.

바울은 사람들이 그를 위해 기도했기 때문에 그 자신과 그의 주
변의 환경이 *변화되었기*를 정말로 기대했는가? 왜 그는 그들에게
기도해 달라고 부탁했겠는가?

의존

우리가 다른 사람들에게 우리의 필요를 인정하는 것이 그렇게
어렵다는 이유 중에 하나는 우리가 그렇게 하면 아마도 우리가 의
존적—하나님을 의존하고 다른 사람들을 의존하는—인 사람임을
인정하는 것이기 때문일 것이다. 우리는 "내가-스스로-할-수-있
는-하나님"(I-can-do-it-myself-God)이란 태도를 가진 그리스
도인 세대에 살고 있다

우리가 그것을 인정하든지 인정하지 않든지, 우리는 기도하는

다른 사람들을 의존한다. 마태복음 9장 38절에서 예수님은 말씀하셨다, "그러므로 추수하는 주인에게 청하여, 추수할 일꾼들을 보내어 주소서 하라." 나는 누가, 언제, 어디에서, 예수님의 명령을 순종하여서 내가 일하고 있는 들에 추수할 일꾼을 보내 달라고 하나님께 기도했기 때문에 일하고 있는 일꾼인가? 이것은 나를 겸손케 하는 생각이며, *나의* 사역, *나의* 부르심에 대한 모든 자부심과 교만을 없애 준다. 누군가가 기도했기 때문에, 내가 하나님의 일꾼으로 **변화된** 것인가?

만일 바울이 그에게 전할 말씀을 달라고 하면서 그의 친구들을 의존했다면, 하물며 나는 얼마나 더 나의 사역에서 누군가가 또는 많은 사람들이 나를 위해 기도했기에 *나에게* 말씀을 달라고 해야 하겠는가? 나는 나의 기도 세미나에서 내가 잘 가르칠 수 있도록 얼마나 많은 사람들의 기도에 의존하고 있는가? 에베소서 6장 18-19절에서 바울은 그 자신과 나를 포함한 모든 성도들에게 말씀을 달라는 기도 요청을 했다! 나는 그들 때문에 얼마나 많이 **변화되었는가**?

흔히 우리들은 결과를 볼 때까지는 우리가 다른 사람들의 기도에 의존해 왔다는 것을 모른다. 베드로가 감옥에 있을 때 (행 12:5-19), 그는 교회가 "그를 위하여 간절히 하나님께 빌더라"(5절)는 사실을 알지 못했을 것이다. 아마도 그의 손에서 사슬이 풀릴 때까지, 그리고 그가 철문이 열려서 감옥에서 빠져나갈 때까지는 하나님이 기도에 응답하고 계신다는 것을 깨닫지 못했을 것이다. 아니면 마침내 믿는 자들이 모여 있는 집의 대문을 열어 주었을 때 그들이 "쉬지 않고 기도하는 것"을 보자 왜 그가 풀려났는지 깨닫게 되지 않았는가?

디모데전서 2장 2절은 "임금들과 높은 지위에 있는 모든 사람을 위하여" 기도하라고 말한다. 그러므로 그들이 그것을 알든지 모르든지, 지도자들은 이 명령을 순종하는 자들의 기도에 의존하고 있다. 하나님이 내려 오셔서 그들이 심지어 알지 못한 상태에서 임금들과 높은 지위에 있는 사람들과 그들 주변의 환경을 *변화시키실* 때, 그들은 기도하는 사람들에게 의존하고 있는 것이다.

혹은 우리가 어떤 육체적인 병에서 낫는 것을 경험할 때, 그것은 우리의 동료 그리스도인들이 야고보서에 있는 권면의 말씀, "너희 죄를 서로 고하며, 병 낫기를 위하여 서로 기도하라"(5:16)를 순종했기 때문인지도 모른다. 우리가 육체적으로 기적적으로 *변화되었을* 때, 우리는 충성스럽게 기도하는 기도의 용사들을 얼마나 의존했는가?

다른 사람들이 나를 위해 기도해 주었기 때문에 나는 얼마나 많이 변화되었는가? 오직 영원만이 그것을 알 것이다. 오직 하나님만이 내 안에서 일어나는 변화의 과정을 누가 촉진시켰는지 아신다.

영적인 전투

아버지와 아들이 하나이기 때문에 예수님이 다른 사람들을 대신해서 기도하셔야 할 필요가 있었다는 사실에 나는 계속해서 놀라움을 금치 못한다. 예수님은 다른 사람들이 필요를 가지고 있을 때 이것이 하나님이 사용하시고 기대하신 과정인 것을 아셨음에 틀림 없다. 왜냐하면 예수님의 대제사장 기도에서 그는 그의 추종자들과 우리를 위해서 기도하셨기 때문이다.

그리고 그 기도에서 예수님은 아버지께서 그들을 "악에 빠지지 않게" 보전하시기를 위해서 기도하셨다 (요 17:5). 그는 하나님이 우리를 악한 자의 영역인 지구에서 제거해 달라고 기도하지 않으셨다; 단지 우리를 그로부터 구해 달라고 기도하셨다. 왜냐하면 그리스도는 만물 가운데서 우리의 본이 되시고, 우리도 다른 믿는 자들을 위해서 이 기도를 해야 하기 때문이다.

예수님 또한 사탄이 베드로를 밀 까부르듯 하려고 했을 때 이런 기도를 구체적으로 하셨다. 그는 말씀하셨다, "그러나 내가 너를 위하여 네 믿음이 떨어지지 않기를 기도하였노니" (눅 22:32). 그러나 그를 위한 예수님의 기도에도 불구하고, 자만심이 센 베드로 —닭이 울기 전에 그가 적의 함정에 빠지지 않을 것이라고 확신한 —는 그의 주님을 부인하였다. 예수님은 사탄의 유혹을 받는 자들을 위하여 기도하는 것의 중요성을 아셨다.

커트 코크(Kurt Koch) 박사가 얼마 전에 미국에서 신비학(oc-cult)이 급증한 상황에 우려하는 태도로 세미나를 인도하러 우리 트윈 시티에 왔을 때, 그는 우리에게 그를 위해서 기도해 달라고 간청했다. 그는 뉴욕의 일련의 세미나를 방금 취소하고, 심각한 육체적인 문제 때문에 독일로 다시 비행기를 타고 돌아가야만 했었다. 그는 그것을 그가 이 모험적인 주제에 관해 강의했을 때 미국에 있는 그리스도인들의 기도가 부족한 탓으로 돌렸다. "미국인들은 이 전투에 있어서 어떻게 기도해야 하는지를 모른다"고 그는 우리에게 말했다. 그는 그리스도께서 대제사장으로서 기도에 보이신 본을 신실하고 열정적으로 따를 것을 우리에게 간청하였다. 코크 박사는 기도의 부족 때문에 좋지 않은 방향으로 변화되었던 것이다.

에베소서 6장 18-19절의 바울의 권고는 모든 성도들과 그 자신을 위해서 항상 기도하라는 것이다. 기도는 그리스도인들이 영적인 사악함—사탄의 영역—에 대항하는 영적 전투에서 사용해야 하는 갑옷의 일부이다. 언젠가 나는 "영의 세계의 빛에 있는 에베소인들"에 관한 주제 성경 공부에 용감하게 달려들었는데 (어리석은 자들은 천사들이 밟기를 두려워하는 곳에 달려든다), 적으로부터 유별난 저항을 경험하였다. 그러나 나의 성경책의 에베소서 6장 18절 옆의 여백에 나는 다음과 같이 써 놓았다: "2/29/72. 큰 능력의 첫 성경 공부. 많은 사람들이 기도하다. 나는 능력을 *느낄* 수 있었다. 말씀을 전할 때 이보다 더 많은 능력을 느낀 적은 결코 없었다." 나는 사탄에게 위협이 되는 성경 공부를 준비하려고 노력하며 협박받고 불안에 시달린 여자에서 *변화되었다*—능력을 부여받은 교사로 *변화된 것이다!*

당신의 비결을 나에게 말하라

하루 (다섯 시간 반에서 여섯 시간의 강의) 동안에 기도에 관한 나의 세미나를 전부 가르친 후에, 목사 또는 성직자가 여러 번 나에게 와서 말할 것이다, "당신의 비결을 나에게 말해 주세요. 어떻게 당신은 연속해서 그렇게 여러 시간 동안 '확신 있는 강연을 하실' 수 있어요? 나는 주일 아침에 한두 시간 동안 설교하고 끝낼 때 기진맥진하는데요. 나는 이제 완전히 피로에 짓눌러 있어요. 당신의 비결은 무엇인가요?"

"나는 비결을 가지고 있어요," 나는 그들에게 정직하게 말한다. "그건 기도의 후원이에요. 나를 위해서 그렇게 신실하게 기도로 후원해 주는 여자들이 있어요."

그렇다, 나는 비결을 가지고 있다. 어느 해 연말 연초 휴가 동안에 단 1분이라도 아껴서 준비하며 작성한 것을 그 전날 밤에 있었던 대규모 신년 첫 기도 세미나에서 가르쳤던 1월 4일에, 나는 너무 지친 상태에서 침대에서 일어났다. 나는 평소에 아침잠이 없었기 때문에 이것은 나의 삶에서 흔히 있는 일이 아니었다; 그러나 크리스가 나의 눈 위에 수건을 얹어 놓았을 때, 나는 그가 그 날 아침에 조찬 모임에 가게 된 것을 하나님께 조용히 감사했다. 그러자 갑자기 온 몸에 전율을 느끼며 나에게 온 것은 주님이 그 날 나를 위해 예비해 놓으신 힘과 열망이었다. 나는 *변화되었다*—완전한 변화가 있었다. 무슨 일이 일어났는가? 나의 연쇄기도모임의 회원들이 하나씩 일어나서 각자 주님과 경건의 시간을 가졌고—그리고 나를 위해서 기도해 준 것이다!

얼마 전에 나는 정확하게 아침 6시만 되면 하나님의 능력이 나에게 임하는 전율을 느끼는 것을 알게 되었다. 매일 아침 똑같은 시간에 그 일이 일어난 것을 의아해 하면서, 나는 그 사실을 나의 연쇄기도모임에 기도 제목을 냈던 부인 중 한 사람과 전화할 때 그녀에게 우연히 언급하였다. 나는 그녀가 말을 더듬으며, "그 시간은 매일 아침에 내가 당신을 위해서 기도한 시간이에요"라고 했을 때 나는 그녀가 지극히 겸손한 태도로 얼굴을 붉히는 듯한 모습을 알아차릴 수 있었다. 나는 나에게 변화가 있는 것을 느낄 수 있었다—그녀가 기도했을 때 말이다!

작년 가을 어느 날 이 기도 요청은 나를 위한 연쇄기도모임을 통해 계속되었다: "힘이 절실하게 필요한 에벌린." 그런 다음에 그 기도의 응답에 관해서 이틀 후에 기록되었다, "3,000명 이상이 그 워크숍에 참석했다. 에벌린은 하루 저녁과 그 다음 날에 14시간 동안 서서 강의했다. 이사야 40장 31절을 경험하였다."

작년 11월 23일에, 나는 이미 피곤해 있었고, 하루 종일 하는 기도 세미나를 앞두고 있기 때문에 연쇄기도모임에서 기도를 요청하였다. 나는 우리의 서류철에서 깜짝 놀랄 기도의 응답을 방금 다시 읽었다: "에벌린은 그 날의 세미나가 진행되어 가면서 굉장한 힘을 얻었다." *변하되었는가?* 그렇다, 변화되었다!

다른 사람들이 나를 위해서 기도할 때, 천지의 전능하신 하나님은 나에게 임하셔서 나를 변화시키신다—그들이 기도했기 때문에—그들이 나의 짐을 함께 지면서 그리스도의 법을 기꺼이 성취하려 했기 때문에 나를 변화시키신다.

서로를 위해서

그러나 기도에 있어서 가장 큰 기쁨은 단지 누가 나를 위해서 기도해 주는 것뿐만이 아니라, 서로의 짐을 지는 것이다. 우리의 고문 사무실과 다른 연쇄기도모임 사무실의 칠판 전체에는 우리 회원들의 개인적인 기도 제목과 가족의 필요에 관한 기도 제목으로 점철되어 있었다. 우리가 비탄에 빠져 있던 어느 딸을 위해서 기도했는데, 1년 후에 그녀가 어바나(Urbana)에서 어느 성경 공부를 인도할 때 그녀를 위해서 기도할 수 있었던 것은 얼마나 놀라운 특권이었는지 모른다—딸이 변화된 것이다! 그리고 어느 회원의 관절염 수술을 위해서 기도한 다음에 그 수술이 거의 고통 없이 이루어진 성공적인 수술이었음을 들었고, 또한 다른 주에서 알코올과 대마초에 빠져 있던 어느 기독교 대학 교수의 아들을 위해서 기도했더니, 그 후에 스릴 있는 승리의 편지를 받았다—아들이 변화된 것이다! 뇌졸중으로 쓰러진 어머니, 편두통을 겪은 부인, 기독교 서점의 개업, "여기에 생명이 있다"(Here's Life)라는 시 전체 기도회 회장의 집회 준비와 성공적인 집회, 이 모두가 다 우리가 기도했기 때문에 그들을 위한 하나님의 뜻에 따라 변화된 것이다!

그렇다, 우리가 변화될 필요가 있다는 것을 인정하기가 어렵고, 다른 그리스도인들에게 하나님이 우리를 변화시켜 주시도록 그들이 기도해 줄 필요가 있다는 것을 인정하기도 어렵다. 그렇다, 그것은 우리를 겸손케 하는 과정이지만, 너무나 가치 있는 일이다. 다른 사람들이 나를 위해 기도할 때—나는 변화된다!

8

변화되다―
내가 다른 사람들을 위해서
기도할 때

나는 "주님, 나를 변화시켜 주세요"의 침묵의 14달 동안에도 그 이전 여섯 달 동안 내가 그렇게 부지런히 배웠던 나의 중보기도 생활을 포기했던 것은 아니다. 실제로, 이 기간 동안에 나타난 역설적인 일은 우리의 연쇄전화기도모임이 절정에 이르렀다는 점이다. 그러나 내가 "주님, 나를 변화시켜 주세요"란 기도를 시작했을 때, 기대하지 않았던 변화가 나의 중보기도 생활에서 일어났다. 내가 잰을 위해서 기도했을 때, 나는 그녀를 위한 나의 뜻이 아닌 하나님의 뜻을 위해서 기도하고 있었다. 나의 뜻을 그녀 위에 올려놓는 대신에 나는 그녀가 변화되기를 *하나님*이 원하시는 방법으로 그녀를 변화시켜 달라고 기도하고 있는 자신을 발견하였다.

그 긴 조용한 갈등의 기간 동안에 나는 심오한 비결을 배웠다: *풀어 놓으라.*

내맡기라

내가 발견해야 했던 내맡기는 일은 하나님이 나에게 주셨던 것을 하나님께 되돌려 드리는 일이었다. 그렇다, 잰은 하나님이 주신 선물이었다. 시편 127편 3절은 "자식은 여호와의 주신 기업이요"라고 기록되어 있다. 비록 크리스와 나는 그 아이가 태어나기도 전에 그 아이를 주님께 드렸었지만 (우리의 모든 자녀들을 그렇게 드린 것처럼), 이 상황은 달랐다. 그것은 문자 그대로 내맡기는 것을 의미했다—잰은 법적인 나이에 달했다. 나는 젖을 뗀 아들 사무엘을 주님께 드린 한나의 심정을 거의 느낄 수 있었다. 그것은 의사들이 우리 쥬디가 소생될 가망이 없다고 우리에게 말했을 때 내가 경험한 것과 비슷했다. 내가 그 날 밤에 그 아이를 위해서 기도했을 때, *하나님*의 뜻대로 되어지기를 위해서 하나님께 그 아이를 *내맡겼*을 때에야 비로소 그 싸움은 끝이 났다. 슬픔이 끝난 것이 아니고—싸움이 끝났던 것이다. 나는 그 날 밤에 변화되었다. 나는 그 아이를 하나님께 온전히 내맡겼!

심지어 우리 자녀들이 유치원생일 때부터 고등학교 학생이 될 때까지 그들을 매일 하나님의 돌보심 가운데 내맡겼을 때 하나님은 이 과정에 대해서 나에게 너무 많은 것을 가르쳐 주셨다. 내가 학교에 그들과 함께 가 줄 수 없을 때, 크고 두려운 이 세상에서 나의 빈손으로 그들의 손을 잡을 수밖에 없는 아픔이 있을 때, 그들을 하나님의 보호하심과 인도하심에 내맡기는 것은 장차 있을 실제로 내맡기는 일을 위해 나를 미리 준비시켜 주신 일이었다.

잰을 하나님께 내맡기는 것은 그 아이를 위해서 더 기도하게 만들었다. 내가 내 자녀를 위해서 하는 일은 흔히 너무 적고 너무 늦다. 그러나 하나님은 항상 모든 것을 올바른 방법으로 올바른 때에 하신다. 내가 자녀를 위해서 원하는 것은 아마도 이기적인 동기—세상에서 성공이라고 생각하는 것들, 즉 보수가 좋은 직장, 최고 명예의 자리, 가장 높은 점수, 가장 큰 집—에서 나온 것일지도 모른다. 그러나 하나님은 그렇지 않으시다. 그는 항상 그들에게 가장 큰 것을 가르쳐 주실 것과 그것들을 가장 좋은 금으로 만드실 것을 그들을 위해서 원하신다.

나는 십대 자녀 몇 명을 둔 한 어머니가 언젠가 나에게 말한 것을 결코 잊지 못할 것이다. "나는 나의 오빠가 한 것처럼 오직 내 아이들을 외국의 선교지로 보내고, 나의 노년에는 *나*를 홀로 두고 모두 떠나도록 그들을 기독교 대학에 보내지 않을 거예요." 나는 우리의 기도 세미나에서 이 내맡기는 과정이 일어나는 것을 아주 자주 본다. 우리 세미나에서 삶을 가장 변화시키는 일은 하나님의 뜻 안에서 기도하는 것을 배우는 시간에 일어난다. 그 시간이 끝날 때 우리는 온 세상에서 우리에게 가장 중요하다고 생각하는 것을 생각한다. 그런 다음에 그것을 기도로 하나님께 아뢴다. 이 때가 바로 우리가 어떤 것보다도 우리에게 더 중요한 사람 또는 중요한 것에 대한 우리의 권리를 하나님께 내맡겨 드리는 순간이다.

캘리포니아에 있는 어느 친구의 교회에서 기도 세미나를 인도하는 동안에, 나는 그 교회 목사에게 깜짝 놀랄 변화가 일어나는 것을 목격했다. 그 목사 사모는 아름답고, 재능 있고, 매력적이다—그러나 그녀는 암으로 위독한 상태에 있었다. 그들의 목회 사역 전체를 통하여, 그녀는 그 목사를 지지해 주는 동역자의 역할을 해왔다. 내가 세미나를 위해서 그 곳에 도착했을 때, 나는 내가 지금까지 만난 목사 중에서 가장 비통해 하는 목사를 소개받았다. 그러나 우리가 하나님의 뜻 안에서 어떻게 기도하는지에 대해서 공부한 후에 소그룹 모임에서 기도하고 있는 동안에 기적이 일어났다. 그 목사는 그의 아내를 위한 *하나님*의 뜻—그 자신의 뜻이 아닌—을 위해서 그녀를 하나님께 내맡겨 드린 것이다. 그가 세미나를 마치는 기도를 하려고 강단에 올라왔을 때, 나는 내 눈을 믿을 수가 없었다. "목사님의 얼굴이 환하지요?" 나는 나의 친구에게 속삭였다. 그가 회중을 향하여 미소 지으며 무슨 일이 있었는지 말했을 때 그의 얼굴은 문자 그대로 환하게 빛이 났다. "그의 얼굴이 빛나고 있어요!" 친구도 되받아 속삭였다. 그 사모는 변화된 것이 없었지만—그러나 그녀를 내맡긴 목사는 변화되었던 것이다!

어제 세미나에서 한 부인과 이야기를 나누었는데, 몇 차례의 수술을 받은 그녀의 남편은 의사의 말에 의하면 회복될 수 없다고 했다. 그것은 단지 시간의 문제였다. 그녀는 갈등하고, 하나님께 반항하고, 남편을 포기하지 못했던 지나간 몇 날 몇 주 동안 그녀의 삶을 나에게 말해 주었다. "그런데," 그녀는 말했다, "내가 그를 하나님께 내맡겼을 때 기적이 일어났어요. 변화된 사람은 *나*였어요.

싸움은 끝났어요." 그런 다음에 그녀는 덧붙여 말했다, "오, 그런데 제 남편은 저기서 방금 당신과 말했던 분이에요. 그는 완전히 나았어요." 그러나 그의 회복만이 유일한 기적이 아니었다. 그녀가 하나님께 그를 내맡겼을 때 일어난 기적은 실로 삶을 변화시키는 기적이었다.

아마도 우리 "인간 소유물들"을 하나님께 내맡기는 것이 가장 어려운 때는 하나님이 그들을 훈련시키실 때일 것이다. 우리는 우리의 자녀, 배우자, 사랑하는 사람들을 하나님의 훈련으로부터 보호하기를 얼마나 좋아하는지 모른다. 최근에 있었던 수련회에서 나는 목사인 남편이 다른 여자와 불륜의 관계를 가지고 있었던 어느 사모와 상담하고 있었다. 그 일이 발각되자, 그는 깊은 우울증에 빠져 있었다. 그녀는 남편이 감당하지 못할까봐 두려워서 하나님이 더 이상 그를 다루시지 말아 달라고 기도하고 있었다고 나에게 말했다. 그녀는 남편을 하나님으로부터 보호하려고 애쓰고 있었던 것이다! 나는 그녀에게 그녀의 남편을 위한 유일한 소망은 남편의 행위에 대한 *죄*를 책망해 주실 수 있는 유일한 분이신 하나님께 그녀가 남편을 *내맡기*는 것이라고 말했다. 그렇게 하면 그녀의 남편이 하나님 앞에서 그가 책임을 지고 그의 죄를 자백할 수 있는 것이다. "하나님의 역할을 하려고 애쓰는 일을 중단하세요." 나는 그녀에게 말했다.

내가 잰을 하나님께 내맡긴 후 잰이 대학에서 첫 번째 시험을 치르게 되었을 때, 나는 그 아이를 위한 나의 기도가 얼마나 달라졌는지를 기억하고 있다: "하나님, 불필요하게 그 아이에게 전부

A학점만 주지 마시고, 대학 1학년 때 그 아이가 알아야 될 필요가 있는 모든 것을 그 애에게 가르쳐 주세요." 나는 잰이 그녀의 친구에게 농담으로 (그러나 마음속 깊이에서는 심각하게) 그 친구 엄마가 그녀를 위해서 기도하지 말라고 말한 것을 기억한다. "엄마는 네가 모두 A학점을 받게 해 달라고 기도하실 거야." 글쎄, 잰이 첫 학기에 "B"학점을 받게 만든 사람은 정말로 내가 아니었지만, 어떤 면에서는 나도 책임이 있다고 느꼈다. 왜냐하면 나는 하나님이 아시는 그 애가 알아야 할 필요가 있는 *모든 것*을 그 애에게 가르쳐 달라고 하나님께 기도한 적이 *있었기* 때문이다. 그리고 (내가 후에 배운 것이었지만) 대학에 들어가서 모두 A학점을 받는 것보다 더 중요한 것이 있는 것을 하나님은 분명히 아셨던 것이다. 물론 전부 A학점을 받는 것은 딸에게 흥분되는 일인 것처럼 우리에게도 흥분되는 일이었지만, 그러나 나는 하나님의 뜻에 복종해야만 했다. 나는 그 아이를 하나님—내가 아니고—이 가르쳐 주시도록 그 아이를 내맡겼다.

어느 선교사가 수련회에서 그녀의 이야기를 나에게 말했을 때 눈물을 흘리면서 클리넥스 휴지를 반 상자나 사용했다. 하나님은 그 부부를 다시 미국으로 부르셔서 그들에게 목회지를 주셨다. 그녀는 간간이 울면서 그들이 여기에 온 것은 하나님의 뜻이었음을 그 부부가 전적으로 확신했다고 말했다. "그러나," 그녀는 흐느꼈다, "사람들이 우리를 그냥 두려고 하지 않아요. '한 번 선교사이면 영원한 선교사이다'라고 그들은 말해요. 우리의 삶에서 *하나님*의 뜻을 위해 우리를 하나님께 드리려고 하지 않는 사람들은 바로 *우*

리를 위해서 기도하는 사람들이에요. 그들은 우리가 어디에서 하나님을 섬겨야만 한다고 하나님께 말하기를 원해요."

우리는 다른 사람들—특별히 우리가 열심히 기도하고 있는 사람들—의 삶에서 얼마나 하나님의 역할을 하기 좋아하는지 모른다. 그러나 하나님은 *우리*가 변화되기를 원하신다—하나님의 뜻을 위해서 그들을 하나님께 내맡기도록 말이다. 예수님은 마태복음 6장 9-10절의 주기도문에 그들을 위해 어떻게 기도해야 한다고 우리에게 다음과 같이 가르쳐 주셨다. "너희는 이렇게 기도하라... *(당신의)* 뜻이 하늘에서 이룬 것 같이 땅에서도 이루어지이다."

내가 벤엘대학 교수 사모 연합회의 회장이었을 때 우리는 "주님, 나를 변화시켜 주세요" 수련회를 계획하였다. 나는 그것을 알리면서 대학과 신학교 교수, 그리고 직원 남편들에게 우리 부인들은 수련회 센터에 모여서 우리가 변화되기를 하나님이 원하시는 대로 하나님이 그의 말씀에서 우리에게 말씀해 주시도록 할 계획이라고 설명하였다. "나는 내 아내가 변화되는 것을 원치 않아요. 난 현재의 아내 그대로를 좋아해요," 한 교수가 빈정거리며 말했다.

나는 잠시 침묵하면서, "그러나 *하나님*은 당신의 아내 그대로를 좋아하십니까?"라고 얼마나 그에게 말하고 싶었는지 모른다. 거기에는 분명 차이가 있다!

나는 나의 삶에서 *하나님*의 뜻을 위해서 나를 하나님께 내맡겨 온 남편을 인하여 하나님을 찬양하고 감사드린다. 크리스가 이기적이 아니고, 개인적으로 나를 위해서 *그*가 원하는 바에 흥미 있어 하지 않고, *하나님*이 나를 위해서 원하시는 바에 흥미를 갖고 있기 때문에, 우리의 결혼 관계는 얼마나 아름다운지 모른다. 그렇다, 사랑하는 자를 하나님께 내맡기는 것은 희생을 필요로 하지만, 복종하며 변화된 삶의 아름다움을 우리가 바라볼 때 그것은 위대한 것이다.

우리의 영적 자녀들을 내맡기라

우리는 흔히 우리의 "영적 자녀들"에게 지나치게 집착하는 경향이 있다. 나는 많은 사람들을 주님께 인도하고 그들 모두를 양육하느라고 애쓰다가 이제는 육체적으로 그리고 감정적으로 지쳐버린 한 부인에게 장거리 전화로 이야기한 것에 대해서 내가 인도하는 연쇄전화기도모임 회장에게 말한 적이 있다. 그녀가 제자 훈련을 하고, 어머니처럼 돌보며, 코치해 나가면서 그녀는 중압감을 이기지 못하고 쓰러진 자신을 발견하게 된 것이다.

"그들을 하나님께 내맡기세요," 나는 그녀에게 충고하였다, "그리고 하나님이 그들을 위해서 당신이 하기 원하시는 일을 오직 한 번에 하나씩만 하도록 내맡기세요."

그 다음 날 나의 연쇄전화기도 모임 회장이 전화를 걸어 말했다, "나는 당신이 전화로 그 사람에게 해 주신 충고를 개인적으로 받아들였어요. 나는 지금까지 내가 양육해 온 나의 모든 이웃에게 전적으로 내가 책임감을 느끼면서 그들을 과잉보호했다는 것을 갑자기 깨닫게 되었어요. 그리고 나 역시 의사의 치료를 받고 있으면서 더 이상 중압감을 이길 수 없어서 내가 돌본 나의 이웃들을 다만 하나님께 *내맡겼어요.* 나는 관심을 갖는 일을 그만 두지는 않을 거예요. 그리고 그들을 제자 훈련하고 양육하는 것을 그만 두지도 않을 거예요; 단지 내가 하나님 노릇을 하는 것을 그만 둘 거예요."

만일 어른들이 붙잡았던 아기들의 손을 놓지 않는다면 그들은 결코 걸음마하는 법을 배우지 못한다. 마찬가지로 우리가 새로 믿은 그리스도인들을 계속 붙잡고 있어야 한다고 고집한다면 그들도 결코 스스로 걷는 법을 배우지 못한다. 비록 제자 훈련하는 것이 우리가 그리스도를 소개한 사람들을 돕는 데 필요한 부분이지만, 우리는 그들 스스로 하나님과 자유롭게 날아갈 수 있도록 *내맡겨야*만 할 때가 온다.

우리가 훈련한 "사람들에 대한 집착"을 위한 우리 자신의 뜻에 대한 권리를 하나님께 내맡길 때 우리는 변화된다―그들을 위한 우리의 뜻을 요구하기보다 하나님의 뜻에 복종하도록 우리는 변화된다. 그러나 이 과정에서 내가 생각해 보지 않았고 정말 추구해 보지도 않았던 추가의 보너스가 있다. 하나님이 나를 변화시키고 계시는 동안에, 하나님은 또한 내가 기도만 하고 "설교하지" 않았던 사람들을 하나님이 변화시키시는 역사가 있음을 나에게 가르쳐 주고 계셨다.

나는 새로운 역할을 하게 된 나 자신을 보았다―변화되었다! 중보자가 무릎을 꿇고 기도함에 있어서, 나는 내가 위해서 기도하는 사람들의 삶에서 내가 인정하지 않은 것들에 대해서 하나님께 이야기하고 *그가* 그들을 직접 다루시게 내맡기는 것이 훨씬 더 효과적이라는 것을 발견하였다. 나는 사람들에게 설교하는 것보다 그들을 위해서 기도하는 것이, 특히 하나님이 원하시는 어떤 방법으로든 하나님이 나의 기도를 응답해 주시도록 그들을 하나님께 전적으로 내맡길 때 더 능력이 있음을 배웠다.

변화되다—내가 기도하는 동안에

지구상에 살고 있는 죽을 수밖에 없는 인간들이 가진 가장 큰 특권 중 하나는 은혜의 보좌 앞에 담대히 나아갈 수 있는 것이다 (히 4:16). 내가 이 특권을 행사하며 누릴 때 나는 변화된다. 내가 하나님의 임재 가운데서 기도할 수 있도록 하나님이 허용하시고 초청하실 때 나는 하나님이 나에게 깨닫게 해 주신 그 가치를 보게 된다. 죽을 수밖에 없는 인간에 불과한 나는 만물의 하나님의 보좌 바로 앞에 내가 관심을 갖고 있는 자들을 데리고 가는 흘러넘치는 기쁨을 가진다. 나는 전지전능하시고 무소부재하신 하나님의 주목을 받고 있다—그리고 이 사실은 나를 변화시킨다!

우리 교회에서 가졌던 "나는 그것을 찾았노라"(I Found It) 프로그램에 집중했던 것이 끝나고, 이제 "여기에 생명이 있다" 24시간 연쇄기도모임을 계속하는 이유는 기도하는 많은 회원들이 중보기도의 특권을 포기하는 것을 원하지 않는다고 말했기 때문이다. 그들이 우리에게 말하기를, 그들이 기도하기로 되어 있는 시간이 심지어 한밤중일지라도 그들이 24시간 연쇄기도모임을 경험한 기쁨은 굉장했다고 했다. 그런 아주 특별한 방법으로 하나님께 가까이 가는 특권은 많은 사람들이 기꺼이 포기하고 싶어 하지 않는 특권이다.

또한 내가 다른 사람들을 위해서 기도하는 동안, 나는 골로새서 3장 1-2절의 "그러므로 너희가 그리스도와 함께 다시 살리심을 받았으면 위엣 것을 찾으라. 거기는 그리스도께서 하나님 우편에 앉아 계시느니라. 위엣 것을 생각하고 땅엣 것을 생각지 말라"는 권고를 이행하는 것이다. 하나님 아버지와 그의 아들 그리스도께서 임재하시는 곳으로 우리의 마음을 천상의 것에 둘 때 하나님은 나를 변화시키신다. 우리는 다음의 말씀을 읽는다: "예수님이 베드로, 요한과 야고보를 데리시고 기도하시러 산에 올라가사 기도하실 때에 용모가 변화되고" (눅 9:28). 예수님의 용모가 변화되신 것은 *그가 기도하신* 동안이었다. 마태는 그의 얼굴이 "해 같이 빛나며"(마 17:2)라고 우리에게 말한다. 그리고 내가 기도할 때, 하나님은 나를 변화시키신다. 내가 높이 들리신 나의 거룩하신 하나님과 직접 교통하는 동안에 나는 더욱 그리스도를 닮게 되고, 더욱 그의 형상으로 변화되는 것이다.

우리는 사도행전에서 위의 셋 중 같은 두 사람이 관원과 장로와 서기관들과 대제사장의 문중이 다 있는 곳에 죄수로 잡혀온 이야기를 읽게 된다. 그들이 베드로와 요한을 보았을 때, "그 전에 예수와 함께 있던 줄도 알았다" (행 4:13). 우리는 우리 자녀들에게 그들은 그들이 사귀는 사람들을 닮아간다고 가르친다. 우리는 예수님과 함께 한 후에 우리에게 진정으로 무엇인가 달라진 점이 있는가? 그렇다, 우리는 진정으로 변화된다—심지어 *우리의* 적도 그 차이를 말할 수 있을 정도로 많이 변화된다.

누군가가 나를 필요로 한다

각 인간이 타고난 것은 자신을 필요로 하는 필요를 가지고 있는 것이다. 그것은 우리에게 자아 가치, 인생을 위한 열정 그리고 삶을 위한 이유에 대한 감각을 준다.

우리는 우리의 기도 세미나에서 중보기도를 할 때 우리 자신에 대한 가치를 발견한다. 긴급하고 흔히 가슴이 터질 듯한 기도 요청이 들어올 때, 기도하는 사람들은—많은 사람들이 처음으로— *누군가*가 진정으로 그들을 그리고 그들의 기도를 필요로 한다는 것을 발견한다.

코리 텐 붐이 다섯 살 때 그리스도를 그녀의 구세주로 막 영접했을 때 그녀의 엄마가 "코리야, 넌 이제 중보기도자가 된 거야"라고 말한 것을 나에게 말했다. 그리고 그녀는 자기 집 주변에 사는 사람들이 그녀의 기도가 필요했다는 것을 알게 되었다. 어린 아이가 자기의 가치를 발견하게 된 얼마나 놀라운 방법인가!

십대의 자아 가치감에 대한 동기를 유발시키고 싶어 주려고 가진 5주 동안의 기도 세미나는 색다른 경험을 한 것이 증명되었다. 장년으로 가득 찬 어느 교회의 교인과 함께 200명의 십대 아이들이 기도하는 법을 배우고 있었다. 그러나 그들은 자발적으로 참석한 것이 아니었고, 첫째 날 밤에 나열된 종이 총, 풍선껌과 종이비행기를 보니, 그들 자신이 기도에는 별 관심이 없는 자들이라는 것을 나에게 보여 주었다.

두 번째 시간에 그들 중 한 명이 나에게 와서 기도 제목이 있다고 말했다. "나의 열 살 된 여동생은 소리를 들을 수가 없어요"라고 그녀는 말했다. 만일 그녀의 동생을 그 때 하나님이 고쳐 주지 않으시고 다른 방법으로 하나님이 응답해 주신다고 하면 내가 결코 그들에게 기도하도록 동기를 부여할 수 없다는 것을 두려워하면서 나는 한 가지 계획을 세웠다. 나는 200명의 *십대*들에게 그 기도 제목을 주면서 도전하였다. 나는 그들에게 그 기도 제목은 그들이 책임지고 기도할 제목이고, 그 기도 제목을 가지고 그들이 무엇을 선택하든지 *그들이* 해야 할 일이라고 말했다. 나는 무슨 결과가 나올지 기다리면서 그 다음 주 내내 마음을 조이고 있었다. 그러나 그 다음 시간에 나의 두려움은 불필요한 것임이 증명되었다. 나는 그 소녀의 십대 친구 무리에 둘러싸여 있는 나 자신을 발견하였다. 그녀가 흥분하면서, "내 동생에게 무슨 일이 일어났는지 아세요?"라고 큰 소리로 외쳤다. 나는 숨을 죽이고 기다렸다. "내 동생은 이제 보청기 없이도 들을 수 있어요!" 그 200명의 십대들은 채워져야 할 필요가 있는 누군가에게 그 필요를 채워 줄 수 있었던 자신의 가치를 발견하였다.

그 기도 세미나의 마지막 시간 후에 어느 목사 사모가 눈에 눈물을 글썽이며 나에게 왔다. "첫째 날 밤에 종이비행기와 종이 총을 쏜 그 남자 아이를 기억하세요? (어찌 내가 그를 잊겠는가?) 그가 우리의 소그룹 모임에서 방금 무엇이라고 기도한지 아세요? 그가 기도하기를, '사랑하는 하나님, 당신이 방금 나에게 가르쳐 주신 것을 제발 우리 아빠에게도 가르쳐 주세요!'" 오, 그렇다. 우리가 필요한 자라는 것을 발견할 때 우리는 변화된다.

하나님은 나를 필요로 하신다

　　교회에서 가장 개발되지 않은 잠재력을 가진 사람들은 노쇠한 우리의 지체들이다. 그들 중 많은 사람들은 몸이 건강했을 때는 영적인 거장들이었지만, 이제는 흔들의자나 휠체어 또는 침상에 갇혀서 흔히 그들의 몸처럼 그들의 영혼도 오그라든 채 병이나 노령으로 인하여 하나님을 위해서 활동할 수 없게 된 것이다. 그러나 나는 우리의 기도 세미나에서 흥분되는 일을 발견했다. 친척들과 친구들이 이러한 사람들을 자주 세미나로 데려오는데, 그들은 가끔 요양원에서 버스를 타고 오기까지 한다. 나는 이러한 노쇠한 그리스도인들에게 하나님이 *여전히* 그들을 필요로 하신다고 도전한다. 그리고 나는 그들에게 그들이 전에 가졌던 영적인 능력만큼 그리고 아마도 그것보다 더 많이 다시 한 번 그들은 영적인 능력을 발휘할 수 있다고 말한다. 나는 이러한 하나님의 나라의 소외된 백성들이 하나님이 그들을 필요로 하신다는 것을 재발견하면서 마치 장미꽃봉오리가 활짝 피는 것처럼 퍼지는 것을 지켜보는 것을 좋아한다.

　　"여자가 기도할 때 무슨 일이 일어나는가"란 기도 프로젝트를 실시하는 동안에, 우리는 이러한 사람들을 우리의 「이웃 성경 공부반」을 위한 기도 후원자로 지명하였다. 우리는 그 성경 공부반에서 교사들과 공부반을 주관하는 자들이 그 반 사람들이 가진 그때그때의 모든 필요와 문제들을 놓고 "기도하는 자"로 사역할 때 나타난 하나님의 능력과 변화된 결과들을 보면서 얼마나 마음이 뿌듯

했는지 모른다!

우리 교회의 초등학교 반 교사들 중 뛰어난 교사가 육체적인 문제로 자기 반 아이들을 가르칠 수 없게 되었다. 반 아이들을 위해 집에서 구운 과자와 학생 하나하나를 위한 개인적인 깊은 관심은 그녀를 깊이 사랑받는 교사로 만들었다. 그러나 그 교사가 그 반을 그만 둔 후에, 그녀는 병실과 집에만 감금된 상태에서 새 프로젝트를 시작했다—그녀는 주일학교 시간을 초등부의 학생들과 교사들과 교장의 이름을 하나하나 부르면서 기도로 보냈다. 거의 즉시 다른 교사들이 초등부에서 일어나고 있는 놀라운 변화들을 보고하기 시작했다. 징계할 문제는 거의 없었다. 하나님은 그녀가 초등부 아이들을 가르치는 것보다 더 능력을 나타내도록 그녀를 *필요*로 하셨는가? 분명히 그렇다. 하나님은 그녀가 활동하다가 활동하지 못하도록 허용하셨지만, 감금된 상태에서 모든 것을 접어두는 대신에, 그녀는 능력 있는 중보기도자로 변화된 것이다.

내가 남부의 어느 대도시에서 기도 세미나를 인도하고 있을 때, 한 정신병 치료자가 나에게 말했다, "당신도 아시는 바와 같이, 제 직업은 그 치료법이 좋다고 알려진 것은 아니지만, 저는 재미있는 것을 발견하고 있어요. 저는 그리스도인이 된 지 이제 겨우 2년이 되었지만, 나는 나의 환자들을 위해서 깊이 있고 열정적인 기도를 시작했어요. 그리고," 그녀는 흥분한 채 계속했다, "나는 내가 기도한 사람들이," 그녀는 말을 끝내기 전에 심호흡을 했다, "실제로 나은 거예요." 그리고 *그녀*는 그녀의 환자들을 위해서 기도했을 때 하나님이 실제로 무언가를 하고 계신 사실을 경이로워하는 정신병 치료자로 변화되었다.

우리가 처음에 기도를 시도하기 시작했을 때, 원래의 "불평꾼 여덟 명"이 동기 부여가 되고 신실하게 기도하는 자들로 변화된 것은 하나님이 실제로 그들을 필요로 하신다는 것을 그들이 발견했기 때문이다. 그리고 나는 수천의 사람들에게 기도하는 법을 가르쳐 온 여러 해 동안 이것이 진리임을 발견해 왔다. 사람들이 하나님이 *그들을* 사용하고 계심을 발견했을 때 회의적인 의심자로부터 열정적인 기도자로 변화되는 것을 지켜보는 것은 나에게 끊임없는 스릴이다. 어느 목사 사모가 오늘 아침 나에게 그녀는 때때로 오직 그녀만 알고 있는 필요와 다른 어떤 사람도 기도하지 않는 필요를 위해서 기도하면, 하나님이 *그녀의* 기도를 응답하신다는 것을 *안다*고 말했다. 하나님이 *우리를* 사용하고 계신다는 놀라운 발견은 우리의 자아 가치감을 변화시켜 준다. 우리는 변화되고—하나님이 필요로 하는—사람들이다. 그리고 그것은 우리를 기뻐하는 사람들이 되게 한다!

단물과 쓴물

내가 다른 사람들을 *위해서* 기도하는 중보기도자가 될 때, 나는 야고보서 3장 11-12절의 진리가 나의 삶에서 분명해지는 것을 발견한다. 나는 두 가지 태도가 동시에 내 안에 있는 것이 불가능하다는 것을 발견한다. "샘이 한 구멍으로 어찌 단물과 쓴물을 내겠느뇨? 내 형제들아, 어찌 무화과나무가 감람 열매를, 포도나무가 무화과를 맺겠느뇨? 이와 같이 짠물이 단물을 내지 못하느니라."

내가 다른 사람들을 위해서 기도할 때, 나의 사소하고 아주 실제적인 불평들이 나의 마음에서 사라진다. 언제나 나보다 더 나쁜 상태에 있는 사람이 있는 법이다. 내가 그 사람을 위해서 깊은 중보기도 가운데 들어갈 때 나는 이기적인 불평자에서 내가 기도하는 사람을 위해서 진정한 관심과 사랑을 가진 사람으로 변화된다. 웬일인지 나는 나 자신에만 집착하지 않고 다른 사람들을 위한 사랑으로 기도하게 된다.

나는 또한 어떤 사람을 위해서 기도하면서 동시에 그 사람에 대해서 험담하는 것은 불가능하다는 것을 발견한다. 연쇄전화기도 모임의 가장 큰 결과 중 하나는 기도하는 사람들이 다른 사람들을 위해서 기도하기 시작할 때 그들의 문제들에 대해서 험담하는 것을 그치는 것이다. 또한 우리가 목사를 위해 진정으로 기도하기 시작할 때 "목사를 혹평하는 것"은 더 이상 주일 저녁 식사 시간에 거론되는 주 메뉴가 아니다.

그리고 나는 어떤 사람에 대한 비난으로 가득 차 있으면서 동시에 그 사람에 대한 모든 좋은 것들을 인하여 하나님께 감사할 수 없다. 여하튼 그러한 정반대로 대립되는 두 가지 태도들이 동시에 표현될 수는 없다. 이것이 우리가 아는 모든 사람들—특히 우리의 적들—을 인하여 하나님께 감사할 때 일어나는 미묘한 결과 중 하나이다. 그 과정 중에 *우리*는 변화된다.

나는 또한 어떤 사람을 위해서 기도하면서 동시에 그 사람에게 화를 내는 것이 불가능하다는 것을 발견한다. 그리스도께서 마태복음 5장 44절에서 "너희를 핍박하는 자를 위하여 기도하라"고 말씀하셨을 때, 그가 우리에게 위해서 기도하라고 명하신 사람들보다 더 마음에 두고 계신 것이 있으셨는가? 우리를 핍박하는 자들을 위해서 기도한 결과 중 하나가 기도하는 우리들이 그들을 위해서 기도할 *때* 변화되는 것인가? 그러나 이 변화를 효과 있게 하기 위해서는 우리의 기도가 순수해야만 한다. 우리는 마음속 깊이에 쓴 맛을 가지고 있으면서 몇 마디 달콤한 말로 기도할 수는 없다. 아니다, 진정한 기도는 마음에서 넘쳐흘러 나오는 것이다.

마음속에 단맛을 가질 수 있는 첫 번째 단계는 우리를 핍박하는 사람을 용서하는 것이다. 바로 그러할 때 우리 안에서 변화가 일어난다. 우리는 다른 사람들을 용서할 *때* 변화된다.

어느 은퇴한 선교사가 어제 나에게 와서 자기 교회의 여자들이 *여자가 기도할 때 무슨 일이 일어나는가*를 공부하고 있다고 말했다. 그녀는 눈물을 글썽이며 말했다, "그 책의 중요한 장은 다른 사람들을 용서하는 것에 대한 장이에요. 사람들이 서로 용서할 때 그들 사이에 있는 문제들이 하나씩 해결되었어요. 우리 교회가 달라지고 있어요."

미니애폴리스 교외에서 있었던 세미나에 참석하고 있는 한 여자가 "앤 랜더스"(Ann Landers)가 신문의 상담 기고란에서 하는 상담 역할을 나에게 해 달라면서, 그녀가 어떻게 그녀의 시어머니에게 말해야 되는지를 알려 달라고 했다. 나는 그녀에게 우리가 그런 상황을 다루는 법을 공부하게 될 다음 주까지 기다려 달라고 했다. 그 다음 시간에 나는 다른 사람들을 용서하는 방법을 다루었고—

그리고 그녀는 그 문제를 놓고 기도하였다! 그 다음 주에 그녀는 완전히 변화되어 세미나실로 뛰어 들어왔다. 그녀의 날카로운 태도는 온유한 태도로 바뀌었고; 걱정스러운 용모는 미소로 바뀌었다. 나는 그 시어머니를 전혀 만나지 않았다. 그녀를 향한 그녀의 자부의 태도가 변화되었을 때 그녀가 계속 처참한 상태에 있게 되었는지 아니면 변화되었는지 나는 전혀 모른다. 그러나 이것은 안다—그녀를 용서한 사람 안에서는 획기적인 변화가 일어난 것을 말이다.

내가 어느 대학에서 다른 사람들을 용서하는 것에 관한 기도 주간 집회에서 가르치고 난 후에 두 여학생이 학장 사무실로 뛰어 들어왔다. "나는 자유로워요. 나는 자유로워요!" 비록 나는 누가 어떻게 되었다거나 또는 문제가 무엇이었는지에 대해 아무런 개념이 없었지만, 학장은 고개를 끄덕이고 이해하는 미소를 지었다. 그 기독교대학 캠퍼스에 있던 문제가 해결된 것이다. 용서한 자가 변화되는 특권을 갖는다. 자유의 특권을!

아주 떠들썩한 독일 출신의 한 여자가 전 나치의 ["십자가의 변형인 만자(卍)를 사랑했던 소녀"인] 한시(Hansi)에게 와서 그녀는 자기 엄마를 견디어 낼 수 없다고 말했다. 그들은 대서양을 그들 사이에 두고 있는 한 별 일이 없었다. 그러나 그녀는 자기 엄마가 독일에서 미국으로 오고 있다는 말을 방금 전해들은 것이다!

"내일 밤에 우리 교회에서 기도 세미나가 있는데 오지 않을래?" 한시가 제안했다. 그녀가 왔다—그리고 우리는 우연히도 마침 다른 사람들을 용서하는 것에 관한 공부를 하고 있었다. 이제 함께 기도하는 시간이 되자, 한시는 이 화난 여자를 마주 보고 있는 것을 알았다. 기도 시간 동안에 용서해야 할 사람으로 자기 엄마를 선택한 후에, 그녀는 한시를 쳐다보고 말했다, "오, 이제 우리 엄마가 독일에서 오셔도 돼!" 누가 변화되었는가? 그녀의 엄마? 아니다, 그녀가 자기 엄마를 용서했을 *때 그녀*가 변화된 것이다!

하나님은 고린도후서 2장 5-11절에서 근심하는 자들을 위한 공식을 지혜롭게 주셨다. 우리는 어쩐지 우리를 근심하게 한 사람이 변화될 필요가 있는 사람이라고 느끼지만, 하나님은 우리가 심술 궂게 행할 때 지혜롭게 우리가 그 책임을 지게 하신다. 그 공식에는 근심을 하게 만든 사람에게 무엇을 해야 하는지를 말하는 것은 아무 것도 없다. 그러나 그 공식에는 근심하는 사람들인 우리가 해야 하는 것만 말하고 있다. 하나님은 우리가 다른 사람을 용서하고 진정한 사랑으로 그를 위해서 기도할 때 우리가 변화된다는 것을 처음부터 아신다.

그렇다, 내가 다른 사람들을 위해서 기도할 때 나는 변화된다! *나의* 우선권, *나의* 권리, *나의* 태도, 이 모든 것은 내가 다른 사람들을 위해서 기도할 *때* 변한다.

제 Ⅲ 부

변화를 이루시는 분은

주님이심을 확신하라

9

지혜의 근원 No. 1-
정욕적인 자아

"미련한 자는 자기 행위를 바른 줄로 여기나..."

잠언 12:15

우 리는 우리를 변화시키기 위해서 하나님이 사용하시는 방법을 고찰해 보면서 뇌리를 떠나지 않는 질문이 생긴다: 나를 변화시키시는 분이 주님이시라는 것을 정말로 어떻게 확신할 수 있는가? 나의 생활양식이나 나의 모든 지혜가 진정으로 주님으로부터 온 것임을 내가 어떻게 알 수 있는가?

하나님은 내가 나를 변화시킬 지식을 얻을 수 있는 지혜의 네 가지 근원을 야고보서가 언급하고 있는 것을 나에게 보여 주셨다.

이 네 근원은 나의 생활양식을 위해서 끊임없이 싸운다; 그리고 나는 그들 중 오직 하나만이 하나님이심을 발견했다. 그 넷 중 오직 하나만이 나의 삶의 변화를 위해 신뢰할 수 있게 지시해 주는 근원이다. 그 나머지 셋은 야고보서 3장 15절에 언급되어 있다: "이러한 지혜는 위로부터 내려온 것이 아니요, *세상적*이요 [다른 사람들로부터], *정욕적*이요 [우리의 정욕적인 자아 안에서부터], *마귀적*이니 [귀신들로부터]."

그렇다면 내가 나의 생활양식을 만들어 내는 지혜의 근원을 시험해 볼 수 있는 무슨 방법이 있는가? 야고보는 그 증거는 *결과적으로 무엇을 만들어 내느냐*에 있다고 말한다: "오직 위로부터 (주님으로부터) 난 지혜는 첫째 성결하고, 다음에 화평하고, 관용하고, 양순하며, 긍휼과 선한 열매가 가득하고, 편벽과 거짓이 없나니" (3:17). 이것은 그 나머지 세 근원이 만들어 내는 바와는 대조를 이룬다: "그러나 너희 마음속에 독한 시기와 다툼이 있으면 자랑하지 말라. 진리를 거슬러 거짓하지 말라. 이러한 지혜는 위로부터 내려온 것이 아니요, 세상적이요, 정욕적이요, 마귀적이니, 시기와 다툼이 있는 곳에는 요란과 모든 악한 일이 있음이니라" (14–16절).

내 안에 변화를 만들어 낸 지혜의 근원이 무엇인지를 분별하는 것은 때로는 어렵다. 하나님 이외의 다른 근원이 좋은 삶으로 일시적인 만족을 주는 것은 가능하지만, 그 마지막 결과는 하나님이 내 안에 만들어 내기 원하시는 바와는 언제나 반대일 것이다. 피상적인 행복은 지혜의 다른 근원들 중 하나로부터 이루어질 수도 있겠지만, 내 마음속 깊숙한 곳에는 진정한 기쁨과 평화가 없을 것이다.

나는 몇 년 전 어느 주일 아침에 야고보서 3장을 경건의 시간에 읽다가 굉장한 사실을 발견했다. 한 친척이 그 당시로부터 9년 전에 나에게 말한 것 때문에 갑자기 화가 내 안에서 치밀어 올랐다. 나는 그 때 용서했고 또 용서받았는데, 왜 이런 감정이 이제 일어났는가? 내가 성경의 이 부분을 읽었을 때 나는 하나님의 해답을 알았다: 그 태도는 하나님으로부터 온 것이 아니었다! 소름이 끼친 채, 나는 지혜의 다른 세 근원들을 주목한 다음에, 하나님으로부터 온 지혜는 내가 경험하고 있던 화를 내지 않으리라는 것을 깨달았다. 그것은 다른 근원들 중 하나로부터 온 것이 틀림없다.

나는 이 마지막 몇 장에서 나의 생활양식에서 한데 묶어 나타난 결과가 변화를 이루어 낼 수 있는 이러한 지혜의 네 가지 가능성 있는 근원들에 대해서 토의할 것이다.

정욕적인 자아

내가 지혜를 얻을 수 있는 근원들 중 하나는 나 자신의 정욕적인 자아— *나의 감각에 의해 통제되는 나의 일부분*이다. 그것은 로마서 7장에 나오는 바울이 갈등한 자연인이다. "내 속(곧, 내 육신)에 선한 것이 거하지 아니하는 줄을 아노니" (18절). "그런즉 내 자신이 마음으로는 하나님의 법을, 육신으로는 죄의 법을 섬기노라" (25절 하).

한 번 "그가 모든 사람들을 그에게로 부르실" 때, 그리스도가 칭찬받는 것과는 먼 인간의 마음에 대한 그림 언어를 이렇게 생생하게 표현하셨다: "속에서, 곧 사람의 마음에서 나오는 것은 악한 생각, 곧 음란과 도적질과 살인과 간음과 탐욕과 악독과 속임과 음탕과 흘기는 눈과 훼방과 교만과 광패니, 이 모든 악한 것이 다 속에서 나와서 사람을 더럽게 하느니라" (막 7:21-23). 야고보는 우리 안에 있는 죄의 근원에 대해서 이렇게 기록했다: "오직 각 사람이 시험을 받는 것은 자기 욕심에 끌려 미혹됨이니" (약 1:14). 그리고 예레미야는 이렇게 한탄했다, "만물보다 거짓되고 심히 부패한 것은 마음이라: 누가 능히 이를 알리요?" (렘 17:9).

자신을 속이는 것

정욕적인 자아에 대한 성경 구절을 읽은 후에, 나는 내가 어떠한 방향으로 변화되어야 할 것인지를 알고 있다고 생각함으로 나 스스로 속을 수 있다는 사실에 섬뜩하게 놀랐다. 의미 있는 잠언은 "미련한 자는 자기 행위를 바른 줄로 여기나"(잠 12:15)라고 말한다. 그리고 로마서에서, 바울은 "하나님을 알되...그 생각이 허망하여지며, 미련한 마음이 어두워졌나니, 스스로 지혜 있다 하나 우준하게 되어"(1:21-22)라고 묘사한다. 왜냐하면 "저희가 마음에 하나님 두기를 싫어하매, 하나님께서 저희를 그 상실한 마음대로 내어 버려두사 합당치 못한 일을 하게 하셨으니, 곧 모든 불의, 추악, 탐욕, 악의가 가득한 자요, 시기, 살인, 분쟁, 사기, 악독이 가득한 자요, 수군수군하는 자요, 비방하는 자요, 하나님의 미워하시는 자요, 능욕하는 자요, 교만한 자요, 자랑하는 자요, 악을 도모하는 자요, 부모를 거역하는 자요, 우매한 자요, 배약하는 자요, 무정한 자요, 무자비한 자라"(1:28-31)고 하기 때문이다. 이 모든 것들은 참으로 나 자신의 감정과 정욕을 합리화하고 따른 마지막 결과인가? 이러한 결과 가운데서 나의 삶에서 실제로 일어난 일은 내가 하나님의 인도하심을 받고 삶이 변화될 수 있도록 나를 하나님의 말씀을 향하여 급히 달려가게 만든다.

이 정욕적인 자아에 대해서 내가 무엇을 할 수 있는가? 하나님은 나에게 에베소서의 말씀을 통해 좋은 권면을 해 주신다: "그러므로 (이제부터는 내가 그리스도 예수 안에 있으므로), 이방인이 *그 마음의 허망한 것*으로 행함 같이 너희는 행하지 말라.....그러나 너희는 유혹의 욕심을 따라 썩어져가는 구습을 좇는 옛 사람을 벗어 버리고; 오직 (나의) *심령으로 새롭게 되어*"(4:17 이하). 하나님은 내가 변화되기를 원하시며, 이러한 육신의 죄들과는 정반대되는 것을 행할 수 있게 하는 하나님에게서 나온 지혜를 나에게 주기 원하신다.

그래서 나는 시편 기자가 기록한 것처럼 기도하며 하나님께 울부짖는다, "하나님이여, 나를 살피사 내 마음을 아시며, 나를 시험하사 내 뜻을 아옵소서. 내게 무슨 악한 행위가 있나 보시고, 나를 영원한 길로 인도하소서" (139:23-24). "*내*가 생각하거나 느끼는 바에 따라서 내가 변화되지 않게 해 주세요. 당신이 나를 변화시켜 주실 수 있도록 나에게 지혜를 주세요."

"내 생각들"

하나님의 말씀에 의하면 내가 생각하는 것은 진정으로 그리 감동되는 것이 아니다. 오직 유일한 진리가 있는데, 그것은 하나님 자신으로부터 오는 진리이다. 우리의 삶에서 올바른 변화를 위해서 우리가 의지할 수 있는 유일한 절대적인 진리는 오직 하나님의 말씀에서 발견된다. "저희를 진리로 거룩하게 하옵소서. 아버지의 말씀은 진리니이다" (요 17:17).

우리 집에 이것에 대한 한 가지 규칙이 있다. 작년 여름에 나는 우리 자녀 중 두 아이가 그것을 토의하는 것을 우연히 들었다: "엄마는 언제나 진리는 진리라고 말씀하셨어. 그것을 믿든지 믿지 않든지 그건 문제가 되지 않아. 그리고 그것을 믿지 않는 것은 진리인 그 사실과는 아무 상관이 없고, 우리가 단지 그걸 믿지 않기로 선택했다고 진리가 변화될 것도 아니야."

그렇다, 내가 어떤 것에 동의하든지 하지 않든지 그것이 진리인지 아닌지는 아무 상관이 없다. 어느 주제에 대해 내가 가지고 있는 "내 생각"은 그것이 진리라는 것을 부정하지도 또한 확실하게 해 주지도 않는다.

그러나 우리는 "내 생각들"이 아주 중요하다고 너무 믿는 경향이 있다. 성경 공부라고 하면서 많은 경우에 우리가 가지고 있는 "내 생각들"을 교환하는 것임이 판명되기도 한다. 우리는 성경을 읽을 때 성경 구절을 도약판으로 사용하면서 읽으며, "내 생각들"이라는 내적인 수영장으로 즉시 뛰어들고, 그리고 우리 마음에 들어오는 것이면 무엇이든 토론을 시작한다. 우리가 그 주제에 대한 생각을 말하는 것을 끝냈을 때, 공부반에 참석한 다른 사람들은 대개 그들이 생각한 것을 그대로 가지고 있고, 나는 내가 생각한 바를 그대로 가지고 있다. 아마도 그것은 훌륭한 토론이었을지 모르지만, 그러나 아무도 하나님의 말씀으로부터 어떤 새로운 진리를 얻지는 못했을 것이다.

유일하게 가치 있는 근원이신 하나님 자신으로부터 지혜를 얻는 것을 우리에게 확신시켜 주는 성경 공부를 위한 법칙은 주어진 날에 공부하는 성경 부분에서 답을 찾을 수 없는 어떤 것도 토론하지 않는 것이다. 교사 그리고 가급적이면 학생들도 성경 본문의 실제적인 의미를 공부하고, 대답들은 더 이상 참석자들의 "내 생각"에서 나오지 않고 하나님의 말씀에서 나오도록 해야 한다. 그러면 우리는 그 과에 근거해서 우리의 삶에서 생기는 변화는 사람들의 "내 생각들"에서 오는 것이 아니고 하나님 자신으로부터 오는 것이다.

나는 미국 동부의 어느 주에서 수련회를 인도하고 있었다. 우리는 토요일 아침에 우리의 삶에서 변화되어야 할 것을 하나님이 지적해 주실 때까지 하나님의 말씀을 읽는 것을 실시하고 있었다. 참석한 여자들의 마음은 이미 그 전날 밤 그들의 방에서 가진 경건의 시간 동안에 잘 준비되었다. 어떤 사람들은 "당신은 ~할 때 어떻게 반응합니까?"에 대한 뛰어난 질문 목록을 가지고 있었다. 그렇게 하는 목적은 각자의 반응이 그리스도를 닮은 것인지 아닌지를 발견하기 위한 것이었다. 그런데 무언가 잘못 되고 있었다. 나는 그들의 토론을 조용히 들으면서 구석에 앉아 있었다. 그 여자들이 가지고 있는 "내 생각들"을 교환하자 그들은 더욱 더 흥분하게 되었다—발언권을 위해서 동의하지 않고, 무시하고, 다투면서 말이다. 그 다음 날 아침에 나는 그들에게 그 전날 밤 경건의 시간 동안에 그들이 무언가 배웠다고 솔직하게 말할 수 있는 사람이 얼마나 있었는지 물었는데, 아무도 손을 든 사람이 없었다. 그러나 그들은 다른 방법으로 굉장한 교훈을 배웠으며, 그 날 아침에 그들은 하나님의 말씀을 간절히 듣고 싶어 했다.

어느 큰 신학교의 교수가 나에게 학생들이 그룹 모임은 덜 갖고 교수가 가르치는 시간은 더 갖기를 요청했기 때문에 그 학교의 교수 정책을 바꾸고 있다고 말했다. 이 학생들은 그들의 "내 생각들"을 나누는 데 너무 많은 시간을 할애해서 실제로 제대로 배우는 것이 없는 것처럼 느꼈던 것이다.

그렇지만 이것은 우리가 다른 사람들로부터 배울 수 없다는 것을 의미하는 것은 아니다. 나누는 것은 지혜의 유익한 근원이 될 수 있다—만일 나눈 지혜가 가치 있는 근원에서 나온 것이라면 말이다. 만일 그 근원이 하나님이 그 사람에게 가르쳐 주신 것이라면, 그런 나눔은 참으로 유익할 것이다. 만일 교사가 "내 생각에"라고 말한다면, 학생은 "그래서요?"라고 반응해도 좋을 것이다. 그리고 교사가 자신의 느낌을 말로 표현할 때도 그와 똑같이 적용된다. 그들은 학생들이 변화되기를 기대하거나 또는 요구하는 입장에 있지 않다. 그러나 교사의 지혜의 근원이 하나님으로부터 온 것이거나 또는 하나님으로부터 배운 사람들로부터 온 것이라면, "내 생각"은 받아들여도 좋은 지혜가 된다.

이것은 또한 우리가 성경을 읽거나 또는 성경을 공부할 때 우리 마음이 선입된 개념들로 꽉 차 있는 상태에서 하지 말아야 하는 이유이다.

저술하기 *전*에 선입된 개념들을 제거해 달라고 하나님께 간구하는 것은 널리 보급되어 있는 여자에 관한 연구의 저자들이 창세기 1장 26절과 28절을 정확하게 해석하고 가르치는 것을 도울 수 있을 것이다. 선입된 개념을 가지고 하나님이 다스리고 생육하는 역할을 남자에게 주셨다고 성경을 다루는 저자는 대명사가 단수가 아닌 복수("그"가 아닌 "우리")라는 사실을 왜곡한 것이다. 정확하게 읽으면 남자와 여자에게 동등하게 다스리고 생육하는 역할을 주었기 때문에 그 연구 논제의 기본을 부인하는 것이다. 그리고 이 성경 본문에 나오는 "아담"과 "남자"라는 단어의 의미를 정평 있는 성경 단어 연구서에서 찾아보면 두 단어 다 복수라는 것이 드러나며—또한 그 선입된 논제가 틀리다는 것을 증명해 준다.

때때로 우리가 가지고 있는 "내 생각들"은 부당한 성경 공부를 만들어 낸다. 내가 어느 대학의 기도 주간에 기도 세미나를 인도한 후에 한 청년이 나를 공박했다. 나는 그들에게 가르친 후에 총학생회에게 일어나서 기도할 수 있도록 소그룹을 만들라고 부탁했었다. "당신도 아주 잘 아시다시피," 그는 나에게 감정을 폭발하면서 말했다, "성경 어디에도 여자가 남자에게 무엇을 하라고 말한 곳은 없습니다."

"오," 나는 놀라서 말했다, "부활하신 아침에 예수님과 천사는 여자들에게 그렇게 했습니다. 천사는 여자들에게 말하기를 가서 남자들에게 말하라고 했습니다—예수님이 죽지 않으셨을 뿐만 아니라—또한 그들이 그를 보리라고 말씀하신 갈릴리로 가라는 말을 하라고 했습니다."

그가 가지고 있던 "내 생각"은 인류 역사상 가장 중요한 사실—그가 부활하셨다!—이 어떻게 나타났고, 그 다음에 그리스도를 따르는 남자 추종자들에게 그 사실이 어떻게 전달되었는지에 대한 진리를 올바로 보지 못하게 가로 막고 있었던 것이다.

❀　　❀　　❀

내가 마가복음을 가르치고 있던 반의 어느 변호사가 강의가 끝난 다음에 나에게 와서 이의를 제기했다, "왜 당신은 사탄과 귀신들에 대한 이 모든 것을 가르치시는 겁니까? 그런 것이 없다는 것을 당신도 잘 아실 텐데요."

나는 성경을 구절 단위로 공부하는 반에서 주제를 선택하지 않고 단지 본문에서 다루고 있는 주제이면 무엇이든지 가르쳤다. 그리고 처음 몇 과에서는 이러한 주제가 모두 포함되어 있었다.

나는 대답했다, "당신은 아주 지성적인 분이십니다. 나는 당신이 이렇게 해 보시기를 원합니다. 최소한 마가복음, 그리고 시간이 있다면 사복음서 모두를 선택하시고, 마치 법적인 소송을 준비하시는 것처럼 사탄 또는 귀신들이 언급될 때마다 누가 무엇을 말했고, 각각은 어떻게 반응했고, 누가 이겼는지 등을 기록하십시오. 그것이 끝났을 때, 이러한 것들의 실상에 대한 당신의 결정을 나에게 말씀해 주십시오. 그리고 나는 내가 그것들에 대해서 계속 가르칠 것인지 아닌지에 관한 당신의 결정에 따를 것을 약속합니다."

그 다음 금요일 쯤 내 우편함에 짧은 편지가 도착되었다: "사랑하는 크리스 사모님: 제발 나를 용서해 주십시오. 나는 그 주제에 대해서 성경이 말한 것을 알았다고 생각했을 뿐입니다. 나는 그것을 정말로 읽지 않았었습니다."

❀　　　❀　　　❀

때때로 우리는 성경에서 아주 좋은 단어("징계," "고난," "복종," "치유," "하나님의 공의"와 같은)를 택해서 즉시 "내 생각들"이라는 우리 마음속의 수영장으로 뛰어든 다음에 그것들을 그 단어 주위에 교묘하고 안전하게 엮어 놓는다. 그리하여 그 단어에 대해서 우리가 가지고 있는 모든 "내 생각들"이 그 단어의 성경적인 의미에 실제로 포함되어 있다는 인상을 남겨 준다.

또한 그 주제를 다루고 있는 성경의 단 한 부분에서 나온 우리가 가진 개념들에 근거하지 않고 *모든* 성경에 있는 신학적인 전제에 근거하는 것이 중요하다. 우리는 기도에 대해서 특정한 성경이 말하고 있는 바를 다룰 때 기도는 오로지 골방에서 해야 된다든지, 오로지 거룩한 손을 쳐들고 해야 된다든지, 또는 오로지 침상에 누워서 해야 된다고 믿기가 쉽다. 그러나 참되고 성경적인 기도에 대한 완전한 그림을 얻기 위해서는 그 주제에 관한 모든 성경 구절들을 종합적으로 검토해 보아야만 한다.

또한 바울의 동역자 중 많은 사람들이 여자였는데도 여자들은 집에 있으면서 가사를 돌보아야 된다는 균형 잡히지 않은 견해를 가지기가 쉽다. 브리스길라는 바울과 함께 여행했고 (행 18:18), 또 아볼로를 가르쳤고, 사복음서에는 예수님과 함께 여행한 여자들이 많이 있다. 그리고 똑같은 이 여자들이 그리스도가 천국으로 승천하신 후에 다락방에서 남자들과 함께 기다리고 기도하던 120명의 많은 부분을 차지한다 (행 1:14). 그런 다음에 우리는 오순절에 그들이 여전히 사도들과 다른 남자들과 함께 있으면서 기도하는 그룹에 있던 *모든* 사람들에게 성령이 임했고, 그들 *모두*가 천하 각국으로부터 예루살렘을 방문한 자들에게 각기 방문자들의 방언으로 말한 것을 본다. 베드로는 이 현상이 상상한 것처럼 술 취한 *것*이 아니고, 요엘의 예언을 성취한 것이라고 설명했다: "이는 곧 선지자 요엘로 말씀하신 것이니 일렀으되, 하나님이 가라사대 '말세에 내가 내 영으로 모든 육체에게 부어 주리니, 너희의 자녀들(아들들과 *딸들*)은 예언할 것이요, 너희의 젊은이들은 환상을 보고, 너희의 늙은이들은 꿈을 꾸리라. 그 때에 내가 내 영으로 내 남종과 여종들에게 부어 주리니, 저희가 예언할 것이요'" (행 2:16–18).

당신이 알고 있겠지만, 이러한 구절 중 많은 구절들이 교회 안에서 여자의 역할과 관계가 있다. 아마 어떤 사람들은 내가 여자이기 때문에 나 자신의 "내 생각"을 아주 내세우고 싶은 것이 아니냐고 의심할지 모르겠지만, 이러한 구절들에서 나온 논쟁점들은 미국 전역에서 가진 기도 세미나에서 매주 언급되는 구절들이라는 것을 확실히 해 두고 싶다.

많은 여자들이 나에게 어떻게 그들이 다른 사람들의 "내 생각"을 받아들였고, 그들의 유능함이 좌절되었으며, 그들이 거의 인간 이하로 취급받게 되었는지를 나에게 나누었다. 서점들은 여자들에 관한 책들로 가득 차 있는데, 어떤 책들은 아내가 남편에게 전적인 복종을 주장하고, 또 어떤 책들은 아내가 "남편을 행복하게 하고 결혼 생활을 지키기 위하여" 그녀의 남편을 조종하라고 제안한다; 또 다른 책들은 그리스도인들이 남성-여성의 역할 분담을 전부 그만 두는 것을 제안하기도 한다.

　아주 대중적이거나 또는 양극화된 최근의 논제는 별로 없다. 왜냐하면 너무 많은 사람들이 가정과 교회에서의 남성-여성의 역할에 대한 오해 때문에 상처를 받고 있기 때문이다. 우리 모두가 우리가 가지고 있는 "내 생각들"을 제쳐 놓고 하나님께서 그의 말씀으로 우리에게 말씀하시도록 허용하는 것은 특별히 중요하다.

　착상은 그것이 나온 출처만큼만 좋을 뿐이다. 우리에게 친숙한 해석은 어떤 강사 또는 교사의 "내 생각"에 지나지 않을 가능성이 있다. 그러나 우리의 마음이 우리 자신의 선입견들을 제거하고 하나님이 우리에게 말씀하시도록 내맡길 때, 우리는 하나님이 우리에게 가르치기를 원하시는 바로 그것—하나님이 우리를 변화시키기 위해서 사용하시는 방법—을 하나님으로부터 받게 된다.

　심지어 우리는 때때로 우리가 가지고 있는 "내 생각들"을 성경 말씀에 근거를 두며 우리 자신의 개념들을 지지한다고 느낀다. "하늘은 여호와의 하늘이라도; 땅은 인생에게 주셨도다"(시 115:16)는 말씀은 인생이 태양계 가운데 지구에 한정되어 있고 결코 달이나 또는 다른 어떤 행성에도 착륙할 수 없다는 것을 증명하기 위해서 많은 사람들이 사용한 구절이다. 그러나 이 "내 생각"이란 개념은 미국 동부 시간으로 1969년 7월 20일 오전 10시 56분에 깨졌다. 그것은 닐 암스트롱(Neil Armstrong)이 이제는 거의 불후의 명언이 된 "그것은 인간을 위한 최초의 한 걸음이고; 인류를 위한 하나의 거대한 도약이다"라고 말했을 때 깨졌다. 그는 달에 착륙하여 걸었던 최초의 사람이었지만, 최후의 사람은 아니었다. 자신의 "내 생각들"이 그릇된 것임을 증명하고 동시에 성경이 증명해 주는 이러한 과정은 수세기에 걸쳐서 계속되어 왔다.

17세기의 과학자인 갈릴레오(Galileo)는 지구가 우주의 중심에 있지 않다는 지금은 받아들여지는 사실을 믿었다. 그러나 1633년에 교회는 그에게 굴복하라면서 그의 손을 성경 위에 얹어 놓게 한 채 "그들이 생각한 바" 때문에 그의 믿음을 부인하도록 그에게 강요하였다.

때때로 우리는 우리가 생각하는 성경이 의미하는 바 때문에 다른 사람들에게 우리의 생각대로 그들이 변화되도록 강요한다. 나는 한 목사에 대해서 들은 말이 생각나는데, 그 목사는 가출한 아이들과 젊은이들을 위한 숙소를 경영하면서 그의 보호 가운데 있는 십대 소녀들과 성적인 관계를 맺은 것이다. 그는 그들이 사랑을 경험할 필요(좋은 성경적 개념)가 있다고 생각했기 때문에 옳은 일을 하고 있었다고 굳게 믿었다. 이러한 소녀들은 그 목사의 "내 생각" 때문에 삶에 변화가 있게 된 것이지만, 분명히 그들은 하나님의 사랑이 동기가 되어 하나님의 사랑 때문에 변화된 것은 아니다.

이러한 "내 생각"이라는 유형은 하나님의 말씀 안에서는 죄 (S-I-N)를 의미한다.

당신은 얼마나 스마트한가?

내가 남부의 어느 큰 도시에서 있었던 저녁 파티의 주빈으로 초대받았을 때, 필적 분석 훈련을 받은 한 젊은 사람이 갑자기 나에게 물었다, "당신의 지능 지수는 얼마입니까?"

내 주위에 있던 사람들이 내 대답을 들으려고 모든 대화를 중단하였다. "죄송해요, 전 그것에 대해서 말씀드리지 않겠습니다"라고 대답하면서 그들의 침묵을 난처하게 만들었다.

나는 그것은 그가 자기의 관심사를 나타내고 싶어서 한 질문이었고, 그가 알고 있는 모든 것을 나에게 말할 준비가 되어 있었다는 것을 갑자기 깨닫게 되었다. "좋습니다, 내가 얼마나 스마트한지 말하겠습니다." 그는 모든 눈들이 나를 주시하고 있을 때 "내가 이겼지"라는 의미의 미소를 다소 지었다. 천천히 그리고 아주 신중히 나는 말했다. "나는 내가 모른다는 것을 알 만큼 스마트합니다" (나는 충격적인 침묵을 거의 감지했다). "그러나," 천국에 계신 하나님을 향하여 위를 가리키면서 나는 덧붙여 말했다, "나는 또한 알고 있는 사람을 알 만큼 스마트합니다." 잠언 3장 5-6절은 이렇게 말한다: "너는 마음을 다하여 여호와를 의뢰하고, 네 명철을 의지하지 말라. 너는 범사에 그를 인정하라. 그리하면 네 길을 지도하시리라." 그렇다, 나는 나 자신의 삶을 어느 방향으로 인도해야 할지 모른다. 내가 나 자신의 명철을 의지할 때 나는 나 자신의 야심, 권리 및 견해를 더욱 더 고집스럽게 확고히 하게 된다.

　그렇다면 어떻게 나는 나 자신 안에 있는 지혜—시기, 다툼, 요란과 모든 악한 일을 산출해 내는 근원 (약 3:16)—를 가지고 나의 생활양식을 영위하는 것을 피할 수 있는가? 잠언 3장 5-6절에서 하나님은 만일 내가 나 자신의 명철을 의지하지 *않는다*면, 그는 나의 길을 지도하신다고 약속하셨다. 그렇게 하면 그는 성경 공부를 통해서 나를 가르치실 것이고, 신앙생활에 유익한 서적들을 읽는 것을 통해서 나를 인도하실 것이며, 내가 성경 말씀이 필요할 때 그 말씀을 기억나게 하실 것이다. 그리고 그는 내가 지혜—하나님의 완전하신 뜻에 따라 나를 변화시켜 주시는 지혜—가 필요하기에 그 지혜를 달라고 그에게 인정할 때 나에게 지혜를 주실 것이다.

10

지혜의 근원 No. 2-
세상적인 지혜

"내 말과 내 전도함이 지혜의 권하는 말로 하지 아니하고,
다만 성령의 나타남과 능력으로 하여:
너의 믿음이 사람의 지혜에 있지 아니하고,
다만 하나님의 능력에 있게 하려 하였노라."

고린도전서 2:4-5

야고보서 3장 15절에 언급된 대로 내가 변화되는 지혜의 또 다른 근원은 *세상적인* 것이다. 이것은 사탄의 사자(使者)들로부터 오는 불 같은 창으로나, 정욕적인 자아 안의 깊숙한 곳에서 솟아오르는 "내 생각들"을 가지고 나를 공격하는 것이 아니고, 내 주위의 세상으로부터 공격하는 지혜이다. 이것은 모든 각도에서 나를 맞

추려고 애쓰는 계속적인 탄막(彈幕)이다: 사람, 책, 신문, 라디오 및 텔레비전. 그 행렬은 끝이 없고 꾸준하다. 그것들은 내가 변화될 때까지—의심하지 않게—그들의 메시지를 혼합하여 조금씩 밀고, 압박하고, 속인 다음에 내 안에 침입한다.

광고 매체들은 텔레비전 화면에서 아주 재빠르게 번쩍이면서 유인하는 광고 내용에 담겨진 효능을 알고 있다. 나는 비록 그것들을 인식하고 있지는 않지만, 내 의자에서 일어나 부엌으로 가서 무언가 먹거나 또는 광고에서 본 것을 사고 싶도록 이미 자극이 되어 있는 것이다. 이러한 감추어진 설득자들은 텔레비전에만 국한된 것이 아니다; 그들은 각처의 가지각색의 출처로부터 하루 종일 나에게 교묘하게 작용한다.

로마서 12장 2절에서 바울은 이 세대를 *본받는 것*으로 이러한 과정의 결과를 언급한다. 그는 "이 세대를 본받지 말라"고 기록한다. 본받는 것은 비슷하게 되는 것, 조화를 이루는 것 또는 동의하는 것, 일치하여 행하는 것이다. **변화되다!** 무엇을 본받지 말라는 것인가? *세상*이다. 우리가 사는 세대—현세의 사물의 질서에 대한 원리와 실행—는 우리의 지혜의 근원이 되며, 그 지혜를 우리가 본받도록 다시 우리를 변화시킨다. 바울은 우리에게 이것에 반대하여 경고한다. 야고보는 이러한 지혜를 "위[하나님]로부터 내려온 것이 아니요, 세상적이요"(3:15)라고 말한다.

베드로는 이것을 이렇게 기록한다: "그러므로 너희 마음의 허리를 동이고...순종하는 자식처럼 이전 알지 못할 때에 좇던 너희 사욕을 본 삼지 말고"(벧전 1:13-14). 이전에 좇던 이러한 사욕은 무엇인가? 바울은 그것들을 에베소서 2장 1-3절에서 이렇게 정의한다: "너희(그리스도인들)의 허물과 죄로 죽었던 너희를 살리셨도다; 그 때에 너희가 그 가운데서 행하여, 이 세상 풍속을 좇고, 공중의 권세 잡은 자를 따랐으니, 곧 지금 불순종의 아들들 가운데서 역사하는 영이라; 전에는 우리도 다 그 가운데서 우리 육체의 욕심을 [따라 지내며], 육체와 마음의 원하는 것을 하여; 다른 이들과 같이 본질상 진노의 자녀이었더니."

혹독한 세상 풍조로 몰아세우다

평범한 것들이 나를 변화시킨다. 만일 누가 하나님의 이름을 망령되이 하고, 요즈음 텔레비전에서 너무 흔하게 쓰이는 말—어떤 경우에도 우리 집에서는 결코 허용되지 않는 말—로 인하여 움츠릴 때 나는 내적인 상처를 받은 적이 있음을 기억한다. 나는 아이들의 놀이 친구나 버릇없는 어른 친구들이 그러한 말을 사용하는 것을 결코 참을 수가 없지만, 이제 나는 우리 거실에 있는 텔레비전에서 너무나 무심결에 사용되는 야비한 언어에 대해서 전혀 아는 바가 없다.

그리고 텔레비전에서 항상 존재하는 삼각관계가 단지 나쁜 사람뿐만이 아니고 이제는 주인공인 "고상한 사람들"도 관련되어 있어 결혼을 위한 하나님의 기준은 끊임없이 좀먹어 가고 있다. 다른 사람의 아내 또는 남편과 하룻밤 잠자리를 같이 하는 것이 잘못된 것이라는 힌트도 주지 않는다. 드라마는 결혼 관계에서 제 삼의 인물을 끊임없이 크게 다루고 있고, 한 프로그램에서는 이혼한 어머니가 그녀의 두 딸들에게 "올바른 남자"와 잘 사귈 때까지는 "그것을 하지" 말라고 자유롭게 말한다. 그래서 우리는 그러한 생활양식에 익숙해져서 점차로 그런 일에 무디어지며, 별 충격도 받지 않게 된다.

오늘날의 인기 있는 음악에서도 도덕적인 가치의 변화가 점차적으로 살며시 기어들어 왔다. 우리는 사랑하는 두 연인이 이기적인 범죄 행위로부터 자유로워질 때까지 그들이 결혼한 배우자들에게 그들의 "아름다운" 사랑을 비밀로 하는 연인들을 실제로 동정하는 것을 종종 발견한다. 그리고 그 젊은 여자는 밤에 홀로 방에 있을 때, 저 밖에는 그녀가 주고자 하는 사랑을 그리워하는 어떤 남자가 있다고 수긍하면서 슬퍼한다.

나는 주일학교에서 우리가 마태복음 5장 28절의 말씀, 즉 "여자를 보고 음욕을 품는 자마다 마음에 이미 간음하였느니라"는 말씀을 읽었을 때 한 사람의 얼굴에 나타난 표정을 보고 깜짝 놀랐던 것을 상기한다. 무서워 떨면서, 그의 감정은 폭발되었다, "이 말씀은 정말 그런가요?" 그렇다, "도피 간음"에 대한 하나님의 기준은 아무리 세상이 우리의 사고를 변화시키려고 할지라도 여전히 유효하다.

나는 얼마나 많은 그리스도인 젊은이들이 이러한 혹독한 세상의 풍조에서 그들의 도덕적인 기준을 얻고 있는지, 그리고 얼마나 많은 어른들이 이러한 세상의 영향 때문에 부지중에 그들의 규범을 낮추었는지 의아하게 여긴다. 언제 우리는 머리를 돌려서 그것을 무시하고, 용서를 구하며, 변화될 것인가? *변화된다*—먼저 우리의 생각에서, 그런 다음에 우리의 행동으로 변화된다.

속기 쉽다―인쇄된 내용이라면

어느 귀국한 선교사가 그가 방금 떠나온 선교지의 현지인들에게 좋은 인쇄물을 번역하라는 하나님의 부르심을 느꼈다고 나에게 말했다. "그들은 인쇄된 것이면 무엇이든 믿습니다," 그는 애석해 했다. 그러나 그것은 또한 미국에서도 생기고 있는 일이다. 어느 날 전국 교단의 여자 위원이 나에게 말했다, "우리 여자들이 속기 쉬운 것에 대비해서 우리가 무엇을 할 수 있습니까? 여자들은 '그들 스스로 생각하고 있기' 때문에, 그들은 손에 넣을 수 있는 것이면 무엇이든 읽고 공부합니다. 그리고 그들은 그것이 '그리스도인'의 이름으로 인쇄된 것이기만 하면 무엇이든 그대로 받아들이면서 믿고 있습니다."

우리는 성경의 기준에 의해서 우리가 읽는 모든 책을 검증해야만 하지만, 오늘날의 경향은 성경의 가르침을 세속적 또는 종교적인 책의 가르침에 맞게 만드는 것이다. 어느 주일학교 반에서 교사가 인기 있는 세속적인 책을 사용하면서 성경적인 개념들을 그 책에 나타난 개념들에 맞추려고 시도하였다. 그 공부를 한 지 몇 시간이 지난 후에, 어느 박사 부인이 심히 동요되어 말했다, "나는 그 저자가 인도하는 세미나에서 개인적으로 이 내용을 배웠는데, 그는 나에게 '큰 충격을 주었습니다'. 그리고 우리 그리스도인들은 이 알코올 중독자의 책에서 말하는 내용에 의해서 성경을 평가하고 있습니다!" 우리 중 많은 사람들은 모든 책을 성경이 말하고 있는 바에 의해서 판단해야 하는 데 반하여, 마치 성경을 시험대에 올려놓은 것처럼 행동한다. 그리고 이것은 모든 기독교 서적을 포함한다. 어느 날 국제적으로 알려진 한 그리스도인 심리학자가 기독교 서적 가운데 성경과 상반된다고 생각되는 내용이 있는 책은 한 권도 아는 책이 없다고 말했을 때 나를 놀라게 하였다.

우리는 책에 담겨 있는 *모든* 가르침을 평가해야만 한다. 어느 전국 기독교 라디오 방송국 직원이 방송 중인 어떤 책을 검토한 일로 질책당했다고 나에게 말했다. 그녀는 그 책을 급하게 읽느라고 그 내용 중에 나온 성경에 반대되는 가르침을 놓쳤던 것이다. 그러나 그녀는 어떠한 책도 모든 가르침을 확인하고 검토해야 할 필요가 있다는 것을 이 일 때문에 배웠다. 나는 사람들이 저자를 옹호하면서, "그러나 그 책에는 너무나 좋은 내용이 많이 있어요"라고 말하는 것을 들어왔다. 굉장하다. 훌륭하고 참된 것을 취하여 받아들이라. 그러나 우리는 비록 우리가 좋아하는 저자의 책이라 할지라도, 만일 성경적인 진리와 일치하지 않는 것은 어떤 것이든 받아들이지 않아야만 한다. 한 책에 있는 많은 진리는 자동적으로 그 책의 모든 것을 참된 것으로 만들지는 않는다.

우리가 가르칠 때 얻는 지혜의 근원

저자의 지혜의 근원을 분별하는 것 또한 현명한 일이다. 저자가 하나님이 가르쳐 주신 것을 배웠을 때, 그가 저술한 것은 나의 변화를 위한 지혜를 얻는 일에 가치 있는 근원이 될 수 있다. 그러나 나는 저자의 지혜가 사탄의 영역으로부터 혹은 그 자신의 "내 생각들"에서 나온 책들은 경계해야만 한다. 만일 책의 가르침이 성경과 상반되는 것이라면, 그 저자의 지혜의 근원은 하나님으로부터 온 것이 아니라 나머지 세 근원들—정욕적인 자아, 마귀적, 또는 세상적—중 하나로부터 온 것이다.

많은 경우에 우리의 선입견들, 우리의 관점에서 보는 성경 내용에 관한 "내 생각들"은 우리가 성경을 해석하는 것을 왜곡시킨다. 나는 어느 기독교 잡지에서 잠언 31장에 관해서 한 그리스도인 부부가 의역해 놓은 것을 보고 소스라치게 놀랐다. 그것은 분명히 완전한 아내에 대한 그들의 견해였지만, 그것은 잠언의 그 부분에서 기록해 놓은 현숙한 여자에 대한 실제 묘사와는 별 상관이 없었다. 그들은 이렇게 썼다: "당신의 옷은 수수해야 하지만, 당신 남편을 기쁘게 할 색상을 선택하라." 이와는 달리 성경은 실제로 그녀를 위하여 아름다운 방석을 지으며, 세마포와 자색 옷을 입으라고 말한다 (22절). 그리고 그들은 계속해서 말한다, "세상에는 아름답고 지성적인 여자가 많지만, 나는 당신을 그들 중 누구와도 바꾸지 않을 것이다." 반면에 성경은 현숙한 여자는 입을 열어 지혜를 베푼다고 말한다 (26절). 다시 그들은 그 날의 책임 맡은 일을 체계적으로 하면서, 신선한 과일과 채소는 가족과 의논하여 사는 것에 대해서 썼다. 그러나 성경은 밭을 간품하여 사라고 말한다. 즉 독립적인 사업 수완이 있는 여자를 말한다 (16절). 그리고 그녀가 베로 옷을 지어 팔고 띠를 만들어 상인에게 파는 목적은 그녀의 가족만을 위한 것이 아니었다. 이 현숙한 여자는 지성적이고 똑똑한 사업 수완이 있는 여자였음에 틀림없다. 왜냐하면 그 행한 일을 인하여 성문에서 칭찬을 받았기 때문이다.

어느 목사 사모가 최근에 나에게 말했다, "나는 되돌아가서 다시 그 책들을 읽어보면 그 교리가 모두 해결됩니다." 성경에 대한 어떤 저자의 "내 생각"을 성경이 실제로 말하는 것과 비교하여 검토해 보지 않고 속아서 받아들이고, 그것에 의해서 변화되기가 얼마나 쉬운지 모른다. 그러나 지혜는 저자의 출처가 무엇이냐에 따라 그 출처만큼만 좋을 뿐이다. 만일 하나님이 그의 선생님이었다면 그의 지혜는 우리를 위한 변화의 근원이 되는 유일한 가치가 있는 것이다.

몇 년 전에 학부모-교사의 밤에서 한 교사는 1학년인 우리 아이가 학교 도서관에서 책 한 권을 선택했었는데, 그리스도인 교사인 그녀는 그것을 의문으로 여겼다고 말했다. 우리가 목회자 가정인 것을 알면서, 그녀는 말했다, "오, 얘야, 너는 그 책을 읽고 싶지 않지, 그렇지?" "글쎄요," 그 애는 말했다, "우리는 우리가 읽는 것을 모두 다 믿어서는 안 돼요." 그 어린 1학년 아이는 많은 어른들이 아직 배우지 못한 것을 알고 있는 것인가? 우리는 그 근원이 무엇이든지 상관없이 아무나 쓴 책의 지혜를 아무 의심도 없이 받아들이고 그것에 의해서 변화되고 있지는 않은가?

책을 저술하고 가르치는 자들은 지혜의 근원에 대해서 확실히 해야 할 중대한 책임이 있다. 우리가 잘못된 것을 인정하고 우리가 가르치는 것을 바꾸는 것은 감탄할 일이다; 그러나 그렇게 함에 있어서 우리는 이전에 우리가 가졌던 지혜의 근원에 이의를 제기하는 견해가 있었기 때문에 그것이 하나님으로부터 온 것이 아닐 수 있었다는 것도 인정해야만 한다.

이것은 내가 다른 사람들을 가르치기 *전*에 나의 지혜의 근원이 내가 가지고 있는 "내 생각들"이 아니라는 것을 나는 확실히 해야 하는 무서운 책임이 있는 일이다. "내 생각들"은 세상의 틀 가운데로 틀어박은 결과이거나, 또는 나의 특정한 그리스도인 공동체에서 받아들여지는 생각과 행동에 의해서 틀어박힌 결과이다. 그렇지 않으면 그러한 나의 가르침은 내 안에서부터 솟아 나온 정욕적인 것에 의해서 왜곡된 것이 아니다. 진정으로 두려운 책임은 나의 근원이 귀신들로부터 온 것이 아니라는 것을 확실히 하는 것이다. 사탄은 광명의 천사로 나타날 수 있으며 (고후 11:14), 그의 간교한 설득자들은 너무나 옳아 보이고, 너무나 좋게 느껴지므로 때때로 나는 그러한 속임수를 잡느라고 애를 쓰기도 한다. 그러나 만일 내가 가르칠 때 그러한 것들을 전한다면, 그것들은 이단이 되는 것이다. 나는 성경에 반대되는 대부분의 가르침은 아주 순진한 가운데서 이루어지며, 그것을 가르치는 자는 자기의 지혜의 근원이 하나님이라고 굳게 믿고 있다는 것을 확신한다. 그러나 바울은 고린도후서 2장 11절에서 우리는 사탄의 교활한 방법에 속지 말아야 한다고 경고한다.

그렇다면 이런 질문이 생긴다: *어떻게 하면 우리는 하나님이 아닌 나머지 세 지혜의 근원으로부터 받은 가르침을 철회하고 바로잡을 수 있는가?* 나는 아마 소수의 사람들에게만 다가갈 수 있겠지만, 내가 뿌려 놓은 씨앗은 배가하여 다시 내가 가르친 자들에 의해서 널리 퍼지게 된다. 내가 가르치기 *전*에 혹시 다른 세 근원들로부터 올 수도 있는 나의 모든 선입된 개념들을 제거해 달라고 간구하고, 그런 다음에 내가 연구하고 가르칠 때 내 마음을 지켜 주시고 인도해 달라고 하나님께 간구하는 것이 얼마나 절실한 일인지 모른다.

남편과 아내들을 위해 하나님이 원하시는 영성으로 저술된 굉장히 유익하고 훌륭한 몇몇 책들이 최근에 나와 있다. 또한 하나님의 영감으로 저술되지 않은 책들도 있다. 여기에서도 다시, 저자의 지혜의 근원이 그 차이—하나님의 거룩하신 말씀(Holy Word)인가 아니면 할리우드(Hollywood)인가의 차이—를 낳는다. 그것은 내가 하나님이 원하시는 사람으로 변화될 수 있게 하는 조언이 아닌가? 어느 남편이 나에게 불평했다, "나의 아내는 하나님이 마치 하늘의 휴 헤프너(Hugh Hefner) 같은 분인 것처럼 행동한답니다." 또한 저자가 저술한 시점에서 자기 개인의 삶이 처해 있는 입장은 아마 하나님이 원하시는 방향이 아닐 수도 있을 것이다. 우리는 변화될 수 있다—그러나 하나님의 뜻에 따라 변화되는 것이 아닐 수도 있다! 어떤 사람은 "사람의 계명으로 교훈을 삼아 가르치는"(막 7:7) 것일지도 모른다.

만들어 내는 결과에 의한 테스트

부적당한 성경 공부와 부정확한 전제에 기초를 두고 우리가 가르치는 내용이 바로 성경이 말하는 내용이라고 하는 것은 우리의 삶에서 잘못된 변화를 초래하게 한다. 많은 여자들이 성경대로 된 정확한 자료를 가지고 공부하지 않았기 때문에 화나거나 우울한 상태에서 또는 울면서 나를 찾아왔다. 그리고 그들은 하나님이 그들에게 의도하지 않으신 잘못된 방향으로 변화되려고 노력했다고 했다.

어느 저술가이며 교사가 여자들을 가르쳤었는데, 자신은 가정의 지도자로서 머리가 되지 않고 권총으로 머리를 쏘아 자살한 남편을 두었기 때문에 극단적으로 좌절되고 죄의식으로 눌려 있는 상태에 있다면서 어느 날 나를 찾아왔다. 나는 그러한 비극을 초래한 지혜의 근원이 무엇이었냐고 그녀에게 조용히 물었다. 내가 그녀가 공부했던 교재의 첫 여섯 페이지만 대략 훑어보았을 때, 나는 전체 공부의 기본 전제를 포함하여 내가 성경적이 아니었다고 믿는 내용의 긴 목록을 발견하였다. 나는 에벌린이 생각하는 것이 아닌 그리스도의 마음을 그녀에게 계시해 달라고 하나님께 간구하면서 기도하러 갔다. 왜냐하면 나는 옳을 수도 있고 *또는* *틀릴* 수도 있으며, 또 하나님이 나의 삶을 위해서 나에게 말씀하고 계시는 것은 그녀의 삶을 위해서 하나님이 그녀에게 말씀하고 계시는 것이 아닐지도 모르기 때문이다.

우리의 새로운 생활양식이 우리의 배우자들을 반항하게 만든다면, 우리의 변화에 영향을 주는 지혜의 근원을 확인해 보는 것이 좋다. 한 단계씩 공부 과정을 따라가고 있었던 한 아내가 마침내 폭발하였다, "여보, 난 당신이 활기 있고, 외향적이고, 아름다운 여자였기 때문에 당신과 결혼했소. 나는 그 때의 당신을 사랑했소. 제발 이 천치 같은 행동을 그만 두지 않겠소? 난 당신이 이렇게 하는 것을 더 이상 참을 수가 없소!" 그녀의 삶에 나타난 변화는 그녀의 남편을 격노케 하였다. 그리고 많은 남편들이 매주 그들의 아내들에 의해서 모욕당하고, 그들의 사회적인 모임이나 이웃들과의 관계에서도 똑같이 부당한 취급을 받아오면서 당황해 한 것이다. 그들의 아내들과 친구의 아내들이 아주 똑같은 방법으로 남편들을 향한 행동이 변화되고 있는 것을 발견하고는 그들은 깊은 상처를 받는다.

만일 우리가 가르치는 것이 괴로움, 혼돈, 죄의식, 당황, 반항, 모욕 또는 심지어 그리스도인들끼리의 분쟁을 일으킨다면, 우리는 우리가 가르치는 것이 어떤 지혜의 근원에서 비롯된 것인지를 확인할 필요가 있다. 야고보서 3장 17-18절은 이렇게 말한다: "오직 위로부터 난 지혜는 첫째 성결하고, 다음에 화평하고, 관용하고, 양순하며, 긍휼과 선한 열매가 가득하고, 편벽과 거짓이 없나니, 화평케 하는 자들은 화평으로 심어 의의 열매를 거두느니라."

조종하지 말라

내가 변화되고자 하는 동기는 다른 사람들을 조종하려는 것이 아니다. 내가 "주님, 나를 변화시켜 주세요"라고 기도할 때, 나는 오로지 하나님이 원하시는 바대로 *내*가 변화되는 것만이 궁극적인 목표이다. 베드로는 나의 변화된 행동과 태도는 내 주위에 있는 사람들에게 *영향*을 줄 것이라고 말했다. 다른 사람들은 나의 "두려워하며 정결한 행위"(벧전 3:1-2)를 보고 관찰하면서 변화될 것이다. 그러나 하나님이 그들을 변화시키도록 돌보신다. 나는 나 자신에 대해서 책임이 있다.

요즘에 나오는 여자들을 위한 몇몇 책과 학문은 아내가 어떤 정해진 행동 양식을 따를 때 남편이 반응을 보이도록 조종할 수 있게 구상되어 있다. 한 연구 과정은 아내가 남편과 함께 천국에서 더 높은 자리를 차지할 수 있게 하기 위해서 어떻게 하면 아내가 남편을 조종할 수 있는지를 가르친다. 그리고 또 다른 연구는 여자가, 남편이든 아니든 남자들을 조종하기 위해서, 하나님의 계획을 인기 영화배우의 계획으로 바꾸어 놓는다.

한 남자가 최근에 나에게 말했다, "나는 내 아내가 이러한 방법으로 내 행동을 조종하려고 애쓰면서 나를 모욕하고 있습니다."

하나님의 말씀은 남편과 아내 두 사람을 위한 가르침으로 가득 차 있는데, 이것은 결혼 관계의 모든 기쁨, 특권 그리고 아름다움을 산출해 내기에 충분한 것이다. 서로를 조종하지 않고, 하나님이 원하시는 대로 서로가 변화되고, 하나님이 우리를 육체적으로, 감정적으로, 그리고 영적으로 애정이 깃들고, 사랑하고, 반응하는 배우자들로 변화시키도록 내맡기는 것은 우리를 위한 하나님의 뜻이다. 바울은 골로새서 2장 8절에서 말한다: "누가 철학과 헛된 속임수로 너희를 노략할까 주의하라. 이것이 사람의 유전과 세상의 초등 학문을 좇음이요, 그리스도를 좇음이 아니니라."

그들의 틀에 박아 두다

우리가 이 세상을 본받는 방법 중 하나는 로마서 12장 2절의 필립(J. B. Phillip) 역(譯)에 "당신 주위의 세상이 당신을 세상의 틀에 박아 두지 않게 하라"고 묘사되어 있다.

요즈음 우리는 세상이 우리를 세상의 틀에 박아 두는 공부 과정에 노출되어 있다. 마음의 확장, 철학 및 사회적 행동 분야의 많은 과정들은 하나님의 가르침에 관해서는 아랑곳하지 않은 세상적인 견해에서 온 것이다. 어느 영리하고 설득력 있는 교사는 그런 것들 가운데서 사고와 행동에 극적인 변화를 이루어 내는 방법—흔히 변화를 위한 하나님의 방법과는 반대되는 방법—으로 만든 교재를 제시해 줄 수 있다.

우리는 가르치는 사람이 많은 청중을 끌면 그 사람을 믿는 경향이 있다. 그리고 우리는 본능적으로 이 모든 사람들이 다 틀릴 수는 없다고 느낀다. 그러나 나는 뉴욕의 매디슨 스퀘어 가든(Madison Square Garden)에서 전부 서서 듣는 군중들에게 문선명 씨가 연설한 본문을 읽어 주었을 때, 나는 그의 사고의 잘못된 점을 깨달았다. 그는 예수님이 죽으시기 위해서 세상에 오신 것이 아니고, 십자가는 그리스도를 위한 하나님의 뜻이 아니었고, 십자가 처형은 잘못이었으며, 그래서 예수님은 우리를 전적으로 구원하실 수 없다고 "증명하면서" 성경을 교묘하게 왜곡하고 잘못 해석했다. 그런 다음에 그는 계속해서 예수님은 구름 가운데 재림하지 않으시지만, 제 3의 아담으로 다시 태어나실 것이라고 "증명"하였다.

몇 년 전에, 어느 큰 교단의 지방 집회의 지도자가 그녀의 딸이 문선명의 본부에서 살기 위해 집을 떠났다고 나에게 괴로워하면서 말했다. 내가 그들의 집회에서 이 주제에 관하여 말한 후에, 그 교단 지도자는 일어서서 말했다, "나는 여러분들이 크리스튼슨 여사의 말씀을 경청하시기 바랍니다. 왜냐하면 문선명 집단에서 나온 사람들이 바로 지금 당신의 문을 두드릴지도 모르기 때문입니다. 그들은 이번 주간 동안에 그들의 철학을 가지고 우리 마을을 누비고 다니고 있습니다." 문선명의 추종자들은 그리스도인들에게 선교사의 역할을 한다—우리를 그들의 틀 속으로 박아 놓으려고 노력하면서 말이다. 우리를 변화시키려고 노력하지만, 그러나 하나님이 원하시는 방법으로 우리를 변화시키는 것이 아니다. 하나님의 말씀은 말한다, "누구든지 헛된 말로 너희를 속이지 못하게 하라"(엡 5:6).

다른 사람으로부터의 조언

우리가 40년 전에 처음 목회한 도시에서 나는 젊은 목사 사모로서 모든 사람을 기쁘게 하고 싶은 열망이 있었다. 그리고 어떤 그리스도인들에게 바지 차림은 여전히 여자들의 복장으로는 바람직하지 않았다. 그러나 그 목회지에서 우리가 처음으로 맞이한 성탄절에 나의 시어머니는 밤색 털바지를 나에게 주셨다. 나는 즉시 그 바지를 입고 도착하는 친척을 맞으러 기차역으로 갔다. 내가 막 우리 집의 현관을 나서려고 할 때, 나이가 지긋한 우리 교회의 한 교인이 지나가면서 공중으로 코를 내밀며 말했다, "웬 여자가 바지 차림이라니!" 그런 다음에 우리 집 앞을 지나가며 무례하게 활보하였다. 그 때 나는 얼른 들어가서 치마로 갈아입고 기차 시간에 늦었어야 했는가?—아니면 그냥 기차 시간에 늦지 않게 가야 했는가?

겨울 폭풍이 사납게 몰아치는 날씨에 나는 거차 플랫폼에 서 있었는데, 나의 격자무늬의 새 바지가 매 순간 바람에 점점 더 부풀어 올랐을 때, 나는 갑자기 뒤쪽의 그늘로 가서 움츠렸다. 우리 교회의 또 다른 여자 성도가 거기 있었다! 그러나 나는 피하기에는 이미 늦었다. 그녀는 나 있는 쪽으로 다가서서는 한숨을 내쉬면서 말했다, "글쎄, 적어도 우리 목사님 사모님은 이런 날씨에 적합한 옷을 입을 줄 아시는 감각이 충분히 있는 분이실 텐데!" 누가 옳았는가? 누구의 반응을 내가 염두에 두어야 하는가? 양쪽 다일 수는 없다. 나는 이런 혼돈된 상태에서 성경을 열심히 읽었다. 그리고 다시 한 번 하나님으로부터 답을 얻었다—사도행전 5장 29절: "사람보다 하나님을 순종하는 것이 마땅하니라."

어느 해 성탄절에 나는 남편과 함께 우리 교회에서 전에 사역했던 부목사가 보낸 성탄절 카드에 있는 가족사진을 들여다보면서 앉아 있었는데, 그 카드에는 그들이 얼마나 사랑스러운 가족인가에 관한 글이 적혀 있었다. 그는 수천의 사람들을 인도하는 성공한 국가적인 지도자를 보좌하는 사람이 되었다. "오, 나는 그에게 그 사람과 어울리지 말라고 충고했소"라고 크리스는 회상했다. (크리스가 그 새 상관은 비교적 알려지지 않은 청소년 지도자였다는 충고를 해 주었을 때.) "그러니까 우리는 사람보다 하나님을 순종해야지요," 나는 말했다.

　나는 어느 수련회에서 다른 사람으로부터 충고를 받은 후에 울었던 기억이 난다. 서로에게 무엇인가를 주는 실습을 할 때 그녀는 나에게 말했다, "저는 당신에게 모험의 정신을 줍니다."

　나의 마음은 산산조각이 났다. "주님," 나는 기도했다, "내가 모험의 정신이 필요하다고 사람들이 생각할 만큼 나에게 그것이 결여되어 있습니까?" 나는 바로 그 달의 나의 삶을 회고해 보면서 그 충고가 얼마나 잘못된 것이었는지를 깨달았다. 나는 쉰 살이 되었다―그 나이가 되면 많은 용기를 필요로 하는 때이다. 나는 신학교에 첫 학기 등록을 하였고, 당시 교회와 학교에서 아주 오해된 주제인 "신비학의 위험성"에 관해 강의하기 시작했고, 세인트 폴 연쇄전화기도모임을 조직했고, 우리 대학과 신학교의 여자들을 위한 연례 설립자 주간의 오찬 모임을 착상하여 계획하였다―그리고 그러한 목록은 계속되었다.

　나에게 충고가 필요했다는 것은 확실하지만, 분명 모험의 정신이 나에게 필요한 것은 아니었다. "'아니오'라고 말하는 것을 배우라," "한 번에 한 가지씩," 또는 "경우에 따라서 여덟 시간을 자도록 하라"는 것과 같은 충고는 아마 내게 필요했었을 것이다. 그러나 모험의 정신―그것은 정말 아니었다. 나는 그 충고의 의도가 좋았다는 것은 확신하지만, 그러나 나에게 진정으로 필요한 것은 전적으로 놓친 충고였다. 시편 118편 8절은 말한다, "여호와께 피함이 사람을 신뢰함보다 나으며." 다른 사람으로부터의 충고는 하나님이 의도하신 대로 우리가 나아가야 할 방향으로 바뀔 때까지 우리를 다듬어 갈 수 있다. 하나님의 지혜는 우리를 넓어지게 하고, 성숙시켜 주고, 충족시켜 준다.

그러나 사람들의 충고의 가치는 그들의 지혜의 근원이 무엇이냐에 의해서 결정된다. 가치 있고 유익한 그리스도인의 상담이 많이 있다. 그러나 모든 충고는 하나님의 말씀에서 하나님이 주시는 권면의 빛 가운데서 평가되어야만 한다. 만일 상담이 성경의 가르침에 상반되거나 상담자의 "내 생각들"에서 나온 것이라면 그것은 결코 우리를 하나님이 의도하신 대로 변화시켜 줄 수 없다. "내 말과 내 전도함이 지혜의 권하는 말로 하지 아니하고, 다만 성령의 나타남과 능력으로 하여, 너희 믿음이 사람의 지혜에 있지 아니하고, 다만 하나님의 능력에 있게 하려 하였노라"(고전 2:4-5).

경건한 자의 권고가 우리에게 얼마나 귀한 일이며, 그로 인하여 변화되는 것은 얼마나 좋은 일인가; 그러나 심지어 욥 (욥 38:1-2), 그리스도 (마 16:21-23), 그리고 베드로와 요한(행 4:18-20)도 그들의 삶에서 하나님의 가르침과 인도하심을 따를 수 있도록 사람들의 충고에 의해서 변화되는 것을 단호히 거절해야만 했다.

변화되는가? 그렇다! 그러나 오직 틀림이 없으시고 지속적으로 신뢰할 수 있는 근원이신 주님에 의해서만 변화된다.

지혜의 근원 No. 3—
귀신들로부터

"이러한 지혜는 위로부터 내려온 것이 아니요,
세상적이요, 정욕적이요, 마귀적이니"

야고보서 3:15

그 주일 아침에 야고보서 3장 15절에서 내가 변화될 수 있는 지혜의 네 근원을 발견하였을 때, 나에게 가장 소름끼치는 근원은 귀신들로부터 오는 지혜였다. 비록 나는 이 주제를 교리적으로 잘 인식하고 있었지만, 내가 귀신들로부터 오는 지혜를 받고 그것에 의해서 변화될 수 있다는 가능성을 갑자기 깨닫게 되자 나는 완전히 무기력해졌다.

그런 다음에 나는 의아하게 여기기 시작했다. 나의 삶에서 얼마나 많은 "혼돈, 투쟁, 괴로움 그리고 악한 일"이 사탄의 왕국으로부터 와서 이루어진 일인가? 귀신들이 나에게 주는 지혜 때문에 생긴 나의 생활양식을 문자 그대로 형성해 주는 귀신들의 존재에 대한 가능성이 갑자기 나에게 어둡고 위협적인 협박으로 불쑥 나타났다. 내가 그 날 아침에 성경을 읽었을 때 나는 어디에서도 온 것 같지 않아 보이는 수년 전에 했던 그 말 때문에 생긴 분노를 생각했다. 하나님은 용서하셨으며, 그가 용서하실 때 그는 잊으신다. 그러면 누가 9년 전에 있었던 일을 캐낸단 말인가? 하나님은 아니시다! 나는 그 나머지 세 근원들을 고찰해 보았다. 다른 사람들로부터 오는 세상적인 근원도 아니다─나는 거실에 혼자 있었다. 나만의 "내 생각"인가? 나는 최소한 9년 동안 그 일이 나의 생각 속에 있었다는 것을 인식하지 못했기 때문에 그 일을 도저히 이해할 수 없었다. 내가 생각해 낼 수 있는 단 한 가지 지혜의 근원은 내 안에 그리스도를 닮지 않은 태도를 만들어 내는 귀신들로부터 온 초자연적인 근원이다!

분별의 영

어느 날 저녁에 우리는 미니애폴리스에 있는 아이디에스타워(IDS Tower) 꼭대기에 있는 식당에서 저녁 식사하러 코리 텐 붐과 함께 갔었다. 도시 전체가 내려다보이는 놀랄 만한 경치를 보지도 않은 채 그녀는 갑자기 물었다, "최근에 그리스도인들이 가장 추구하지 않는 성령의 은사는 무엇인가요?" 몇몇 사람들은 코리가 무슨 말을 하려고 했는지 알지도 모른 채 머리를 끄덕였다. "내가 좀 알지요, 코리," 나는 말했다. "그것은 분별의 영인가요?" (고전 12:10) 그녀는 밝은 표정을 하며 눈을 크게 떴다. "맞아요!" 그런 다음에 그녀는 그녀가 깊이 느끼고 있었던 주제에 대한 짧지만 놀라운 설교 하나를 끝마쳤다.

하나님은 3년 전에 이것을 고린도전서 12장 8절과 10절에서 나에게 보여 주셨다, "어떤 이에게는 성령으로 말미암아...영들 분별함을...주시나니." 그 당시에 나는 근원을 확인하는 능력의 은사ㅡ무슨 영이 나의 생활양식과 다른 사람들의 생활양식을 만들어 내고 있는지를 분별하는 은사ㅡ를 달라고 하나님께 기도했었다.

그런 다음에 코리가 말했다, "적이 누구인지를 알지도 못하는 군인은 무능한 군인이지요."

베드로는 아나니아가 거짓말을 하게 한 지혜의 근원이 무엇인지 알았고 분별하였다: "어찌하여 사탄이 네 마음에 가득하여 네가 성령을 속이고...감추었느냐?" (행 5:3)

아마 베드로는 이 근원을 아주 쉽게 알아차렸을 것이다. 왜냐하면 베드로가 거역하며 예수님께 그가 예루살렘으로 죽으러 가실 수 없다고 선언했을 때, 예수님은 베드로에게 하나님의 일을 생각지 아니하고 도리어 사람의 일을 생각한다고 하시면서, 베드로가 그렇게 한 것은 그 근원이 사탄이었음을 분별하셨기 때문이다 (마 16:22-23). 단지 "나는 그것이 그리스도인에게 일어날 수 있다고 믿지 않아"라고 말하는 것 자체는 우리의 적의 책략에 대한 사실을 조금도 바꾸어 놓지 않는다. 성경은 우리가 귀신들로부터도 지혜를 받는다고 말한다.

그렇다, 요즈음 가장 추구하지 않지만 가장 필요로 하는 성령의 은사는 영들을 분별하는 은사이다. 즉 이 은사는 우리가 우리를 변화시킬 지혜의 근원을 발견할 수 있게 해 주고, 또한 우리가 예수님을 더욱 닮아가지 못하게 우리를 확실히 변화시키지 못하게 할 근원들을 우리로 피할 수 있게 해 주는 은사이다.

만들어 내는 결과에 의해서

나는 야고보서 3장에 있는 구절에서 만들어 내는 결과에 의해서 지혜의 근원을 확인하고 분별할 수 있는 것을 배웠다. 쓰라린 시기, 다툼, 혼돈 및 모든 악한 일은 항상 사탄의 왕국에 의해 이루어진다. 나는 디모데후서 1장 7절에서 하나님이 주신 "근신하는 마음"을 얼마나 자주 주장해야만 하는지! 그리고 내 안에 혼돈의 상태가 있는 것을 발견할 때, 하나님이 나를 변화시켜 주시도록 얼마나 자주 내맡겨야 하는지 모른다!

나는 또한 두려움이 이러한 마귀적인 지혜의 근원의 또 다른 산물임을 발견했다. 우리가 몇 년 전에 하나님이 말씀하실 때까지 함께 성경을 읽고 있는 동안, 한 여자와 나는 하나님께서 왜 우리 둘에게 디모데후서 1장 7절 말씀을 읽을 때 멈추게 하셨는지를 의아하게 생각했다. 나는 이 진리를 내 마음속 깊이에 넣어 두었지만, 그 다음 9월이 될 때까지 그것이 필요하지는 않았다. 캐나다의 로

키산맥 산기슭에 있는 밴프(Banff) 부근에서 수련회를 인도하고 있는 동안, 나는 주일 아침에 '사탄을 이긴 승리'라는 제목으로 설교하기로 되어 있었다. 그 전날 밤에 우리가 동떨어진 말 축사 근처에서의 캠프파이어 나눔의 시간은 야생 이리 떼들로 인하여 무산되었다. 우리들은 놀라서 숙소로 도망했었다. 그런 다음 내가 자정쯤 숙소의 한쪽 구석에 있는 내 침실로 돌아왔을 때 무시무시한 두려움이 나를 엄습해왔다. 나는 비록 옷장 안과 침대 밑을 샅샅이 뒤졌으나 아무도 나타나지 않았지만, 나는 내가 혼자가 아니었다는 것을 느꼈다. 내 침대 위에 있는 전등불만 빼놓고 나머지 등불을 전부 끄고, 나는 성경책을 집어 들어서 여행용 침구 위에 평 소리를 내며 올려놓고는 디모데후서 1장 7절을 인용하기 시작했다: "하나님이 우리에게 주신 것은 두려워하는 마음이 아니요, 오직 능력과 사랑과 근신하는 마음이니." 그런 다음에 나는 사탄에게 방에서 나가라고 명하고 (약 4:7) 요한일서 4장 4절을 확인하면서 잠자리에 들었다—평온하고 깊은 숙면을 하였다. 나는 그 다음 날 실제로 기쁨의 눈물을 흘리면서 변화되어 일어났다. 나는 그 두려움의 근원이 무엇인지를 분별하면서—그리고 하나님께서 6개월 전에 나에게 주셨던 디모데후서 1장 7절을 분명히 확인하면서 완전히 변화되었다.

나는 캘리포니아로 가는 비행기에서 내 옆 자리에 앉아 있었던 몬태나대학교(University of Montana) 학생과 대화하면서 이러한 두려움이 그에게 있는 것을 보았다. 그는 그가 얼마나 깊이 묵상하고 있었는지를 나에게 말했다.

"나에게 말해 봐요. 당신은 그 전에도 무슨 소리가 들린 적이 있어요?"라고 나는 물었다.

그의 눈에는 내가 묘사할 수 없는 두려움이 역력했는데, 그가 말하기를, "사모님, 내가 들은 것을 모두 다 말씀드린다면, 사람들이 나를 미쳤다고 하면서 데려 갈 것입니다. 저는 종소리, 음성...등을 늘 듣곤 해요." 그리고 그렇게 말한 후 그의 목소리는 점점 작아졌다. 내가 그러한 두려운 생활양식의 근원을 분별하는 것은 어렵지 않았다. 그러나 그는 그것을 변화시키는 것에 관심이 없었다.

내가 이 주제에 관해 청년들에게 가르칠 때, 나는 그들이 색다른 두려움을 나타내는 것을 보면 어느 것이 하나님 외에 어떤 초자연적인 근원에서 온 지혜인지를 대체로 말할 수 있다. 그들이 그들의 문제를 나에게 기꺼이 나눌 때 나는 이러한 삶의 방식은 하나님으로부터 온 것이 아니라는 것을 성경 말씀에서 그들에게 보여 준다. 그들이 하나님께 용서해 달라면서 기도할 때 그들이 변화되는 것을 지켜보는 것은 얼마나 큰 기쁨인지 모른다. 그리고 나는 그들이 행복과 안도감을 나타내는 만면의 미소를 지을 때 그들이 온전히 변화되는 것을 안다.

영들 시험

이제 질문이 있다: "어떤 종류의 영이 우리를 변화시키고 있는지 우리가 어떻게 알 수 있는가?"

사도 요한은 영들에 관한 좋은 시험 기준을 우리에게 주었다:

"사랑하는 자들아, 영을 다 믿지 말고, 오직 영들이 하나님께 속하였나 시험하라. 많은 거짓 선지자가 세상에 나왔음이니라. 하나님의 영은 이것으로 알지니, 곧 예수 그리스도께서 육체로 오신 것을 시인하는 영마다 하나님께 속한 것이요; 예수를 시인하지 아니하는 영마다 하나님께 속한 것이 아니니" (요일 4:1-3).

요한은 우리에게 영을 다 믿지 말고, 하나님께 속하지 않은 데서 온 지혜를 받아들이지 말고, 그들이 우리에게 가르치고, 말하거나, 또는 제안하는 것에 의해서 변화되지 말라고 경고해 준다.

그리고 우리는 그들이 예수 그리스도께서 육체로 오신 것을 시인하는지 또는 시인하지 않는지에 따라서 그들을 시험해야 한다. 즉, 예수님은 사탄을 멸하시려고 십자가에서 피를 흘리시는 목적을 위해 살과 피를 가진 육체로 오셨다 (요일 3:8). 예수님이 육체로 오신 것을 시인하지 않는 영마다 하나님께 속한 것이 아니다.

하나님은 그의 말씀에서 "피흘림이 없은즉 사함이 없느니라"(히 9:22)고 하셨다. 그러나 예수님이 육체로 오셨기 때문에, 십자가에서 피를 흘리심으로 죄로부터 우리를 구속(救贖)해 주신 것이다. "너희가 망령된 행실에서 구속된 것은…없어질 것으로 한 것이 아니요…그리스도의 보배로운 피로 한 것이니라" (벧전 1:18-19; 마 26:28; 골 1:14; 엡 1:7 참조).

귀신들로부터 지혜를 받은 사람들이 예수님에 대해서 진정 어떻게 생각하고 있는지를 분별하는 것이 때로는 어렵다. 신비학 집회의 인기 있는 강사인 우리 지역에 사는 여자는 아마 무의식적으로 글을 쓰면서 사랑했던 죽은 자들로부터 메시지를 받는다고 한다.

우리 지역 신문에서는 하나님은 위대하시며, 위대하신 창조주시라는 등 그녀의 말을 인용했지만, 그 긴 기사의 맨 밑쪽에는 그녀가 예수님의 성육신에 대해 말한 것을 이렇게 인용해 놓았다: "그러나 우리가 '그것'이 육체로 임한 것이라고 애쓸 때 혼돈이 온다. 하나님은 우주에서 '그' 힘이 되실 수 있다. 그러나 '그것'이 육체로 임했다고는 하지 말라." 예수님은 요한복음 8장 44절에서 사탄은 거짓말쟁이요 거짓의 아비라고 말씀하셨다. 이 말씀은 예수님이 육체로 오신 것에 대해서 그녀가 생각하고 있는 것이 무엇인지를 나타내 준다!

나는 1976년 200주년 독립기념일 바로 이틀 후인 7월 6일에 내가 필라델피아 공항에 있을 때 식민지 시대의 의상을 한 누군가가 나에게 다가와 주기를 바라고 있었는데, 나는 실망하지는 않았다. 보닛 모자를 쓰고 긴 의상을 입은 사랑스런 어린 소녀가 미국의 영적 유산에 대해서 나에게 말해 주기 시작했다. 나는 그녀에게 밝게 미소를 지으며 말했다, "그래, 난 하나님을 사랑한단다. 그리고 그의 아들 예수님을 섬기는 것을 좋아한단다." 그러자 그녀는 예수님이 얼마나 위대한 선생님이셨고, 그분이 얼마나 놀라운 분이셨는지에 대해서 나에게 긴 연설을 했다. 내가 그녀의 말에 동의하며 고개를 끄덕이자, 그녀는 계속했다, "그리고 그분은 하나님께로 인도하는 여러 길 중 하나이셨습니다." 나는 눈을 깜빡거리며 더 주의 깊게 듣기 시작했다. "오, 그렇습니다, 그분은 *하나님께로 인도하는 여러 길 중 하나*이셨어요. 하나님께로 가는 많은 길이 있어요. 제 이야기를 들어보세요. 저는 하레 크리슈나(Hare Krishna) 교도에요...."

"얘야, 잠깐만," 나는 중단시켰다. "난 네가 우리의 이 독립기념일에 필라델피아에서 아주 마귀적인 일을 하고 있다고 생각한단다. 미국은 예수님을 통해 하나님을 믿는 믿음 위에 세워진 나라인데, 넌 그분이 얼마나 위대한 분이셨는지를 말하는 동시에 그분은 하나님께로 인도하는 여러 길 중 하나라고 말하고 있구나. 그러나 예수님은 그 자신에 대해서, "'내가 곧 길이요, 진리요, 생명이니, 나로 말미암지 않고는 아버지께로 올 자가 없느니라'(요 14:6)고 하셨지. 그렇다면 그분은 뻔뻔스러운 거짓말쟁이든지 아니면 하나님이 그분이라고 말씀하신 분—하나님께로 인도하는 *유일한* 길이 되는 분이시지." 이것은 하레 크리슈나 추종자들이 예수님에 대해서 어떻게 생각하는지를 말해 주는 이야기이다!

그녀가 믿는 크리슈나는 *바가바드 지타*(Bhagavad Gita) 10장에서 "나는 귀신들의 왕이노라"고 말한다. 우리가 믿고 또 그 믿는 바에 의해서 변화되기 전에 먼저 그 지혜의 근원을 시험하라.

때로는 영들을 시험하는 것이 어렵다. 아마 아브라함과 사라처럼 의상을 입은 세 사람이 내가 인도하는 기도 세미나에 왔다. 내가 그들을 환영하는 뜻으로 악수를 청했을 때 그들은 에이엠(Am)에서 왔기 때문이라면서 내가 그들을 만지지도 못하게 했다.

"에이엠이 어디인가요?" 나는 물었다.

나의 무지함에 놀라면서 그들은 대답했다, "오, 그건 천국이지요. 하나님이 우리를 지상으로 보내셨는데, 하나님이 우리에게 '에벌린'이라고 말씀해 오셨어요. 우리가 이 교회 앞에서 당신이 기도 세미나를 한다는 표지를 보았을 때, 우리는 당신이 에벌린이라는 걸 알았어요."

나는 즉시 보호와 분별을 위해서 기도하기 시작했다. (청중 가운데 몇몇 다른 사람들 또한 그 필요를 알고 기도했다). 세미나가 끝난 후에 그 세 여자들은 하나님께서 그들을 지상에 보내셔서 말하라고 하신 모든 것을 내가 그 날 밤에 다 가르쳤다고 말하면서, "갑절의 하나님의 능력"을 나에게 주기 위해서 나를 팔로 감싸 안았다. 아마도 나는 그 세 사람의 근원을 결코 모를 것이다. 그러나 나는 즉각적으로 예수 그리스도의 보호하심을 알고 느꼈다.

귀신의 가르침

요즈음 거짓된 가르침은 새로운 차원에 도달한 것 같다. 우주 안과 우주 밖에 대한 조사(확실한 탐구가 아닌)가 새로운 종류의 지혜를 산출해 내고 있다. 우주 밖의 존재가 하는 강의를 듣는 것이 가능하고, 내적 탐구를 위해 손수 끊임없이 많은 책들을 여기 저기 읽어보고, 힌두교의 만투라(mantra)의 능력, 환생의 능력, 환상과 내부 세계의 능력, 그리고 우주 조직으로서의 점성학의 능력에 관해 가르치는 강의에 참석하기도 한다. 아니면 우리는 요가 수행자와 함께 요가 휴가 여행 차 카리브(Carib)의 햇볕에서 일광욕을 즐길 수 있거나 혹은 캣스킬스(Catskills)에 있는 절에서 수련회를 가질 수도 있다.

시카고대학교(University of Chicago)의 어느 인류학자는 2천만 명의 미국인들이 하레 크리슈나 운동, 강신술 및 사이언톨로지 (Scientology) 같은 "사이비 종교"에 소속되어 있다고 주장한다. 천국에 계신 참 하나님 외에 야고보서 3장에 언급되어 있는 모든 근원으로부터 온 "지혜"를 얻기 위해 요즈음 싼 방법으로든 또는 비싼 방법으로든 온갖 거래가 범람하고 있다.

바울은 디모데전서 4장 1절에서 *귀신의 가르침*에 대비하여 우리에게 경고한다: "그러나 성령이 밝히 말씀하시기를 후일에 어떤 사람들이 믿음에서 떠나 미혹케 하는 영과 귀신의 가르침을 좇으리라 하셨으니." 이것은 귀신에 *대한* 교리가 아니고 귀신*의* 교리이다.

최근에 가졌던 기도 세미나 후에 20대의 한 여자가 나에게 말했다, "저는 티엠(TM)에 깊이 빠졌었는데, 최근에 명상하는 도중에 '그것은 마귀의 것이다'란 음성을 들었어요. 저는 마귀에 대해서는 결코 언급하지 않는 교회에 다니기 때문에, 그런 말은 제 속에서부터 나온 말일 수는 없어요. 그것은 하나님으로부터 온 것임에 틀림없어요." 하나님은 잘못된 근원에 의해서 변화되는 것에 대해서 경고하시는가?

남부에 있는 어느 기독교 대학의 교수가 기도 세미나에서 기도를 요청했다. 그녀는 힌두교의 마해리쉬 마헤쉬 요기(Maharishi Mahesh Yogi) 도사(導師)가 그의 대학교를 설립한 곳 근처에 있는 아이오와에서 박사 후 논문 연구를 마치고 막 돌아왔다. 그녀는 정신의 환각을 일으키는 모든 도움을 얻고자 열망하여 티엠 과정을 택했고 그것을 실제로 행했지만, 하나님은 그녀에게 그것이 사탄의 것이었고 그리스도인들을 위한 것이 아니었음을 말씀하셨다. 그녀는 즉시 그것을 행하는 일을 그만 두었다. 그러나 그녀가 우리에게 낸 기도 제목은 그녀만의 비밀의 만투라(힌두교의 예배 때 하는 말)가 계속해서 그녀의 머리에서 맴돌지 않게 해 달라는 것이었다. 그녀가 무엇을 한다 할지라도 또는 얼마나 노력한다 할지라도, 그녀는 그것으로부터 자유로워질 수가 없었다. 그녀는 변화되기를 원하지 않는 방법으로 이미 변화된 것이다.

미국 동부의 어느 도시에서, 고등학교의 티엠반에 등록한 학생들이 작고한 힌두교의 도사 데브(Dev)의 영정 앞에 있는 제단에 놓을 과일과 꽃을 가져왔다. 그런 다음에, 이 예식에서 무릎을 꿇은 채 있는 그들에게 명상을 돕기 위해서 반복해서 되풀이 해야만 되는 비밀의 말인 만투라가 주어진다.

이러한 학생들은 그들 자신의 "내 생각"에 의해 변화된 것이 아니라, 위에 계신 하나님으로부터 지혜를 받지 않은 사람들에 의해서 변화된 것이다. 그들은 이교도 신을 숭배하면서 변화된 것이다.

예수님은 이러한 명상의 방법을 이교도들이 기도할 때 사용한다고 말씀하셨다. 그는 제자들에게 말씀하셨다, "또 기도할 때에 이방인과 같이 중언부언하지 말라" (마 6:7). 같은 말을 거듭해서 중언부언하는 것은 예수님이 우리를 변화시키도록 사용하시는 방법이 아니다.

그러나 천국에 계신 우리 하나님을 묵상하는 성경적인 방법이 있다. 성경은 예화들로 가득 차 있다. 하바드의과대학교(Harvard Medical School)의 심장병 학자이며 부교수인 허버트 벤슨(Herbert

Benson) 박사는 비록 힌두교의 만투라로 하는 명상일지라도 혈압을 낮추는 데 유익하며, 비밀의 종교적인 말없이 일상적인 방법으로 하는 명상 또한 똑같이 유익한 결과가 있다는 것을 발견했다. 그리스도인들은 그것을 기도라고 부른다. 위험은 묵상으로부터 오는 것이 아니라, 우리가 마음을 열어 향하는 영적인 능력으로부터 오는 것이다.

어느 큰 신학교의 교수가 말했다, "만일 당신이 오늘 귀신들을 발견하기를 원한다면, 주일 아침에 교회의 강단으로 가라." 나는 베스트셀러인 『요나단 리빙스턴 시걸』(Jonathan Livingston Seagull)에 기초한 설교를 듣기 전까지는 그런 것의 가능성을 의심하였다. 비록 그 책에서 저자 자신이 신비학의 치유 능력(그가 몸을 베었을 때 초자연적인 능력으로 피가 나오는 것을 실제로 멈추게 함)과 무엇을 기록해야 할지를 그에게 말하는 "음성"에 대해서 자유롭게 말하지만, 그의 철학은 많은 설교를 위한 기초로 사용되었다. 한 지역 교회의 목사가 매주 화요일 저녁에 한 그룹에서 "질서 있는 체계로부터의 치유"를 인도한다. 그들은 밤 11시에 명상을 하고, 캘리포니아에 있는 그들의 본부로부터 기(氣)를 받아서, 그 결과 사람들 주위에 있는 기를 볼 수 있는 힘과 능력을 받게 된다. 설교자들은 이런 류의 지혜의 근원을 보고 아무렇지도 않은가, 아니면 그들은 그들의 지혜가 그렇게 많은 다른 사람들에게 영향을 미치기 때문에 *일반적으로* 그렇게 무디어지게 되기가 쉬운가?

몇 년 전에 해이든 휴스(Hayden Hewes)와 브래드 스테이거(Brad Steiger)의 인기 있는 책인 『비범한 UFO 선교사들』(UFO Missionaries Extraordinary)이 예수님의 재림에 대하여 사람들을 많이 속이며 현혹시켰다. 보(Bo)와 핍(Peep), 이 두 "사람"은 이전에 존재했었는데, 천국의 왕국으로부터 우주선을 타고 지구와 접촉할 만큼 가까이 다가와서 여자의 자궁 속으로 들어갔다고 주장했는데, 그 책의 7장과 8장에 있는 보와 핍과의 면담에서 그들은 예수님과 성경에 관하여 많이 언급하였다. 그들은 그들이 그리스도의 재림을 위한 준비에 한 몫을 한다고 말했다. 그들의 가르침은 너무나 그럴 듯하게 들리고 그리스도께서 가르치신 것과 너무 비슷하게 들린다. 예수님이 정말 재림하시고 그리스도인들이 주님과 함께 있기 위해 끌어 올려 갈 때, 사람들은 과연 그 책을 기억하며 그 그리스도인들이 우주선을 타고 그 다음 단계로 옮겨 갔다고 믿겠는가?

우리 지역에 살고, 하나님을 위해 중요한 사역을 하고 있는 훌륭한 그리스도인 여자가 나에게 전화하여 말했다. "저는 레이몬드 무디 2세(Raymond A. Moody, Jr.) 박사의 『생명 후의 생명』(Life After Life)이란 책을 요약한 『리더스 다이제스트』를 방금 읽었어요. 그 책은 죽어서 몸은 남았지만 그 후에 생명을 되찾는 사람들에 관한 것이에요. 그리스도인이든 비그리스도인이든, 그들 모두 (만일 자살하지 않았다면)는 너무 아름다운 경험을 했어요. 기분 나쁜 것이 아무 것도 없고, 심판도 없으며, 그들 대부분은 따뜻한 빛의 존재를 보았어요. 우리 그리스도인들은 그 모든 증거에 비추어서 죽음 후에 무슨 일이 일어날지에 대해 우리의 위치를 재평가해야만 될 것 같아요!"

나는 깜짝 놀란 나머지 정신을 차린 후 겨우 그녀에게 말할 수 있었다, "당신은 지금 우리가 사는 곳에서 하나님의 일을 위해 아주 중요한 위치에 있어요. 당신은 특별히 사람들에게 쉽게 영향을 주고받는 위치에 있어요. 이것에 대해서 기도해 본 다음에 당신에게 연락할게요."

나는 며칠 전에 그 책을 읽는 동안에, 하나님께 나의 마음을 지켜 주시고 그 진리에 관한 지혜를 달라고 기도했다. 그 전화 통화 후에, 나는 그 책에 대해서 하나님께서 응답해 달라고 기도했다. 즉시 히브리서 9장 27절의 말씀이 떠올랐다, "한 번 죽는 것은 사람에게 정하신 것이요, 그 후에는 심판이 있으리니." 나는 갑자기 하나님이 "만일 그 사람들이 다시 이곳에 와서 그 이야기를 한다면, 그들은 정말 죽은 것이 아니다"라고 말씀하고 계신 것을 깨달았다. 죽음의 과정이 끝난 것이 아니었다. 우리가 정말 죽은 후에는 심판이 있을 것이다—그리고 그리스도를 모르는 자들에게는 영원한 파멸이 있을 것이다. 만일 유쾌함, 따뜻함과 죽음 후의 따뜻한 빛만 있다면 죄의 삯이 죽음이라는 성경 전체의 가르침은 버려야만 한다. 예수님은 요한복음 3장 16절과 18절에서 말씀하셨다: "하나님이 세상을 이처럼 사랑하사 독생자를 주셨으니, 이는 저를 믿는 자마다 멸망치 않고, 영생을 얻게 하려 하심이니라.... 믿지 아니하는 자는... 벌써 심판을 받은 것이니라."

"귀신의 가르침"은 어떤 그리스도인들에게는 인기 없는 것일지도 모르지만, 나는 디모데전서 4장 6절을 읽고 있을 때 하나님이 나에게 능력 있게 말씀하신 것을 기억한다: "네가 이것으로 형제를 깨우치면, 그리스도 예수의 선한 일꾼이 되어." 나는 무엇이 "이 것"인지를 알기 위해 회상해 보았을 때, 바울이 "귀신의 가르침"에 대해서 말하고 있다는 것을 깨달았다. 나도 그 주제를 좋아하지 않는다. 그렇지만 만일 내가 다른 그리스도인들을 "이것으로 깨우치게" 한다면, 하나님의 말씀은 내가 그리스도 예수의 선한 일꾼으로 변화될 것이라고 말한다.

어떻게 우리의 마음을 귀신들로부터 지혜에게로 향할 수 있는가

"우리가 어디에서 잘못되었단 말인가?"라고 대학에 다니는 딸을 둔 엄마가 한탄했다. 그 딸은 어느 지역의 마녀들을 위한 학교에 등록하기 위해서 기독교 대학을 떠났었고, 후에는 마녀들을 위한 학교의 교사가 되었다. 나는 이것이 고민하고 걱정하는 많은 부모들이 하는 질문이라는 것을 확신한다. 그리스도인들이 귀신들로부터 오는 지혜에 접할 수 있는 많은 방법들이 있다. 어떤 때는 무슨 일이 일어나고 있는지를 알지 못하면서 말이다.

요즈음 공립학교와 대학교에서 신비학을 실제로 많이 가르치고 있다. 나는 워싱턴 D.C.(Washington, D.C.)에서 인도했던 워크숍의 질문과 답 시간에 플로리다의 대도시에서 온 학교 교사가 한 질문을 들었다. 그녀는 원시 종교인 부두교(敎)와 주술을 플로리다로 가져 온 이민자들이 초등 공립학교에서 신비학을 가르치고 있는 것에 대해서 어떻게 대처하면 좋은지 물었다.

그리고 그 교사는 다른 대도시에 있는 어느 공립학교의 행정가가 학교에서 기도하는 것이 다시 공인될까봐 두렵다고 나에게 말했다. 그녀는 학교에서 가르치고 있는 사탄 숭배자들과 마녀들을 개인적으로 안다고 말했다. 그리고 만일 민주주의 사회에서 사는 그리스도인들이 학교에서 그들의 학생들이 기도하도록 인도할 권리를 갖는다면, 사탄 숭배자들과 마녀들도 그와 마찬가지일 것이라고 덧붙였다. 그리고 그녀는 말했다, "만일 우리의 자녀들이 해를 거듭해 갈수록 그런 기도에 노출된다면, 나는 도대체 그들이 회복될 것이라고 확신하지 않아요."

괴로워하는 어느 어머니가 우리의 연쇄기도모임 회장에게, "길"(The Way) 운동에 속한 사람들이 예수님이 열두 살 때 그의 부모를 불순종했기 때문에, 만일 그녀가 예수님과 같이 되기를 원한다면 그들을 따라야 된다고 그 회장 딸에게 가르치고 있다고 말했다. 그 지혜는 하나님으로부터 온 것이 아니었다. 그들은 부모를 순종하는 것에 대해서 성경이 말하고 있는 것과는 반대로 그 어린 소녀를 변화시키려고 애쓰고 있었다.

"우리가 우리 숙소에서 갈라디아서 5장을 하나님이 말씀하실 때까지 읽고 있을 때, 하나님은 왜 우리 열여덟 사람 모두가 전부 '술수'라는 단어에서 읽다가 멈추게 하셨지요?"라고 수련회 회장이 질문했다. "그것이 왜 그런지 *나에게* 말해 보는 것이 좋을 것 같아요"라고 내가 대답했다. 그런 다음에 그들은 그들의 농장 경영 과정에서 조언을 얻기 위해서 점판(占板)과 같은 신비학을 그들이 어떻게 사용하고 있는지에 대해 깜짝 놀라게 하는 토론이 있었다. 그것은 하나님으로부터 온 지혜인가? 그 여자들은 기도하면서 이것이 죄라는 것을 자백하였다. 하나님은 그들 모두를 아주 놀라게 하는 똑같은 단어—술수—에서 멈추게 하심으로 그들을 변화시키셨던 것이다!

우리는 때때로 마귀적인 근원으로부터 오는 지혜를 일부러 구하기도 한다. 아마도 요즈음 가장 흔한 방법은 신비학을 읽고 그런 지혜를 구하는 것이다. 수백만의 미국인들은 신문 기사를 읽으며 그들의 매일의 생활양식에서 영향을 받는다. 이스라엘 자손들이 약속의 땅으로 들어갈 때 하나님이 모세에게 가르쳐 주신 것처럼 오늘날 널리 행해지는 다른 많은 신비학과 함께 하나님은 이러한 옛 풍습을 금하신다. 하나님은 그러한 일을 하는 자들은 하나님께서 가증히 여기신다고 말씀하셨다 (신 18:9-12). 우리가 참석하고 있는 수련회에서, 어느 목사 사모가 볼 만한 신문이 없기 때문에 염려하게 되었다. "저는 오늘 내 삶을 어떻게 영위해 나가야 할지 몰라요. 저는 신비학을 읽어볼 수도 없어요"라며 한탄했다. 하나님께서 가증히 여기시는 근원으로부터 오는 제안에 민감한 것은 참으로 위험하다. 그리고 그것은 우리가 하나님이 원하시는 방향으로 가도록 우리를 인도해 줄 수 없는 것이 분명하다.

심령술사의 예언을 믿고 따르는 것은 하나님 이외의 다른 근원으로부터 오는 지혜를 얻는 또 다른 방법이다. 신명기 18장 21-22절은 "증험도 없고 성취함도 없으면, 이는 여호와의 말씀하신 것이 아니요"라고 우리에게 경고한다. 정확성의 확률을 검토하라! 1976년 7월 6일자의 『내셔날 인콰이어러』(National Enquirer)의 기사는

1976년 하반기에 일어날 열 명의 탁월한 심령술사의 예언들을 싣고 있는데, 그 예언 중에는 카스트로(Castro)가 추방당할 것이며; 프랭크 시나트라(Frank Sinatra)가 암살 시도로 인해 돋보인 후에는 전국적인 영웅으로 부상하게 되며; 빌리 그레이엄(Billy Graham)이 심장마비로 인하여 그의 인생의 종말을 맞게 되며; 캘리포니아에서 거대한 지진이 발생하여 전체 산맥들이 갈라져서 최대의 금이 매장된 것이 드러나게 되는데, 이 모든 예언들은 1976년 말 전에 성취된다는 정보가 포함되어 있다! 지나간 세월을 되돌아보면, 어느 예언도 아직까지 성취된 것이 없다. 그럼에도 그런 지혜의 근원은 우리를 속이고, 우리의 생활양식을 통째로 삼켜서, 우리를 마음대로 주조해버린다!

과거에, 우리 어린이들과 젊은이들 가운데 놀랄 만할 수가 신비학을 통해서 귀신들로부터 온 지혜를 그들 마음에 받아들이고 있었다. 기독교 학교의 학생들이 메어리 워스(Mary Worth)로 분장하면서, 그리고 어두운 화장실 안에 있는 거울에 이 마녀의 이미지를 환기시키면서 그들의 학교를 부패시키고 있었다. 그들의 부모들의 요청으로, 나는 그들에게 이것들—그리고 점판, 트럼프 카드, 강령회(降靈會) 및 그들이 사용하고 있다고 나에게 말한 모든 다른 방법들—을 하는 자들은 하나님께서 가증하게 여기신다고 설명해 주었다. 그 날 내가 그들에게 말한 후에 그 학생들이 한 사람씩 돌아가면서 용서를 구하며, 그것으로부터 구해 달라고 하나님께 기도했을 때 그들이 얼마나 변화되었는지 모른다!

한 어머니는 그의 딸이 신비학을 행하는 곳에서 하는 밤새워 노는 파티에 참여하는 문제를 해결했다고 나에게 말했다. 그녀의 딸이 기도했을 때 딸의 다른 친구들은 이상하게도 아무런 힘도 쓸 수 없게 된 것을 그녀는 목격하였다. 그리고 그들의 "게임"이 잘 안 되었던 원인이 그녀 때문이었다는 것을 발견하고, 그들은 신비학을 행할 때 그 딸을 방에 들어오지도 못하게 했다.

또 다른 어머니는 그녀의 딸이 열여섯 살이 되면 죽을 것이라고 손금 보는 사람이 예언한 말 때문에 그 딸이 수년 간 걱정해왔다고 나에게 말했다. 사탄으로부터 온 지혜였다.

사탄은 우리의 자유 의지를 침해하지 않고 우리의 행동을 교묘하게 꾀한다. 열여덟 살 난 그리스도인 소녀는 그녀가 사탄 숭배와 관련된 사람과 데이트하고 있었기 때문에 모든 음탕한 짓을 하면서 그녀의 몸을 사탄 숭배를 위해서 바쳤었다고 울면서 나에게 말했다. 그 당시 그녀는 명치에서 통증을 느끼곤 했었는데, 하나님께 기도로 그 문제를 해결할 수도 없었고, 성경 말씀을 이해할 수도 없었다. 그 남자 친구와 헤어지고 사탄 숭배를 단념한 후에, 그녀는 사탄의 조종과 통증으로부터 자유로워지려고 필사적으로 노력했지만, 그렇게 될 수가 없었다. 나는 요한복음 17장에 있는 예수님의 대제사장 기도에 있는 것과 같은 단순한 말로 그녀를 위해서 기도했다, "사랑하는 하나님 아버지, 이 사랑하는 자가 악에 빠지지 않게 보전하여 주옵소서." 그런 다음에 나는 야고보서 4장 7절에 따라서, 단지 "사탄아, 나사렛 예수의 이름으로 말하노니, 이 사랑하는 소녀로부터 물러가라!"고 말했다.

변화는 즉각적이었고 극적이었다. 그녀는 마치 숨이 막히는 것처럼 목을 움켜잡고, 머리가 몽롱해진 상태에서 뛰어오른 다음에 팔로 나를 감싸 안았다. "없어졌어요. 통증이 없어졌어요. 나는 이제 자유로워요!" 예수 그리스도에 의해 변화된 것이다!

내가 개인적으로 아는 어느 기독교 대학 졸업생이 샌프란시스코(San Francisco)에서 방영되는 사탄 숭배에 관한 텔레비전 프로그램을 시청하고 있었다. 그는 어리석게도 말했다, "만일 네가 진짜 사탄이라면, 그것을 증명해 보아라." 그리고 사탄은 그렇게 하였다. 비록 그가 1년 여 동안 사탄에 대항하며 갈등했었지만, 그는 어느 날 샤워를 하는 중에 내적 욕구를 통해서 나오는 음성을 통해 그의 삶을 위한 능력과 방향 지시를 받은 것이다. 우리가 우리의 마음을 자발적으로 열어서 사탄의 왕국으로부터 지시를 받는 것은 가능하다.

신비학에 관한 서적들이 유명 서점에 가득하다. 이런 방법으로 변화되고자 열망하는 사람은 누구나 단지 그가 선택한 방법을 자세히 묘사해 놓은 책을 사서 보기만 하면 된다. 그러나 이것은 새로운 것이 아니다. 사도행전 19장 19절은 우리에게 말한다, "또 마술을 행하던 많은 사람이 그 책을 모아 가지고 와서 모든 사람 앞에서 불사르니, 그 책값을 계산한즉 은 오만이나 되더라." 유다가 그리스도를 넘겨 주고 받은 전부―은 *삼십*―에 견주어 보면 큰 돈이다.

그렇다, 우리는 너무 많은 다른 방법으로 귀신들로부터 지혜를 받는다. 때로는 속아서, 어떤 때는 알지 못하는 사이에 우리 마음을 열어서, 그리고 또 어떤 때는 고의적으로 말이다. 그러나 그 결과는 똑같다―하나님이 우리를 위해서 선택해 주시는 것과는 반대되는 생활양식으로 우리는 변화된다.

당신의 마음을 예수님께 계속 집중하라

직계 조상들 중 열네 명이 마녀였던 서부 도시에 사는 어느 괴로워하는 여자가 가정적으로 색다르게 영향받은 것을 나에게 묘사했다. 그들은 그녀가 두 살 때부터 부두교를 행했고 손금을 보았다. 어느 목사가 최근에 귀신들을 내쫓았다. 그런데 그녀는 명치에 있는 구멍을 적절한 말로 묘사하려고 애쓰고 있었다. 나는 그녀가 무슨 말을 하고 있는지 몰랐다. 그렇지만 그 다음 토요일에 그녀를 만나기로 약속했다. 나는 목요일 아침에 일찍 일어나서 그녀를 위한 기도에 응답해 달라고 하나님께 간청했다.

그리고 하나님은 나에게 몇몇 성경 말씀들을 기억나게 해 주셨다―골로새서 3장 1-3절: "그러므로 너희가 그리스도와 함께 다시 살리심을 받았으면, 위엣 것을 찾으라. 거기는 그리스도께서 하나님 우편에 앉아 계시느니라"; 빌립보서 2장 9-11절: "모든 무릎을 예수의 이름에 꿇게 하시고"; 에베소서 1장 3절: "그리스도 안에서 하늘에 속한 모든 신령한 복으로 우리에게 복 주시되"; 에베소서 1장 19-22절: "그(그리스도)를 죽은 자들 가운데서 다시 살리시고, 하늘에서 자기의 오른편에 앉히사." 나는 내 노트에 참조 성경 구절들을 적어 놓았고, 그녀를 만났을 때 나는 "주께서 당신을 위해서 나에게 몇 가지 하나님의 말씀을 응답해 주셨어요"

라고 말했다.

"놀랍네요. 내게도 말씀을 주셨어요"라고 그녀는 말했다.

"내 것은 노트에 있어요. 하나님이 당신에게 주신 성경 말씀이 무엇인지 나에게 말하는 동안 나는 그것을 책상에 엎어놓을 게요."

"하나님은 나에게 그러한 귀신들에 대한 것을 마음에서 없애버리고 그리스도로 채우라고 말씀하셨어요. 그는 내게 골로새서 3장 1-3절; 빌립보서 2장 9-11절; 에베소서 1장 19-22절"을 주셨어요. 하나님이 나에게 주신 것과 정확하게 똑같은 구절들이 아닌가!

"그리고 또한 내 배에 있었던 구멍도 사라졌어요. 당신은 이번 주 내내 우리에게 어떻게 기도하고 성경을 공부해야 하는지를 가르쳐 주시고 계시네요. 당신이 말씀하신 것 모두가 다 예수님에 관한 것이네요. 그리고 내 명치에 있었던 비어 있던 공간도 예수님으로 채워졌어요."

얼마나 놀라운 변화인가! 그녀는 그 주 초에는 혼돈되고, 쓰라리고, 두려운 상태로 시작했지만, 예수님 안에서 새로 발견한 평안과 흥분으로 환하게 빛난 상태로 그 주를 마쳤다.

나는 1972년 8월에 "주님, 악에 빠지지 않게 보전되게 제 마음을 지켜 주세요"란 기도를 처음으로 했다. 예수님은 이 기도를 우리를 위해서 그의 대제사장 기도에서 하셨다: "내가 비옵는 것은...악(악한 자)에 빠지지 않게 보전하시기를 위함이니이다" (요 17:15). 또한 나는 *우리 마음의 전쟁터*에서 "정사와 권세와 이 어두움의 세상 주관자들과 하늘에 있는 악의 영들에게" 능히 대적할 수 있도록 하나님의 전신갑주를 하나님이 제공해 주신다는 것을 배웠다 (엡 6:12-18).

내가 성령의 검인 하나님의 말씀을 나의 마음에 지킬 때, 나는 전쟁에 대비한 무기를 갖춘 것이다. 내가 좋아하는 성경 구절 중 하나는 요한일서 4장 4절이다: "너희 안에 계신 이(그리스도)가 세상에 있는 이(사탄)보다 크심이라." 내가 불 같은 창의 습격을 받고 있을 때 나는 그 말씀을 인용하며, 그리할 때 나는 즉시 예수님을 위한 승리─정복한 것이 아니고─의 군사로 변화된다. 언제든지 다만 "예수가 두루 다니시며…마귀에게 눌린 모든 자를 고치셨으니"(행 10:38)란 말씀만 읽으면, 내가 경험하고 있었던 압박에서 벗어나게 된다.

어느 날 월드비전(World Vision)이 후원하는 아름다운 가수 캐티 배로우(Kathy Barow)는 우리가 이러한 싸움에 대해서 이야기하고 있을 때 나에게 말했다, "나는 그것이 어떻게 해서 그렇게 되는지 알아요." 그리고 그녀의 성경책을 손가락질하면서 말했다, "나는 그 책을 끝까지 읽어보았어요!" (계 20:10 참조). 그렇다, 심지어 사탄도 예수님이 마귀의 일을 멸하려고 오신 것(요일 3:8)을 안다. 예수님은 마태복음 25장 41절에서 말씀하셨다: "저주를 받은 자들아, 나를 떠나 마귀와 그 사자들을 위하여 예비된 영영한 불에 들어가라." 그리고 심지어 귀신들도 예수님이 그의 공적 사역을 시작하셨을 때, "우리가 당신과 무슨 상관이 있나이까? 우리를 멸하러 왔나이까? 나는 당신이 누구인줄 아노니, 하나님의 거룩한 자니이다"(막 1:24)라고 소리를 지르면서 예수님을 알아보았다. 예수님 안에서 승리이다!

때때로 나는 나의 믿음의 방패가 사탄의 불 같은 창을 끄기 위해서 나사 우주캡슐의 열 방패만큼 강할 필요가 있다고 느낀다. 그러나 그것은 나의 믿음이 부활하시고 영화롭게 되신 주 예수 그리스도 안에 있기 때문에 결코 실패하지 않는다.

에베소서 6장에 열거된 이 모든 전신갑주는 나의 사고의 삶을 보호해 주고—사탄과 그의 졸개인 귀신들의 지혜에 저항하기 위한 것이다. 그러나 내가 하나님의 전신갑주를 입을 때 떨어지는 것에 대한 언급은 없고, 오로지 서고 대항하는 것만 있는 것이다! 야고보는 깜짝 놀랄 지혜의 근원, 즉 귀신들로부터 오는 지혜를 우리에게 보여 주었다. 그러나 그는 또한 우리에게 약속도 주었다: "마귀를 대적하라. 그리하면 너희를 피하리라" (약 4:7).

이러한 지혜의 근원의 실제를 받아들이고 그것을 분별하는 것이 절대 필요하지만, 그것을 적절한 시각에서 지키는 것도 그 못지않게 중요하다. 엄마 유령이 아기 유령에게 준 조언, "말을 걸지 않는다면 괜히 무서워서 떨지 말거라"를 기억해 두는 것은 좋은 것이다. 비록 "온 세상이 악한 자 안에 처한 것"(요일 5:19)이지만, 지구는 하나님의 발판에 지나지 않는다는 것 또한 맞는 말이다. 우리가 지구라고 부르는 우주에 있는 이 작은 티끌이 일시적으로 사탄의 영역에 속하지만, 하늘들의 하늘이라도 나의 하나님을 용납지 못한다 (왕상 8:27). 그리고 그분은 내 안에 사신다!

그렇다, 내가 귀신들로부터 온 지혜를 받고 변화되는 것은 가능한 일이다. 그러나 이것은 나의 삶에서 나타나는 필요한 결과는 아니다. 나에게는 이러한 지혜의 근원을 저항할 필요가 있는 모든 자료와 능력이 주어졌으며, 나는 오직 하나님이 나를 변화시키기 원하시는 대로만 변화되어야 한다—사탄으로부터 오는 지혜에 의하지 아니하고, 하나님으로부터 오는 지혜로 말미암아 변화되어야 하는 것이다.

12

지혜의 근원 No. 4-
주님

"너희 중에 누구든지 지혜가 부족하거든,
모든 사람에게 후히 주시고 꾸짖지 아니하시는
하나님께 구하라. 그리하면 주시리라."

야고보서 1:5

너희는 이 세대를 본받지 말고, 오직 마음을 새롭게 함으로
변화를 받아, 하나님의 선하시고, 기뻐하시고, 온전하신 뜻이 무엇
인지 분별하도록 하라" (롬 12:2).

변화를 받으라! 이 세대를 본받는 것과 반대이다!

"주님, 이것이 아주 여러 해 전에 내가 '주님, 나를 변화시켜 주

세요'란 기도를 하도록 주님께서 인도해 주셨을 때 주님 마음에 두셨던 일입니까? 하나님, 그리스도께서 변화산에서 변형되신 것처럼 실제로 내가 변화될 수 있다는 것을 의미하십니까? (마 17:2) 주님, 그것은 똑같은 헬라어 단어입니다. 정말 그와 같이 변화된다는 것입니까?"

"주님, 당신은 '*너희*는... 변화를 받으라'고 말씀하셨기 때문에 내가 변화될 수 있다는 것을 의미하셨다고 생각됩니다."

"주님, 만일 당신이 그것을 의미하지 않으셨다면 그렇게 말씀하지 않으셨을 것입니다. 이것이 당신이 이 여러 해 동안 해 오신 일입니까? 나를 변화시키시는 일말입니까?"

"주님, 당신은 나의 생활양식을 만들어 내는 데 가치 있게 사용된 유일한 지혜의 근원이심을 나는 압니다. 그리고 당신은 당신의 지혜를 얻게 하는 이 모든 방법을 나에게 가르쳐 주셨습니다; 그런데 당신은 *어떻게* 내 안에서 이러한 변화가 일어나도록 하셨습니까? 그것은 너무나 막대한 과업입니다, 주님! 당신은 어떻게 그것을 이루어 놓으셨습니까?"

근원은 또한 수단이기도 하다

우리 집 벽에 나의 남편이 가장 좋아하는 성경 구절을 유화 그림물감으로 써놓은 것을 걸어놓았는데, 내가 그 옆을 지나가면서 그것을 볼 때마다 그 구절은 주님께서 어떻게 내 안에 이러한 변화를 이루어 놓으셨는지를 나에게 상기시켜 준다: "너희 안에서 행하시는 이는 *하나님*이시니, 자기의 기쁘신 뜻을 위하여 너희로 소원을 두고 행하게 하시나니" (빌 2:13). 나를 변화시켜 주는 지혜의 근원은 또한 수단이기도 하다. 내 안에서 나를 변화시키면서 역사하시는 분은 하나님이다. 내가 나 혼자 힘으로 나 자신을 붙잡으려고 애쓸 때 나는 보기 좋게 넘어지고 만다. 심지어는 어떻게 변화되는 것을 알 때에도 나 스스로 그렇게 하는 것은 실제로 불가능하다.

그러나 그 일에 관여하는 분이 계신다. 신성한 수단이기도 하다. 나는 지난 1971년 11월에 내 성경책의 "믿음이 없이는 (하나님을) 기쁘시게 못하나니"라는 히브리서 11장 6절 말씀의 여백에 "주님, 나를 변화시켜 주세요"라고 기록해 놓았다. 그리고 "나는 당신이 그것을 하실 것을 믿습니다"라고 덧붙여 써 놓았다. 그러나 믿음은 추구하는 것이나 과정을 변화시키는 데 있지 않다; 믿음은 그분 안에 있다. 하나님은 내가 그를 부지런히 찾을 때 나에게 보상하시고 내 안에서 역사하실 것이다. 하나님은 내가 변화되는 것을 위한 신성한 수단이 되시는 분이다.

"그렇다면 주님, *당신*은 어떻게 이러한 변화를 가져오십니까?"

마음을 새롭게 함으로

하나님은 우리의 삶에서 어떻게 이러한 변화를 이루시는가? 우리가 그리스도를 영접할 때 우리는 새로운 피조물이 된다 (고후 5:17). 로마서는 이미 새로운 피조물이 된 사람들에게 쓰여진 것이고 (1:7); 로마서 12장 2절에 의하면, 이러한 사람들의 삶에서 진행되어야만 하는 과정이 있다. 왜냐하면 "너희는…변화를 받아"라는 구절은 현재 진행형 시제이기 때문이다. 그리고 이 새로운 피조물들은 이렇게 진행되는 변화받는 과정의 잠재력을 그들 안에 가지고 있다.

이러한 새로운 피조물들은 *마음을 새롭게 함으로*—"그 마음의 허망한 것으로"가 아니고, "심령으로 새롭게 되어"—변화를 받게 된다 (엡 4:17-23). 우리가 야고보서 3장 15절에 열거된 세 가지 잘못된 지혜의 근원들에 의해 공격받을 때, 그것은 우리가 생각하는 영역에 속한다. 그러나 그것은 또한 하나님이 원하시는 대로 변화시키는 영역에도 속한다.

잠언 23장 7절은 우리에게 말한다, "대저 그 마음의 생각이 어떠하면 그 위인도 그러한즉." 실제로 내가 생각하는 모든 것을 합한 것이 나 자신이라는 것을 깨닫는 것은 두려운 일이다. 그러나 그것은 또한 흥분되는 일이기도 하다. 왜냐하면 하나님은 나의 생각을 바꾸시는 진행 과정에 관여하시고—그리하여 결국 나를 변화시키시기 때문이다. 하나님은 나의 생각을 바꾸기 위한 지혜와 수단을 동시에 제공해 주신다. 그리고 그 결과는 나를 변화시키시는 것이다!

나는 독특하다

하나님께서 나를 독특한 사람으로 창조하신 것을 나는 얼마나 감사해 하는지 모른다! 어느 누구도 나와 아주 똑같은 사람은 없다. 그리고 하나님의 완성된 걸작품인 "나"는 하나님이 계획하신 다른 어느 누구와도 다르다.

그러나 나는 다른 모든 그리스도인도 역시 독특하며, 하나님은 그의 신성한 청사진에 따라서 그들을 변화시키고 계시다는 것을 깨닫게 된다. 나는 만일 어떤 변화가 바로 나를 위한 것이라면, 하나님은 다른 모든 사람도 그와 똑같은 방법으로 변화되기를 원하시는 것이 틀림없다고 느끼는 경향이 있다. 그러나 그것은 정말이 아니다. 주님이 나를 변화시키시는 방법은 자동적으로 다른 모든 사람들 위한 모형이 되는 것은 아니다. 오직 천국에 계신 전능하신 하나님만이 그의 자녀 개개인을 위한 완성된 작품을 분명히 마음에 가지고 계시다. 그래서 나는 에벌린이 아니고 하나님이 각 개인의 지혜의 근원이 되게 하도록 내맡겨야만 한다. 나는 다른 사람들을 그들 각각의 청사진의 설계자—영광의 주님—에게로 향하도록 인도해야만 한다.

그리고 나의 영적인 유전자에 하나님의 독특한 청사진을 가지고 있는 것에 대해 나 또한 책임을 져야 한다; 하나님께서 내 안에 두신 모든 잠재력에 대해 책임을 져야 하고; 내가 궁극적으로 변화되기를 하나님이 원하시는 대로 하나님이 나를 변화시키시도록 어떻게 내가 하나님께 내맡겨 드려야 하는지에 대해서도 책임을 져야 한다. "이러므로 우리 각인이 자기 일을 하나님께 직고하리라" (롬 14:12).

이것은 각 개인이 하나님 앞에서 궁극적인 책임이 있다는 것을 시사해 준다. 최후의 심판에서 각 사람은 스스로 대답해야 할 것이다. 하나님에게는 오직 자녀만 있지, 손자 손녀는 없다. 나는 오직 나에 대해서만—하나님이 내 안에서 역사하시고 나를 통해서 역사하시도록 내가 하나님께 허용해 드린 것에 대해서만—책임을 질 것이다. "오 주님, **나**를 변화시켜 주세요!"

변화되다—그리하여...

변화를 위한 변화는 별 의미가 없다. 자연계에서 새로운 것이 오래 된 것보다 항상 더 좋은 것은 아니다. 그러나 로마서 12장 2절은 우리가 변화되어야 할 이유를 말해 준다. 그리고 이것은 더 좋은 것일 뿐만 아니라 가장 좋은 것이다. "너희는...마음을 새롭게 함으로 변화를 받아, *하나님의 선하시고, 기뻐하시고, 온전하신 뜻이 무엇인지 분별하도록 하라*" (이탤릭체, 저자 강조). 이것은 그 자체가 하나님을 만족하게 해 드리며, 하나님의 자녀들 편에서 그가 만족하고 기뻐하실 행동을 하는 결과를 갖게 하는 하나님의 뜻이다. 내 입의 말과 마음의 묵상이 주의 앞에 *열납되도록* 변화되는 것이다 (시 19:14). 변화되어, 하나님이 원하시는 사람이 되고, 그가 원하시는 것을 하게 되는 것이다.

또한 다른 사람들이 나의 행위—하나님이 나의 생각을 기뻐하시기 때문에 변화된 행위—를 볼 것이다 (벧전 3:1-2). 우리의 삶은 흔히 "내가 행하는 대로가 아니라, 내가 말하는 대로 하라"는 것을 반영해 주지만, 성경은 베드로전서에서 나의 남편(그리고 다른 사람들)은 *나의* 변화된 삶을 볼 때 변화되고 구원을 얻게 된다고 말한다.

내가 인도한 기도 세미나에 참석했던 어느 정신과 의사는 내가
다른 사람들과 함께 어울려서 행동하는 것을 볼 때까지는 내가 말
한 것은 어떤 것이든 받아들이려 하지 않았다. 나는 내가 말하는
것을 그녀가 주시하고 있다는 것을 모른 채, 세미나 후에 있었던
만찬 파티에서 내가 몇몇 다른 사람들을 만나서 그들과 상담했을
때 그녀가 방의 다른 쪽에서 나를 굉장히 주시한 것을 의아하게 생
각했었다. 그녀는 그녀가 나의 행동을 증명할 때까지는 내가 세미
나에서 한 강의 내용에는 거의 별 가치를 두지 않았다. 야고보는
진정으로 지혜로운 사람은 선행으로 말미암아 지혜의 온유함으로
그 행함을 *보이는* 자라고 말한다 (3:13).

우리가 세인트 폴에 있는 집에 살았을 때의 일이다. 첫 봄 어느
날 아침에 내가 식당에 내려가 보니, 찬란한 색으로 생생하게 어우
러진 장면을 보게 되었다. 식당은 벽, 천정과 가구 전체 위에 조그
마한 무지개들로 온통 뒤덮여서 발그스레하게 빛나고 있었다. 떠
오른 해는 저 멀리 북쪽 하늘에 걸쳐 있으면서 조그마한 부엌 창문,
식당 문과 크리스털 샹들리에에 멋진 조화를 이루며 똑바로 비추
고 있었다. 그 날 아침, 꿰뚫는 듯한 백색의 태양은 크리스털 전체
를 통해 발산된 형형색색의 스펙트럼의 수많은 무지개들을 만들어
내고 있었다. 내가 샹들리에를 아주 조금 흔들어 보았더니, 그 온
갖 색상이 방 주위에 퍼지면서 이리 저리 춤추며 반짝거렸다. 나는
그 장엄한 광경에 한동안 넋을 잃고 서 있었다.

그것은 나의 삶을 하나님이 관통하고 계시는 것과 얼마나 비슷한

것인가! 웹스터(Webster)의 『뉴월드사전』(New World Dictionary)
은 백색을 "눈에 보이는 모든 스펙트럼 광선을 담아서 방사되고,
전달되고, 또는 반사된 빛의 색"이라고 정의하고 있다. 하나님은
무한하시다. 그분의 속성 중 하나는 무한성—어떤 것도 덧붙일 수
없는 무제한의 속성—이다. 그리고 그분은 관통하는 순백색의 빛
으로 내 안에 들어오신다. 나의 변화의 근원이 되시는 내 안에 계
시는 하나님은 눈에 보이는 그분의 모든 광선을 나를 통해서 *발하
시기* 원하신다. 나를 위한 하나님의 기뻐하시는 뜻은 나의 모든 환
경에서 그분이 번쩍이시고, 빛을 발하시고, 빛나실 때까지 그분이
나를 변화시키도록 내맡기는 것이다.

온도계 아니면 온도 조절 장치?

우리는 온도계가 아닌 온도 조절 장치가 되도록 변화되어야
한다.

우리는 너무나 많은 시간을 마치 우리 주위의 대기의 온도를 기
록하는 온도계처럼 보낸다. 우리는 냉대, 냉담한 의견, 차가운 접
대에 우리 자신의 온도계를 들이대면서 반응한다. 또는 우리는 격
렬한 비난을 들으면 호된 보복으로 반응하도록 쉽게 영향을 받는
다. 우리는 우리 주위에 열띤 논쟁이 있을 때 냉정함을 유지하기가
어렵고, 불쾌하고 암시적인 표정을 보면 흔히 감정을 폭발하는 유
혹을 받도록 부채질하는 것을 발견한다. 그러나 하나님이 우리를
변화시키기 원하시는 방향으로 그가 우리를 변화시키시도록 우리

가 내맡길 때 우리는 우리 주변의 기후를 단지 기록만 하지 않고, 그것을 바꾸는 온도 조절 장치가 되는 것이다.

그리고 우리의 환경의 다이얼을 맞추시는 분이 하나님이실 때는 항상 더 좋게 변화된다. 제안된 변화가 사탄의 왕국인 감각적인 자아 또는 다른 사람들로부터 올 때, 최고의 온도는 더 좋은 방향으로 바꾸어지지 않고 더 악화될 수도 있다. 그러나 하나님이 우리를 변화시키실 때, 차갑고 날카로운 눈빛은 부드러운 표정으로 바뀌며, 날카로운 혀는 부드러운 대답을 하며, 냉담한 자세는 사랑스런 돌봄으로 녹아지며, 불끈 쥔 주먹은 꼭 껴안는 손으로 바뀐다.

그러나 우리는 변화시키시는 분을 완전히 신뢰해야만 한다. 그분은 더 좋은 환경으로 온도가 변화될 필요가 있을 때가 언제인지를 항상 아신다. 그리고 그분은 정확히 몇 도로 다이얼을 돌려야 하는지도 항상 아신다.

나의 영적인 척도

이십 년 이상 나의 영적 척도는 요한일서 1장 4절 말씀이었다: "우리가 이것을 씀은 우리의 기쁨이 충만케 하려 함이로라." 하나님이 나를 변화시키도록 내맡기면서 하나님의 말씀을 보는 시간의 양은 마치 나의 영적인 척도를 표시해 놓는 기계에 그 척도를 기록해 놓는 것 같이 보인다. 내가 하나님의 지혜를 달라고 구하면서 시간을 보내면 보낼수록, 하나님은 더 많은 기쁨을 내 안에 갖게 하신다.

나는 나이가 들면서 내 명치를 "따끔거리게 하는" 몇 가지 원인을 발견한다. 겨울의 첫 눈, 봄 잔디 위의 맨발, 나의 십대 때 남자 친구의 첫 포옹은 모두 다 유쾌한 감정을 일으켜 준다. 그러나 매년 더 강해지고, 해가 지나면서 더 자주 오는 것 같은 스릴 있는 감각이 하나 있다─하나님이 그의 말씀으로 나에게 말씀해 주시는 스릴이다!

내가 어떻게 변화될 수 있는지를 조언해 달라고 하나님께로 향할 *때* 하나님은 나를 변화시켜 주신다. 나는 내 성경책의 잠언 2장 10-11절에 밑줄을 쳐 놓았다: "곧 지혜가 네 마음에 들어가며, 지식이 네 영혼에 즐겁게 될 것이요, 근신이 너를 지키며, 명철이 너를 보호하여." 나는 그 옆의 여백에, "*즐겁게*─반항하거나 부정적이지 않고, 나의 영혼은 **기쁨** 가운데 높이 날아간다"라고 기록해 놓았다. 그렇다, 내가 변화되고 또한 나의 기쁨이 충만하게 되도록 하나님의 지혜는 나를 위해서 기록되어 있다.

그 다음 고지(高地)

하나님은 언제나 나를 더 높은 차원으로 올려 주시려고 나를 변화시켜 주신다. 때로는 하나님이 나를 변화시켜 주실 때 나는 뜨거운 불, 깊은 골짜기, 슬픔 또는 고난을 통과하게 된다; 그러나 잠시 후엔 "모든 은혜의 하나님"이 나를 온전케 하시며, 굳게 하시며, 강하게 하시며, 터를 견고케 하신다 (벧전 5:10). 불쾌한 경험들은 나의 삶의 더 높은 그 다음 고지를 위해 나를 준비시켜 주시는 것이다.

우리 가족이 겪은 극단적으로 깊은 골짜기 후에, 나는 내 성경책에 내가 하나님께 울부짖은 내용을 기록해 놓았다, "오 주님, 잠시가 언제까지입니까?" 그런데 정확하게 1년 후에 나는 성경의 여백에 덧붙여 기록해 놓았다, "지금이 하나님이 말씀하신 바로 그 잠시이다! 다시 큰 기쁨이 생겼다!" 하나님께서 내 안에 변화가 있게 역사하시고 그 어려운 환경이 다시 정상으로 회복되기까지는 1년이 걸렸다.

마음을 다 하여 열심히 배우는 시기가 끝났을 때 하나님은 나를 안정시켜 주셨다—그러나 내가 전에 있었던 곳이 아니었다. 내가 하나님의 뜻에 따라 변화되자, 그는 그가 마련해 놓으신 그 다음 고지로 나를 옮겨 놓으셨다. 내가 하나님이 변화시켜 주기 원하시는 대로 변화될 때 나에게는 항상 열린 문이 있고, 항상 그 곳을 지나갈 수 있는 능력이 생긴다.

내가 강의하는 것을 포기하는 마음으로 강의 약속을 없애 달라고 기도하는 대신, "주님, *당신*이 내가 변화되기 바라시는 대로의 아내가 되게 해 주세요"란 기도를 했을 때, 하나님은 반대로 역사하셨다. 그는 나에게 전부 새로운 사역의 삶을 열어 주셨다. 그는 나(그리고 그 이후 많은 사람들)를 위해서 놀랍게 준비된 열린 문을 연속적으로 허락해 주셨다. 그리고 하나님께 *나를 변화시켜 달라면서* 추구했던 그 14개월을 통해서 하나님은 나를 위해서 활짝 열린 문을 준비해 놓고 계셨다.

그러나 실로 하나님의 열린 문을 통과하는 것은 때때로 희생을 요구한다. 세계 기도의 날(World Day of Prayer)에 내 그룹에 있는 한 여자가 "너희 중에 누구든지 지혜가 부족하거든...하나님께 구하라"(약 1:5)에 대해서 설명하면서 말했다, "어떤 때 나는 지혜를 원하지 않아요. 한 구석에 앉아서 아무 것도 하지 않는 것이 무엇을 해야 하는지 알면서 그것을 해야 하는 것보다 더 쉬워요."

나의 자문위원회 위원들과 나는 하나님이 우리를 위해서 매번 활짝 열어 주시는 것 같은 새 문을 통과하며 기도할 때, 순종은 희생을 필요로 한다는 것을 나는 더욱 더 깨닫는다. 그리고 그것은 또한 나의 남편 편에서의 희생도 포함된다. 그러나 하나님은 항상 내가 하나님께 드리는 것보다 더 주신다. 그는 나의 순종을 크리스와 내가 전에는 일찍이 몰랐던 서로를 위한 더 많은 기쁨, 수용 및 존경으로 보상해 주신다. 그리고 하나님은 잠언 31장에 있는 현숙한 여인을 "그런 자의 남편의 마음은 그를 믿나니"(11절)라고 표현한 것처럼 나를 조금씩 더 변화시켜 주신다.

나의 선을 위해서

내가 스물세 살 때 하나님이 나의 일생의 구절인 로마서 8장 28절을 나에게 주셨을 때, 나는 하나님이 나를 위해서 역사하시는 일이 얼마나 큰 선한 일이 되리라는 것에 대한 아무런 개념이 없었다. 지나간 날을 회상해 보면, 하나님이 산산조각이 난 나의 인생의 유리 조각을 주우셔서 착색한 유리창에 조심스럽게 붙이면서 나를 만들어 가고 계시는 방법을 나는 너무 분명히 볼 수 있다. 잃은 아기들, 수술, 비탄, 슬픔—이 모든 것들은 하나님이 나를 변화시키기 위해서 사용하셨다—그리고 언제나 더 좋은 것을 위해서였다.

하나님이 진정으로 역사하고 계신 것을 회상해 볼 수 있도록 내가 나이를 더 먹어가는 특권을 인해 나는 하나님께 얼마나 감사하는지 모른다. 그리고 하나님이 천국에서 나에게 설명해 주실 때까지 나는 이 모든 것을 이해할 수조차 없다는 것을 확신한다. 나의 변화의 근원이시고 수단이 되시는 하나님은 이 모든 것들을 나를 변화시키시기 위해서—모두 나의 선을 위해서 역사하신다.

그러므로

오늘 아침에 나는 매우 피곤해서 하루를 시작하려고 침대에서 일어날 수 없다고 느꼈다. 내가 침대에 누워서 나의 하나님과 교제하고 있을 때, 그는 이사야 40장을 생각나게 해 주셨다. 나는 성경책을 집어 들면서, 그 떠오른 말씀이 내가 읽기를 하나님이 원하시는 새 힘을 얻는다는 28-31절의 말씀이라는 것을 확신했다. 그러나 그 장의 시작 부분을 읽기 시작했을 때 나는 완전히 다른 것을 발견하게 되었다.

내가 나의 하나님—*그가 누구이신지*—에 대해서 읽었을 때 나의 마음은 높이 날아올랐다! 아무도 그를 가르치지 않았다. "그 앞에는 모든 열방이 아무 것도 아니라....[그는] 땅 위 궁창에 앉으시나니, 땅의 거민들은 메뚜기 같으니라. 그가 하늘을 차일 같이 펴셨으며....너희는 눈을 높이 들어 누가 이 모든 것을 창조하였나 보라....영원하신 하나님 여호와, 땅 끝까지 창조하신 자는 피곤치 아니하시며, 곤비치 아니하시며, 명철이 한이 없으시며" (사 40:17-28). 내 눈에서 눈물이 흘러내리자 나는 내 성경책을 가슴에 부여잡았다. 하나님이 어떠한 분이신지!

그 다음에 나는 내 성경책의 이사야 40장 옆의 여백에 "12/23/71, 로마서 11장 36절에서 12장 2절까지 보라"고 쓰고, "2"에는 여러 번 밑줄을 쳤다. 로마서를 펴 보니, 같은 날 "12:1, 그러므로"라고 써 있는 것을 발견했다. 하나님은 오래 전 그 때 나에게 이 두 구절들을 연결해서 깨닫게 해 주셨다.

우리는 "그러므로"라는 단어를 볼 때마다, "원인"이 무엇인지를 알려고 살펴보게 된다. 로마서 12장 1-2절에서 바울은 우리에게 "그러므로" 이 세대를 본받지 말고, 마음을 새롭게 함으로 변화를 받아, 우리 몸을 하나님께 드리라고 간곡히 부탁한다. 그렇다면 이러한 변화의 과정의 "원인"이 무엇인가?

그 앞의 네 구절을 살펴보니, 나는 그 "원인"이 무엇인지 발견했다─*주님이 어떠한 분이신지* 때문이다. 그 말씀은 이사야 40장에서 인용된 말씀이다! 나는 하나님이 *어떠한 분*이신지 때문에 내 마음을 새롭게 함으로 변화를 받게 된다.

"깊도다, 하나님의 지혜와 지식의 부요함이여! 그의 판단은 측량치 못할 것이며, 그의 길은 찾지 못할 것이로다! 누가 주의 마음을 알았느뇨? 누가 그의 모사가 되었느뇨? 누가 주께 먼저 드려서 갚으심을 받겠느뇨? 이는 만물이 주에게서 나오고, 주로 말미암고, 주에게로 돌아감이라. 영광이 그에게 세세에 있으리로다. 아멘" (롬 11:33-36).

과정

내가 변화되어야 할 지점에 도달했다고 말할 수 있다면 얼마나 좋겠는가. 그러나 로마서 12장 2절에 있는 "변화를 받아"라는 단어는 단번에 일어나는 일이 아니므로 나는 그렇게 될 수가 없다. 그리고 내가 그 지점에 도달했다고 느낄 때마다, 또는 내가 하나님이 원하시는 대로 거의 변화되었다고 느낄 때마다, 그는 다시 나를 변화시키기 시작하시는 것이다. 그리고 이러한 과정은 나의 전 생애 가운데서 계속되는 과정이다.

내가 어린 소녀였을 때 나는 하나님이 나를 천사로 변화시켜 주시기를 간절히 바랐다. 나의 형제자매들과 나는 각자 소유의 특별한 성탄 트리 장식을 가지고 있었다. 우리는 그것을 나무줄기 위의 원하는 곳에 마음대로 걸어 놓을 수 있었다. 내 장식은 아름다운 천사였다. 그리고 나는 그것을 우리가 가장 좋아하는 비밀의 장소인 나무 저 안쪽—밑에서 보지 않으면 보이지 않는 곳—근처의 낮은 가지 위에 걸어 놓곤 하였다. 나는 누워서 그 예쁘고, 망가지기 쉬운 유리로 만든 천사를 몇 시간씩 응시하면서, 그리고 내가 제일 좋아하는 꿈인 "내가 천사가 될 수만 있다면!"을 꿈꾸며 보냈다. 나는 어린 소녀 대신 천사로 태어났기를 그 때 얼마나 소원했는지 모른다.

그러나 내가 십대였을 때 인기 있는 노래가 된 "거룩, 거룩, 천사들의 노래"의 모든 가사는 나를 위해서 초점이 맞추어진 것이었다:

"내가 구속의 이야기를 노래할 때,

　　그들은 날개를 접으리;

천사들은 우리의 구원이 가져다 주는 기쁨을

　　결코 알지 못하기에."

아니다, 천사들이 모든 아름다움, 권능과 지성을 가진 채 창조되었지만, 하나님의 사랑하시는 아들인 예수님의 형상을 단계적으로 본받으면서 하나님에 의해서 변화되는 내가 가진 특권을 어떠한 천사들도 결코 누릴 수는 없다 (롬 8:29). 아마도 천사들은 자주 어렵고, 깊고도 격렬한 변화의 과정을 겪지 않지만, 그들은 또한 *예수님의 형상을 본받게 될 수도 없다!* 또한 그들은 장차 *그와 같이 된다*는 약속도 받지 않았다. 그렇다, 그들은 그분을 지금 보고, 지나간 영원한 세대 동안 그분을 보아왔지만, 그들은 여전히 그분과 같지 않다. 그러나 단지 죽을 수밖에 없는 인간에 지나지 않는 나는 *그를 볼 때 그와 같게 될 것이다.* "그가 나타내심이 되면 우리가 그와 같을 줄을 안다" (요일 3:2). 내가 죽음을 맞이하고 이 세상을 떠나든지, 아니면 나의 예수님이 재림하실 때 "순식간에" 변화되든지, 그 과정은 끝이 날 것이다.

"보라, 내가 너희에게 비밀을 말하노니, 우리가 다 잠잘 것이 아니요, 마지막 나팔에 순식간에 홀연히 *다 변화하리니,* 나팔 소리가 나매, 죽은 자들이 썩지 아니할 것으로 다시 살고, *우리도 변화하리라*" (고전 15:51-52).

나는 그분이 완전하신 것처럼 완전해질 것이다! "주님, 나를 변화시켜 주세요"라는 나의 오랫동안의 갈등은 끝날 것이다. 나는 예수님처럼 될 것이다!

"사랑하는 하나님 아버지, 나는 가야 할 길이 멉니다. 나는 당신이 원하시는 그런 사람이 되기에는 너무나 역부족입니다. 내가 나의 예수님을 만날 때 나에게 변화되어야 할 것이 별로 남지 않게 될 때까지 이 세상에 있는 동안 계속 나를 변화시켜 주세요. **주님, 나를 변화시켜 주세요!**"

도서출판 세 복의 발간 도서

QT를 위한 묵상집

기적을 만드는 사람들
워렌 위어스비 지음 / 구교환 옮김 / 신국판 / 초판 1쇄 / 182쪽 / 6,000원
사도로 변화된 베드로의 이야기를 통해 현대의 그리스도인들이 하나님의 기적을 만들며
살아가도록 도전하는 책.

날마다 솟는 샘
존 T. 시먼즈 지음 / 이영기 옮김 / 크라운판 (양장본) / 초판 1쇄 / 378쪽 / 12,000원
사복음서에 나타난 예수님의 삶과 가르침을 통하여 일 년 동안 큐티를 위한 매일의 영적
양식으로, 독자의 영적 삶을 풍성하게 해 주는 책.

너희는 나를 누구라 하느냐?
존 T. 시먼즈 지음 / 홍성철 옮김 / 신국판 / 초판 1쇄 / 198쪽 / 6,500원
예수님의 인격과 비유와 기적을 통해 "너희는 나를 누구라 하느냐?"에 대한 질문을 신학
적으로나 신앙적으로 명쾌하게 제시한 책.

십자가 앞에서
리차드 바우크햄, 트레보 하트 지음 / 김동욱 옮김 / 신국판 / 초판 1쇄 / 156쪽 / 5,000원
십자가 앞에 서 있던 열한 명의 삶의 관점에서 십자가를 묵상하므로 우리의 삶을 깊이
있게 변화시켜 줄 것을 기대할 수 있는 책.

하나님의 임재를 연습하라
로렌스 형제 지음 / 스티브 트랙셀 편집 / 류명욱 옮김 / 신국판 / 초판 2쇄 / 172쪽 / 6,500원
일상 생활 속에서 하나님을 사랑하라는 명령을 실천하는 것이 무엇인가를 보여 주어 하
나님의 임재 안에서 사는 법을 훈련할 수 있는 명저.

새신자 및 초신자에게 추천할 책

나는 어떻게 예수님을 만났는가?
홍성철 편집 / 신국판 / 초판 1쇄, 개정판 10쇄 / 332 / 8,000원
각계 각층에서 그리스도의 향기를 진하게 풍기고 있는 21명의 신앙 고백으로, 새신자
및 전도용 선물로 최적인 책.

당신의 생애도 변화될 수 있다
알란 워커 지음 / 홍성철 옮김 / 신국판 / 초판 2쇄 / 104쪽 / 4,000원
삶의 목적과 변화를 원하는 모든 현대인들에게 예수 그리스도가 제공하는 구원의 은혜로
변화된 생애를 살 수 있도록 도전하고 길잡이 역할을 할 명저.

첫 걸음부터 주님과 함께
션 던 지음 / 전현주 옮김 / 신국판 / 초판 2쇄 / 115쪽 / 3,500원
반복되는 일시적인 결단의 공허함을 극복할 수 있는 원리를 제시하며, 그 원리를 삶에
적용할 때 믿음의 진보와 주님과 하나 되는 매일의 삶으로 인도하는 책.

전도 및 선교를 위한 안내서

서로 사랑하자 성경적 복음전도의 모형
진 게츠 지음 / 하도균 옮김 / 신국판 / 초판 1쇄 / 228쪽 / 7,000원
사랑의 동기로 시작하는 복음전도에서 그리스도인들이 사랑으로 하나됨을 통해 사람들을
그리스도께로 인도할 구체적인 방법을 안내하는 베스트 셀러 작가 진 게츠의 명저.

주님의 지상명령 성경적 의미와 적용
홍성철 지음 / 신국판 / 초판 1쇄 / 218쪽 / 7,000원
주님의 지상명령이 함축하고 있는 의미를 깊이 조명하여 그리스도인들로 하여금 그 명령
에 보다 확실히 순종할 수 있게 할 저자가 심혈을 기울인 책.

타문화권 복음 전달의 원리와 적용
존 T. 시먼즈 지음 / 홍성철 옮김 / 신국판 / 초판 3쇄, 2판 2쇄 / 342쪽 / 8,000원
복음과 타종교와의 관계 및 복음 전달의 원리와 방법을 깊게 다루어 복음 전달의 이론적
인도자가 되는 명저.

현대인을 위한 복음전도의 성경적 모델
홍성철 지음 / 신국판 / 초판 1쇄 / 320쪽 / 10,000원
복음적인 안목으로 성경에 접근하고자 하는 그리스도인과 복음전도 지향적인 설교를 준
비하는 사역자를 위해 길잡이 역할을 할 명저.

회심 거듭남의 의미와 적용
홍성철 편집 / 신국판 / 초판 2쇄, 개정판 2쇄 / 224쪽 / 6,000원
기독교에서 가장 핵심적 교리인 "회심"의 문제를 신학적, 경험적, 적용적으로 이 분야의
권위자들이 다룬 9편의 글.

강해 설교집

고난 중에도 기뻐하라 (빌립보서 강해 설교)
홍성철 지음 / 신국판 / 초판 2쇄 / 506쪽 / 10,000원
고난 중에도 기뻐할 수 있는 사도 바울의 비결을 성경적으로 파헤치고, 목회적으로 제시
한 41편의 강해 설교집.

눈물로 빚어 낸 기쁨 (룻기 강해)
홍성철 지음 / 신국판 / 초판 1쇄 / 182쪽 / 6,000원
룻기에 감겨진 아름다운 이야기를 새로운 각도로 접근하여 전개한 강해집.

시편 강해 (I-IV)

강선영 지음 / 신국판 (양장본) / 초판 1쇄 / 550쪽 / 권당 15,000원

저자가 4년여 동안 시편 전체를 연구하며 설교한 것을 정리하여 펴낸 강해 설교집.

심령의 호소를 들으시는 하나님 (시편 강해 1-23편)

이태웅 지음 / 신국판 / 초판 1쇄 / 304쪽 / 7,500원

시편을 기록한 지 수천 년이 지났으나, 시편 기자들이 경험한 변함없는 하나님의 실재와 냉험한 현실 사이에서 의에 주리고 목말라하는 사람에게 한 모금의 냉수와 같은 책.

알기 쉬운 히브리서 (히브리서 강해)

네일 라이트푸트 지음 / 홍성철 옮김 / 신국판 / 초판 1쇄 / 244쪽 / 7,500원

대제사장이요 단번에 드려진 속죄물이신 예수 그리스도를 소개하여 모든 그리스도인들의 신앙을 깊게 하며 예수 그리스도를 깊이 만나게 하는 명저.

요한복음 강해 (I-IV)

강선영 지음 / 신국판 (양장본) / 초판 1쇄 / 590쪽 / 권당 12,000원

저자가 6년여 동안 요한복음을 연구하며 설교한 것을 정리하여 펴낸 강해 설교집.

우리에게 일용할 양식을 주소서 (주기도문 강해 설교)

홍성철 지음 / 신국판 / 초판 2쇄 / 228쪽 / 6,000원

주기도문에 나타난 하나님의 영광과 우리의 필요를 깊이 조명시켜 주는 강해 설교집.

교역자 및 지도자에게 추천할 책

가정교회   21세기 목회의 새로운 대안

박승로 지음 / 신국판 / 초판 1쇄 / 214쪽 / 7,500원

교회 성장을 위하여 소그룹의 특성을 살리며 살아 있는 교회의 세포인 "교회 안의 작은 교회"의 가정교회의 사례 연구와 교회 갱신의 전략으로서 구체적인 방향을 제시한 책.

목회자의 자기 관리

로이 오스왈드 지음 / 김종환 옮김 / 신국판 / 초판 2쇄 / 276쪽 / 7,000원

자기 관리에 게으르거나 무관심한 그리스도인이 어떻게 자기 관리를 해야 하는지 구체적으로 제시하는 책.

복음주의 실천신학개론

복음주의 실천신학회 편 / 신국판(양장본) / 초판 4쇄 / 430쪽 / 15,000원

한국 교회의 목회자와 그리스도인들에게 신학의 복음주의적인 안목을 갖게 함으로 목회 현장을 더욱 풍요롭게 하는 지침서.

불타는 전도자 존 웨슬리

홍성철 지음 / 신국판 (양장본) / 초판 4쇄 / 344쪽 / 12,000원

존 웨슬리가 어떻게 불타는 전도자가 될 수 있었는지를 제시하여, 현대 그리스도인들도 불타는 전도자가 되도록 인도해 주는 책.

성령 안에서 설교하라
데니스 F. 킨로 지음 / 홍성철 옮김 / 신국판 / 초판 3쇄 / 176쪽 / 4,500원
방법과 기교를 강조하는 현대 설교에서 성령의 임재를 회복할 수 있는 설교의 원리와
방법을 분명하게 제시하는 책.

영혼을 돌보는 목자
캐롤 와이즈, 존 힝클 지음 / 이기승 옮김 / 신국판 / 초판 1쇄 / 248쪽 / 6,500원
잠재력이 있는 영혼들을 돌보는 사역을 감당하고자 하는 목사, 전도사, 평신도 지도자,
구역장 등에게 안내자 역할을 하는 책.

웨슬리안 조직신학
오톤 와일리, 폴 쿨벗슨 지음 / 전성용 옮김 / 신국판 / 초판 1쇄 / 570쪽 / 15,000원
신학의 기초 과정을 위한 교과서일 뿐만 아니라, 평신도들이 사용할 수 있도록 간략하면
서도 체계를 갖춘 기독교 교리를 제시한 신학의 고전.

이렇게 예수 그리스도의 제자가 되자
홍성철 지음 / 신국판 / 초판 2쇄 / 238쪽 / 7,000원
예수 그리스도처럼 제자 훈련의 모범과 성공을 이룬 사람은 일찍이 없었다. 그분의 훈련
방법과 원리가 무엇인지에 대한 해답을 성경적으로 명쾌하게 제시한 책.

존 웨슬리 그의 생애와 신학
로버트 G. 터틀 2세 지음 / 김석천 옮김 / 신국판 / 초판 1쇄 / 480쪽 / 13,000원
하나님께 전적으로 헌신하며 살았던 존 웨슬리의 이야기를 통해 독자를 예수 그리스
도의 충만한 믿음으로 인도하는 책.

항상 은혜가 먼저입니다
류종길 지음 / 신국판 / 초판 1쇄 / 365쪽 / 9,000원
저자가 일생을 목회에 헌신하고 목사 안수 30주년 기념으로 그의 사역을 회상하며 하나
님의 은혜를 고백한 책으로, 설교집, 칼럼 및 목회 서신 등이 수록되어 있으며, 저자의
헌신, 희생, 비전, 지혜를 엿볼 수 있는 책.

평신도에게 추천할 책

그리스도의 마음
데니스 킨로 지음 / 홍성철 옮김 / 신국판 / 초판 1쇄 / 188쪽 / 6,000원
성령이 믿는 자에게 주시는 "그리스도의 마음"이 의미하는 바가 무엇인지 잘 설명해 주
는 책.

당신의 인생을 다시 시작하라
데일 겔러웨이 지음 / 류선욱 옮김 / 신국판 / 초판 1쇄 / 202쪽 / 6,500원
인생에서 위기를 당하거나 상처를 입었을 때 어떻게 극복할 수 있는지 저자 자신의 경험
을 통해 새롭게 일어날 수 있는 길을 감동적으로 조명해 주는 책.

상처난 아버지와의 관계 회복
제임스 L. 쉘러 지음 / 이기승 옮김 / 신국판 / 초판 2쇄 / 272쪽 / 8,000원
인생의 풀리지 않는 아버지와의 문제들이 무엇이며 그것을 어떻게 다루어야 할지, 더 나아가 하나님 아버지께로 인도하는 책.

성결의 아름다움
베인즈 에트킨슨 지음 / 홍성국 옮김 / 신국판 / 초판 1쇄 / 184쪽 / 5,500원
성결이라는 성경적 진리의 핵심에 직면하여 마음의 감동과 함께 성결하게 되는 것을 체험하도록 인도해 주는 책.

성령과 동행하라
스티븐 하퍼 지음 / 홍성철 옮김 / 신국판 / 초판 3쇄 / 224쪽 / 5,500원
기독교 영성이 무엇이며, 또 어떻게 그 영성을 체험하고 유지할 수 있는지에 대한 좋은 안내자가 되는 책.

성령님, 나를 변화시켜 주세요 그리고 사용하여 주세요
커리 매비스 지음 / 홍성철 옮김 / 신국판 / 초판 1쇄 / 180쪽 / 5,500원
분노와 죄의식 등 감정의 문제들이 어떻게 성령의 역사로 변화되어 성장할 수 있고, 주님께 쓰임받을 수 있는가를 제시하는 책.

성령의 충만을 받으라
존 T. 시먼즈 지음 / 홍성철 옮김 / 신국판 / 재판 4쇄 / 152쪽 / 4,000원
성령의 충만과 능력을 갈구하는 모든 그리스도인에게 그 방법을 단계적으로 제시한 책.

잃어버린 퍼스낼리티를 찾아서
최병전 지음 / 신국판 / 초판 1쇄, 개정판 1쇄 / 206쪽 / 5,000원
구원은 받았지만 인격의 상처는 개인과 가정과 교회와 사회에 문제를 일으키는 것을 진단하고 해결의 실마리를 제시하는 책.

자살을 애도하며
알버트 쉬 지음 / 전현주 옮김 / 신국판 / 초판 1쇄 / 262쪽 / 7,000원
사랑하는 사람이 자살한 후 남겨진 자살 생존자들을 돕는 안내서이며, 자살을 예방할 수 있도록 돕는 책.

절망과 소망 사이에서 어떻게 육체의 질병을 이길 수 있는가
알 B. 와이어 지음 / 박현주 옮김 / 신국판 / 초판 1쇄 / 280쪽 / 9,500원
육체의 질병에 대해 심각한 진단을 받을 때, 어떻게 대처하고, 어떠한 선택을 하고, 어떻게 하나님과 함께 동행하며 승리하는가를 보여 주는 책.

주님, 나를 변화시켜 주세요
에벌린 크리스튼슨 지음 / 이혜숙 옮김 / 신국판 / 초판 1쇄 / 280쪽 / 9,500원
하나님이 어떻게 사람들을 변화시키시는지를 놀랍게 경험한 저자는 변화를 이루시는 분이 하나님이심을 확신하게 하며, 실제적이고 획기적으로 변화되는 길을 안내해 주는 명저.

최후의 승리
어네스트 젠타일 지음 / 이혜숙 옮김 / 신국판 (양장본) / 초판 1쇄 / 398쪽 / 15,000원
예수님의 영광스러운 재림이 어떠할 것인지를 알려 주고, 영적으로 깨어서 기쁨으로 준비할 수 있게 할 역작.

현대인을 위한 존 웨슬리의 메시지
스티븐 하퍼 지음 / 김석천 옮김 / 신국판 / 초판 2쇄 / 168쪽 / 5,000원
존 웨슬리의 메시지를 현대인을 위해 재해석한 책으로, 현대의 그리스도인들에게 빛과 방향을 제시해 주는 책.

그룹 교재로 활용할 수 있는 책

그리스도인의 문제들 어떻게 극복할 것인가?
맥시 더남 지음 / 하도균 옮김 / 신국판 / 초판 1쇄 / 264쪽 / 7,000원
그리스도인이 매일의 삶 속에 당면하는 문제들을 어떻게 대처하고 극복해 나갈 수 있는지 안내하는 책.

성령의 열매와 생활
맥시 더남, 킴벌리 더남 레이스먼 지음 / 박재승 옮김 / 신국판 / 초판 1쇄 / 270쪽 / 7,000원
그리스도인의 믿음을 강화시켜 줄 재료로 일곱 가지 기본 덕목을 제시하며, 하나님이 창조하신 대로 선한 자가 되어, 독자를 성령의 열매를 맺는 생활로 안내하는 책.

영적 훈련
맥시 더남 지음 / 이연승 옮김 / 신국판 / 초판 1쇄 / 230쪽 / 7,000원
승리하는 그리스도인의 삶을 형성하기 위한 훈련 과정의 워크북으로, 개인적인 묵상뿐만 아니라 소그룹에서 사용할 수 있는 훈련 교재로도 적합한 책.

예수님처럼 사랑하자
맥시 더남 지음 / 류명욱 옮김 / 신국판 / 초판 1쇄 / 202쪽 / 7,000원
사도 바울의 사랑장인 고린도전서 13장의 내용을 구체적으로 파악할 수 있고, 독자로 하여금 사랑할 수 있는 구체적인 사랑의 길로 인도하는 책.

죽음에 이르는 죄 어떻게 극복할 것인가
맥시 더남, 킴벌리 더남 레이스먼 지음 / 서대인 옮김 / 신국판 / 초판 1쇄 / 288쪽 / 7,000원
피할 수 없는 일곱 가지 죄가 우리의 삶에 어떻게 나타나며, 이러한 죄를 다루는 방법을 제시하여 죄를 극복하게 하는 책.

중보기도
맥시 더남 지음 / 구교환 옮김 / 신국판 / 초판 1쇄 / 266쪽 / 7,000원
본서는 중보기도의 이해를 도울 뿐만 아니라, 개인이나 그룹이 중보기도를 실제로 하게 하기 위한 구체적이고 실제적인 지침서.

그리스도인들의 신앙 고백 / 전기

거룩한 삶을 산 믿음의 영웅들
웨슬리 듀웰 지음 / 홍성철 옮김 / 신국판 / 초판 1쇄 / 312쪽 / 8,000원
거듭난 후 성령으로 충만함을 받은 경험을 하고 하나님이 사용하신 믿음의 영웅들 열네
명의 전기집.

나는 어떻게 예수님을 만났는가?
홍성철 편집 / 신국판 / 초판 1쇄, 개정판 10쇄 / 332쪽 / 8,000원
각계 각층에서 그리스도의 향기를 진하게 풍기고 있는 21명의 신앙 고백을 기록한 책.

사망의 골짜기를 지날지라도
볼레터 스틸 크럼리 지음 / 유정순 옮김 / 신국판 / 초판 1쇄 / 158쪽 / 4,500원
말로 다 표현할 수 없는 인간의 비극 가운데서 하나님의 평강을 발견한 저자의 믿음과
용기에 관한 능력 있는 체험적인 이야기.

수잔나 존 웨슬리의 어머니
아놀드 댈리모어 지음 / 김석천 옮김 / 신국판 / 초판 2쇄 / 230쪽 / 6,000원
존과 찰스 웨슬리의 어머니 수잔나의 경건의 모범, 자녀 교육과 양육, 고난과 어려움을
이겨 풍성한 영적 유산을 남겨 준 이야기.

위대한 그리스도인들은 어떻게 성령의 충만을 받았는가
제임스 로슨 지음 / 홍성철 옮김 / 신국판 / 초판 2쇄 / 298쪽 / 7,000원
하나님의 장중에 사로잡혀 위대하게 살았던 20명의 감동적인 성령 충만의 체험담을 기
록해 놓은 책.

하나님과 함께 한 스탠리 탬의 놀라운 모험
스탠리 탬 지음 / 류선욱 옮김 / 신국판 / 초판 1쇄 / 334쪽 / 8,500원
하나님의 주권을 인정할 때 얼마나 놀라운 모험을 할 수 있으며, 무엇보다도 영혼을 구원
하는 일에 하나님의 동역자가 될 수 있음을 체험적으로 보여 준 책.

하나님의 회초리 능력을 위한 사랑의 매
스탠리 탬 지음 / 성미영 옮김 / 신국판 / 초판 1쇄 / 234쪽 / 6,500원
어떻게 하나님의 능력을 갖게 되고, 기도의 응답을 받으며, 매일 당면하는 문제를 초월
하여 승리하고, 열매 맺는 삶을 누릴 수 있는지를 체험적으로 쓴 책.

영어권 독자에게 추천할 책

How I Met Jesus
John Sung-Chul Hong 편집 / 신국판 / 초판 1쇄 / 296쪽 / $9.99 (10,000원)
『나는 어떻게 예수님을 만났는가?』의 영어판. 한국 평신도 남녀 각 5인, 한국 목사 5인
및 외국인 5인의 신앙 고백.

A Fiery Evangelist John Wesley

John Sung-Chul Hong 지음 / 신국판 (양장본) / 초판 1쇄 / 근간

『불타는 전도자 존 웨슬리』의 영어판. 존 웨슬리가 어떻게 불타는 전도자가 될 수 있었는
지를 제시하여, 현대 그리스도인들도 불타는 전도자가 되도록 인도해 주는 책.

기독교 고전 시리즈 (1-16권 / 문고판 / 초판 2쇄 / 권당 1,500원)

1. 왜 하나님은 무디를 사용하셨는가   R. A. 토레이 지음 / 홍성철 옮김
2. 보다 깊은 삶   로버트 머레이 맥체인 지음 / 구교환 옮김
3. 하나님의 임재를 연습하라   로렌스 형제 지음 / 이소연 옮김
4. 성결   J. C. 라일 지음 / 서대인 옮김
5. 예수님을 위하여 선하게 증거하자   존 왓슨 지음 / 이대규 옮김
6. 공격적인 기독교   캐더린 부스 지음 / 염동팔 옮김
7. 구령자를 위한 권면   호레시우스 보너 지음 / 최석원 옮김
8. 불타는 사랑   블레즈 빠스칼 지음 / 곽춘희 옮김
9. 행동하는 믿음   조지 뮬러 지음 / 송철웅 옮김
10. 하늘가는 마부   존 번연 지음 / 문정일 옮김
11. 성도다운 학자의 결단   조나단 에드워즈 지음 / 홍순우 옮김
12. 설교자와 기도   E. M. 바운즈 지음 / 이혜숙 옮김
13. 성도의 영원한 안식   리차드 백스터 지음 / 이기승 옮김
14. 부흥의 법칙   제임스 번스 지음 / 문정선 옮김
15. 성경적 구원의 길   존 웨슬리 지음 / 박홍운 옮김
16. 친구여 들어보지 않겠소?   찰스 스펄전 지음 / 홍성철 옮김